学思践悟

——北京航空航天大学共青团工作研究文集

◎庄岩　刘洋　主编

北京航空航天大学出版社
BEIHANG UNIVERSITY PRESS

图书在版编目（CIP）数据

学思践悟 ：北京航空航天大学共青团工作研究文集 / 庄岩，刘洋主编. -- 北京 ：北京航空航天大学出版社，2022.8

ISBN 978-7-5124-3861-3

Ⅰ. ①学… Ⅱ. ①庄… ②刘… Ⅲ. ①中国共产主义青年团－高等学校－共青团工作－北京－文集 Ⅳ. ①D297.6-53

中国版本图书馆CIP数据核字（2022）第147247号

学思践悟——北京航空航天大学共青团工作研究文集

责任编辑：王　素
责任印制：秦　赟
出版发行：北京航空航天大学出版社
地　　址：北京市海淀区学院路37号（100191）
电　　话：010-82317023（编辑部）　010-82317024（发行部）
010-82316936（邮购部）
网　　址：http://www. buaapress. com.cn
读者信箱：bhxszx@163.com
印　　刷：北京九州迅驰传媒文化有限公司
开　　本：710mm × 1000mm　1/16
印　　张：17.75
字　　数：264千字
版　　次：2022年8月第1版
印　　次：2022年8月第1次印刷
定　　价：72.00元

编委会

的神圣使命，必须在现有的第一课堂人才培养体系的基础之上，重视开发第二课堂培养方案。第二课堂是第一课堂之外的重要教学手段，它能够引导和组织学生开展与第一课堂相关的各种有意义的课外活动。通过体系化、系统化的课外教育实践活动教会学生“学习如何学习”，帮助学生掌握应有的知识技能，锻造学生积极正向的性格品质，培养国家和社会所需的高素质复合型人才。

（三）落实共青团改革要求

2016年8月，中共中央办公厅印发《共青团中央改革方案》，明确提出高校共青团必须以保持和增强政治性、先进性、群众性作为改革的根本遵循和指引，走中国特色社会主义群团发展道路。2016年11月，共青团中央、教育部联合印发《高校共青团改革实施方案》，强调高校共青团改革实施要牢牢把握政治方向，尊重学生主体地位，突出重点聚焦问题，统筹推进上下联动，建设更加充满活力、更加坚强有力的高校共青团。2018年7月，共青团中央、教育部联合印发《关于在高校实施共青团“第二课堂成绩单”制度的意见》，指出推动和完善第二课堂建设是深化高校共青团改革，加强共青团组织建设，改进共青团育人职能的关键路径。

第二课堂建设对高校共青团改革的作用主要表现在：一是第二课堂育人活动形式多样，丰富了共青团组织联系服务青年学生的载体和方式，有利于创新工作。如围绕创业创新，通过第二课堂可以建立学生与学生之间的交流协会，甚至可以建立学校与学校之间的协作联盟，以此增强相关指导的实际效果。二是第二课堂建设要求坚持多种模式、多重覆盖，有利于加强共青团的组织建设。如以第二课堂育人为核心，以实践活动为载体，在学生社团中建立团组织并尝试在活动项目、网络虚拟群体中建立团组织，促进高校团组织焕发新的活力。三是第二课堂育人方式灵活，可有效改进和加强共青团的育人职能。如2016年共青团中央在高校重点推进的“第二课堂成绩单”制度，通过对学生在校期间参加各项活动及在活动中的表现和成绩进行记录，

序

立德树人是高校的根本任务和历史使命。作为中华人民共和国第一所航空航天高等学府，建校70年来，北京航空航天大学始终坚持听党话、跟党走，着力将思想政治引领贯穿团学工作始终，接续传扬“空天报国”精神，努力培养堪当民族复兴重任的时代新人。

习近平总书记强调：“越是往前走、向上攀，越是要善于从走过的路中汲取智慧、提振信心、增添力量”。《学思践悟——北京航空航天大学共青团工作研究文集》凝聚了北航校团委和各院系团工作研究成果，分为“思想引领”、“基层团建与文化育人”、“实践创新”和“近年共青团重要会议交流汇报发言”四部分，是全校广大团干部深入研究和积极实践的智慧结晶，体现了北航在团工作中认真学习、深入思考、切身实践、用心感悟，从团工作中“汲取智慧、提振信心、增添力量”的先进做法和宝贵成果。

本书作为新时代高校共青团工作研究的优秀实践成果，凝聚了大批一线优秀团干部的工作思考和经验心血，从不同视角、不同侧重、不同方向诠释了团的根本任务、政治责任、工作主线，深刻标定着新的历史方位下团学实践育人、青年成长成才的时代坐标，为广大共青团工作人员及高校教育工作者等提供参考性、指导性和示范性读物。

习近平总书记寄语青年：“广大青年要牢记党的教诲，立志民族复兴，不负韶华，不负时代，不负人民，在青春的赛道上奋力奔跑，争取跑出当代青年的最好成绩！”时值中国共产主义青年团成立100周年、北京航空航天大学建校70周年，期待并相信，本书能全面总结北航共青团工作研究成果，激励更多同仁在新征程上不负使命、接续启航，奋力开创团学育人工作新篇章！

目 录

CONTENTS

第一章 思想引领

第二章 基层团建与文化育人

第三章 实践创新

第四章 近年来共青团重要会议交流汇报发言

第一章　思想引领

高校第二课堂的价值作用探析

2018年7月，共青团中央、教育部联合印发《关于在高校实施共青团“第二课堂成绩单”制度的意见》，明确指出要在2018年秋季学期，面向全国高校推广实施共青团“第二课堂成绩单”制度。截至2021年底，全国60%以上的高校实施了此项制度。这充分反映了发挥第二课堂育人功能的重要价值已在各高校形成初步共识，也标志着我国高等教育面向社会、面向学生构建新型人才培养模式的探索进入新的发展阶段。实践证明，第二课堂是高校不可或缺的重要育人平台。

一、推动和完善第二课堂建设，是贯彻习近平总书记青年人才战略、落实国家高等教育改革和共青团改革要求的具体措施

（一）贯彻习近平总书记的青年人才战略

党的十八大以来，习近平总书记发表了大量关于青年成长成才的新理论、新思想，从坚定理想信念、培养道德品质、投身社会实践、练就过硬本领、勇于创新创造等多个方面，科学系统地回答了新时期如何正确引领广大青年成长成才。习近平总书记指出：“要努力构建德智体美劳全面培养的教育体系，形成更高水平的人才培养体系。要把立德树人融入思想道德教育、文化知识教育、社会实践教育各环节，贯穿基础教育、职业教育、高等教育各领域，学科体系、教学体系、教材体系、管理体系要围绕这个目标来设计，教师要围绕这个目标来教，学生要围绕这个目标来学。凡是不利于实现这个目标的做法都要

坚决改过来。”习近平总书记强调：“要重视和加强第二课堂建设，重视实践育人，坚持教育同生产劳动和社会实践相结合，广泛开展各类社会实践，让学生在亲身参与中认识国情、了解社会，受教育、长才干。”习近平总书记对青年成长成才的殷切期盼和对教育体系的战略设计，体现了党中央对人才培养和供给问题的高度关注，其根本原因是我国高等教育对于人才的培养满足不了国家发展的需求，尤其是在创新型、应用型、复合型人才培养方面。习近平总书记的重要论述，为当代青年成长成才道路标注了鲜明的时代坐标和基层导向。发挥第二课堂的育人功能，就是要不断拓展学生社会实践的平台和路径，为学生参与社会实践创造更多的机会，提供更好的条件。

（二）落实高等教育改革要求

通过传统教育方式培养出的学生，即使考试达标获得文凭，也可能并不具备社会所需的各种素质和能力，比如使命感、责任心、坚韧性、创新思维、合作意识、协同能力等。我国的高等教育可能面临甚至已经存在与国家需要不匹配、与社会发展相脱节的现实问题。特别是随着VUCA时代的到来，我国进入新的历史时期，需要大量具有创新创造能力和社会实践能力的高素质人才。党中央、国务院在关于建设世界一流大学和一流学科的重大战略决策部署中明确提出，要坚持立德树人，突出人才培养的核心地位，着力培养具有历史使命感和社会责任心、富有创新精神和实践能力的各类创新型、应用型、复合型优秀人才。服务立德树人、提高人才培养质量是我国高等教育改革与发展的根本任务和最终目标，也是建设高等教育强国的必然要求。

与此同时，我国高等教育的发展环境正在发生深刻变化，高等教育的价值逐步从传统意义上的传授专业知识、提供高端学历文凭向推进社会进步、满足个体全面发展的方向转变。以信息技术为代表的科技进步，正在推动教育范式的根本性变革，学习的方法途径和内涵、人的交往方式、教育的时间空间、知识的信息资源等都在被重新定义和连接。现实表明，高校通过单纯的第一课堂教学无法完成立德树人对学生形成科学评价并将结果反馈给学生，引导和促进学生能力素质的全面发展。

二、推动和完善第二课堂建设，是确立青年成才标准、收集青年成长数据和整合高等教育资源的实际需要

（一）确立青年成才标准

青年是国家的未来，民族的希望。高校是青年接受教育、成长成才的摇篮。在实践中，由于缺乏明确的青年成才标准，而使得高校对人才的培养模式存在明显同质化趋向，抹杀了学生的实践能力与创新精神。高校第二课堂通过构建一系列能力素质体系、能力评估体系为高校培养青年人才确定了方向，指明了道路。

能力素质体系，即对于青年成长的关键能力与核心素质进行具体划分，明确其内涵与价值意义，创造性回答新时代高校需要培养什么样的青年，即青年成才的标准。第二课堂能力素质体系首先明确了专题知识、专业技能、关键能力及核心特质四种青年成才所需的基本技能，确定了青年成才标准的大方向，然后又根据实际需要将上述四种技能的内容进行拓展，使青年成才标准更加具体化。如将关键能力分为善于学习、批判思维、创新能力、与人合作、沟通能力五个方面；将核心特质分为诚信正直、成就动机、责任心、主动性、好奇心、积极乐观、自信、韧性、情绪稳定、灵活性十个要素。第二课堂构建的能力评估体系可以对能力素质体系确定的青年成才标准进行对标，收集整合青年成才发展的各类数据，科学回答高校是否培养了所需要的人、青年是否真正成才等问题。能力评估体系具有科学性、动态开放性、可操作性三大原则。科学性原则保证了青年能力素质评估指标含义清楚、准确，使得青年成才标准更为科学合理；动态开放性原则保证对于青年能力素质进行了多角度、全方位的考评，使得青年成才标准不断保持灵活，紧跟时代与社会需要；可操作性原则保证青年能力

素质内涵清晰、定义明确，使得青年成才标准易于理解、易于量化。另外，高校第二课堂能力评估体系的多源数据、多元主体、多维目标和多期连续的“四多”特征，确保了评估能力多维、全面，能力评估数据来源丰富，评估主体客观、多样，保证青年成长能力评估不断获得多维数据的反馈，及时得到实践检验。

（二）收集青年成长数据

高校青年的成长与发展，容易受到各种因素的影响，是一个复杂多变的过程。随着信息技术的快速发展和大数据时代的到来，及时收集并分析运用青年成长的大数据，可能有效解决高校青年在成长过程中遇到的一些问题，帮助其顺利成长成才。“第二课堂成绩单”制度的主要功能之一就是要对学生的课外活动经历及相关成果数据进行收集，并构建出可以客观反映学生在校成长发展的大数据。“第二课堂成绩单”通过第二课堂记录评价体系客观真实地记录学生在校期间参加的各类课堂内外活动情况及学生在这些活动中的表现和成绩。据此建立丰富的大学生数据资源库，实现信息化、数据化管理。这个数据库包括学生志愿公益服务、创新创业创造、实践实习实训、技能特长培养等多种活动形式数据，学生参加各类第二课堂活动的情况都可以在数据库中记录下来、显示出来，以此鼓励学生积极参加活动，丰富自己的成长数据。同时，“第二课堂成绩单”数据库通过对学生成长数据的统计、分析、整合，可形成便于分化、组合和共享的学生成长数据模块。

“第二课堂成绩单”收集提供的青年成长数据无论对学生、高校还是社会都具有极为重要的意义。对学生而言，“第二课堂成绩单”数据可为学生在过去活动中发现自身不足和总结存在问题提供支撑，有利于学生进行自我评价、找准自己定位，有利于帮助学生发掘潜力，不断超越自我，以实现学生思考与活动的科学化、理性化。对高校而言，“第二课堂成绩单”数据可帮助学校对青年学生的思想进行有效捕捉，实现对青年学生思想的发展预判、动态管理和立体化引领，并利用青年成长大数据，有针对性地为学生搭建全面发展的平台，培养学生全面发展。对社会而言，可以根据“第二课堂成绩单”提供的大数据来判断筛选哪些学生是社会所需要的人才，对优秀学生进行靶向性选拔，对高校教育进行针对性指导，提高社会效率。

（三）整合高等教育资源

随着社会的发展，各种资源的共享越来越便捷，高等教育资源的共享已成为高校培养学生非常重要的方式。所谓高等教育资源共享，是指在一定社会环境和条件下，不同的高等教育主体打破现有边界，对高校内外教育资源实行不同程度的共享。按照来源不同，高等教育资源通常可以分为政府、高校和社会三种，而第二课堂可联动政府、高校、社会三方资源，实现交流、共享及价值最大化。

相关事实表明，传统第一课堂由于其教育模式的局限性，无法引入多种教育资源对学生进行教育，需要通过第二课堂平台实施教育资源整合，与教育内容相互配合，实现教育目的。实践中，不少地方高校财政经费投入不足，教育资源配置与分布有差距，通过第二课堂平台进行资源整合与共享促进对外开放合作，提高高等教育资源的利用率。这种资源整合共享主要有三种形式：校内资源共享、校际资源共享、校企资源共享。首先，第二课堂平台可实现校内资源共享，建立校内协同育人体系。如第二课堂组织开展一个校内小型运动比赛，需要学生参加、教师指导、领导出席、后勤人员配合，需要使用运动场所和宣传展栏、借用体育设施等。这就调动了学校的多方人力与物力资源，促进了高校教育资源的流动与共享。其次，第二课堂平台可实现不同高校之间的校际资源共享。各高校可以根据本校类型与教育水平，在第二课堂信息平台进行注册，构建校际的某种纵向或横向的联盟，在课程互选、教师互聘、联合活动、实验室开放等方面实现开放，以共享彼此的教育资源。最后，第二课堂平台可实现高校与企业之间的资源共享。高校和企业作为教育界和产业界的两大主体，其资源共享程度直接影响我国的经济发展效益和长期发展动力。第二课堂作为多元利益相关者的资源融合平台，具有规模优势、聚集优势，能够较好解决校企之间的资源共享困境。如校外产学研究实践基地、艺术进校园活动等都是校企资源共享的成功典型。

三、推动和完善第二课堂建设，是高校补充支持第一课堂、引导引领青年思想和有效对接社会需求的内在要求

（一）补充支持第一课堂

第一课堂是我们通常所说的课堂教学，是学校最为主要的教学组织形式。但随着我国社会的发展和教育改革的深入，传统的第一课堂在教学思想、教学主体、教学目标、教学方式以及教学评价等方面存在的不足越发明显，无论是在内容上还是形式上都无法满足学生全面发展的需要。第一课堂重视老师对课堂教育的主导而轻视学生的主体作用，重视教学活动的结果而轻视教学活动的过程，重视认知目标的实现而轻视学生实践能力的形成以及独特个性的发展，重视专业知识的学习而轻视专业知识的实际应用。这种“主知主义”“教师中心”的教育思想，有可能使得学生的学习成为机械的、低水平的，是无独特个性、无批判性思考的学习。在第一课堂教学中，老师是主动者、支配者，相反，学生是被动者、服从者。老师会习惯性地按照自己已经设定好的教案展开教学活动，一旦学生的想法和老师的教案不相符，老师会尽力把学生从“弯路”上拉回来，学生无法主动学习、主动思考，部分学生甚至可能丧失对于学习的兴趣。

相较于第一课堂，第二课堂具有无法替代的特质，可以补充第一课堂的不足。主要表现在：第一，在教学思想上，第二课堂更加强调学生的全面发展，以丰富的内容和空间为载体为学生提供一系列开放性活动，旨在提高学生的基本技能和综合素质。第二，在教学目标上，第一课堂的目标是夯实学生的专业基础，但在专业理论知识与社

会实践之间有着比较大的距离，第二课堂应用型、实践性的目标导向为学生搭建了一个投身社会实践的平台，可以有效缩短这个距离。第三，在教学主题上，第二课堂学习以学生为主体，注重学生参与的主动性。第二课堂不受学时、内容方面的限制，完全是学生依据个人兴趣、个人志向自主选择参与的。第四，在教学内容与实现方式上，第二课堂更为丰富与多样，是第一课堂无法比拟的。第二课堂组织的活动按照类型可以分为思想教育、社会实践、社会工作、志愿服务、学生社团、学术科技、文体教育、勤工俭学等。学生通过上述各种各样的活动，可以提高创新意识、锻炼实践技能、获得全面发展。

（二）引导引领学生思想

习近平总书记2016年12月在全国高校思想政治会议上明确指出，思想政治工作要贯穿教育教学全过程，努力实现全程育人、全方位育人。对于高校思想政治教育工作，第二课堂具有导向、调节、凝聚、转化、开发功能。导向功能是指在具体的情境之下，第二课堂可以通过各种途径将高校学生培养成全面发展的社会主义事业的建设者和接班人。第二课堂活动在高校团委的领导组织下开展，所有活动在核心价值观上必须与党的基本路线、方针保持一致；同时，第二课堂的活动内容包含着具体的教育目的，对学生可以产生直接或者间接的导向作用，引导学生对国情有更加深刻和理性的认识，增强学生立志报国的强烈责任心。调节功能指的是指通过第二课堂的各种活动，对于学生的情绪、心理以及人际关系进行调整，帮助学生建立和谐的人际关系，培养他们良好的心理素质和心态。学生对于传统的思想政治教育活动往往出现缺少兴趣、注意力不集中的情况。第二课堂可以设计组织学生感兴趣的活动，确保高校思想政治教育有效率地进行。另外，第二课堂的大多数活动以群体为单位开展，这些活动形式融合了思想性、知识性与趣味性，可以充分调动学生的兴趣和参与积极性。在这种群体氛围中，学生的认同感、使命感与归属感也容易被激发出来，形成群体凝聚力。这种群体凝聚力会渗透到学生学习工作的各个方面，增加学生对国家、学校和集体的认同感。这就是第二课堂的凝聚功能。转化功能是指通过各式各样的活动，对学生原来错误的思想观念进行改造，帮助学生将思想与行为转变到正确的轨道上。高校传统思想政治教育是一种说教式的“硬”方式，千篇一律，空洞乏味。第二课堂可以将思想政治教育与实际环境融合起来，以一种生动活泼、学生乐于接受的“软”方式对学生进行渗透式的思想教育。开发性功能是指第二课堂能够超越专业界限，容纳各种学科的内容，扩大学生视野，激发学生思考，促进学生转换不同的思维定式和角度，有利于提高学生对于思想政治的认识与理解。

第二课堂配合促进高校思想政治教育工作，引导引领青年学生思想，有四种活动形式：一是社会实践活动。通过组织志愿者服务、文化论坛、公益活动、勤工助学等，有目的、有计划、有组织地引导高校学生积极投身社会实践活动，使青年在近距离的感染与熏陶中，提升思想道德水平。二是校园文化活动。校园文化是学校在长期的教育教学实践中所积累的精神文化与物质文化的总和，广大师生置身其中，学习、生活、工作等各方面均会耳濡目染。校园文化的思想政治教育功能是长期的、潜移默化的。三是学生社团活动。学生社团是高校学生自我管理、自我服务的重要平台，具有组织性高、凝聚力强、联系广泛等特点，也是高校思想政治教育的重要依托。四是以网络、智能手机等新媒体为载体开展的活动。在信息技术高度发达的时代，高校学生的价值取向、行为模式、政治态度、道德观念发生了新的改变。高校思想政治教育工作要因势利导，积极开发利用专门网站、微博、微信公众号等新媒体平台，创新思想政治教育方法手段。

（三）有效对接社会需求

近年来，高校毕业生的就业问题越来越严峻。造成这一问题的原因很复杂，其中高等教育培养出的研究型人才多、应用型人才少、供给与社会需求不匹配的矛盾不容忽视。高等教育需要采用新的方式，创新性地寻求高校学生供给与社会需求之间的平衡。第二课堂活动多样、形式灵活、内容丰富，能够弥补传统高等教育的缺点，提高学生的综合素质和就业竞争力，提高高校毕业生就业率，实现高等教育供给有效对接社会人才需求。具体来说，由于时代发展加快、社会竞争激烈和用人成本增加等综合考量，用人单位对高校毕业生的实际能力要求更高。毕业生不仅需要具有丰富的知识储备、出色的语言表达能力、实际的组织应用能力等，还需要具有较强的人际交往能力、与团队成员相处协作能力及良好的职业素养、专业素质和创新能力等。第二课堂的目标就是培养高素质复合型人才，在此方面可以发挥重要作用。

论职业素养首先要讲职业道德，诗人但丁说："一个知识不全的人可以用道德去弥补，而一个道德不全的人难以用知识去弥补"。可见，培养具有良好职业道德的学生对于社会的重要性。第一，高校第二课堂可通过演讲、辩论、论坛、观影、观展等多种形式，开展以敬业爱岗、诚实守信、廉洁自律为主题的职业道德教育，引导学生积极参与实践锻炼，培养良好职业素养。第二，培养学生的专业实践能力是第二课堂的应有之义，第二课堂为学生提供丰富多彩的实习实践机会，学生可将第一课堂学到的理论知识在实际工作场景中实践运用。学生可结合所学知识，在实践中发现问题、解决问题，增加实际技能，提高专业素质。第三，当前社会最需要具有创新能力的高校人才，创新能力的核心主要包括求知精神和创新思维。高校学生通过第一课堂已经获取了比较丰富的知识储备，但这些知识对他们来说还是抽象的甚至是教条的。第二课堂活动可以通过具体、感性、生动的方式调动学生对现象进行观察体会、分析概括，进而促使学生将抽象的书本知识激活并产生新的求知欲望，在求知和独立思考的过程中获得创新能力的源泉。

（校团委供稿）

书院—学院协同构建第二课堂的创新与实践

随着国民经济、社会的迅速发展，新科技正在催生新的产业革命，以往过度专业化的培养体系难以适应新经济发展对人才需求的问题日益凸显，在“两个大局”的国际国内形势下，国家急需研究型大学培养拔尖创新人才。《国民经济和社会发展第十三个五年规划纲要》提出，教育要“把提升人的发展能力放在突出重要位置”，实行“通识教育和专业教育相结合”的培养制度。通识教育与专业教育融合发展，是中国特色一流本科人才培养的必然选择。

书院制是在继承中国古代书院“师生共处、学生互助”的传统基础上，借鉴国外住宿学院制度建立的一种对学生实施通识教育，并承担学生思想品德、行为养成等方面教育的新型学生教育模式。这种模式打破了传统以专业院系为骨架的大学组织形态，把纵向的大学组织结构，改变为纵（学院）横（书院）交错的矩阵式结构，建立了以书院为单元的学习和生活社区，构建了师生共处的第二课堂平台，是新的历史起点上对学生教育模式进行创新的积极探索。调研显示，2005年9月到2017年7月，我国复旦大学、西安交通大学等47所高校成立了137家书院。书院数量逐年增多，模式日趋多元，发展差异也逐步显现。书院作为一种嵌入式组织结构，打破了大学原有组织架构和运行模式，在改革过程中面临着“书院学院协同难、教育功能发挥难、文化形成难”等多重现实困境。

北航致真书院负责理科大类学生管理和培养，书院成立之初就与理科大类5个学院共同确立了“全人培养”的协同育人核心目标。在培养体系设计中充分借鉴卡尔·罗杰斯的“以学生为中心”学习理论和成效基准教育理念（OBE），以系统设计的人才培养模块为驱动力，对书院建设及其教育功能发挥路径、书院—学院协同育人机制、书院文化形成及书院—学院文化传承路径进行了重构，取得了良好效果，成为国内书院制建设的典型示范。

一、书院制改革中第二课堂建设的现实困境

（一）书院教育缺乏系统性设计、教育功能发挥难

据学者对137家书院的调研显示，除少数研究型大学外，书院尚缺乏对教育内容的系统化顶层设计，人才培养目标尚不清晰，教育内容零散化、片段化、随意化，与学院联动不足。书院制作为育人模式的改革，并未形成一套具备较强推广性的基本模式。

（二）书院学院协同难

据对中国知网上关于书院制近70篇文献的文本分析显示，因书院制探索时间短、缺少改革共识、缺少对书院性质、定位的准确认知等原因，学院书院协同困难是当前书院制发展面临的主要问题，表现在沟通机制不健全、定位不明、导师投入不足、担心专业教育受冲击等诸多问题。

（三）书院发展中文化特色难形成、难传承

书院文化建设是发挥书院教育功能的重要抓手。但对以专业大类设置的实体化书院，学生仅有一年级在书院，学生频繁更替使得书院特色文化难形成、难传承，缺乏可遵循的路径和规律；学生二年级到专业学院后又面临新的文化浸润问题，书院—学院文化建设缺乏接续性。

二、书院—学院协同构建第二课堂的实施路径

（一）以学生为中心构建书院建设及教育功能发挥路径

依据当代学生核心素养需求，书院—学院共同确立“全人培养”育人目标，围绕目标要素系统设计培养方案，对接方案实施书院—学院联合配齐配强四类导师，推进形成“家文化、好学风、正气旋”的书院—学院共建文化。四年实践迭代，形成“明确培养目标—设计培养体系—多元配备导师—布局文化建设”可复制可推广的书院建设及教育功能发挥路径，破解了书院教育缺乏系统性设计、教育功能发挥难问题。（如图1所示）

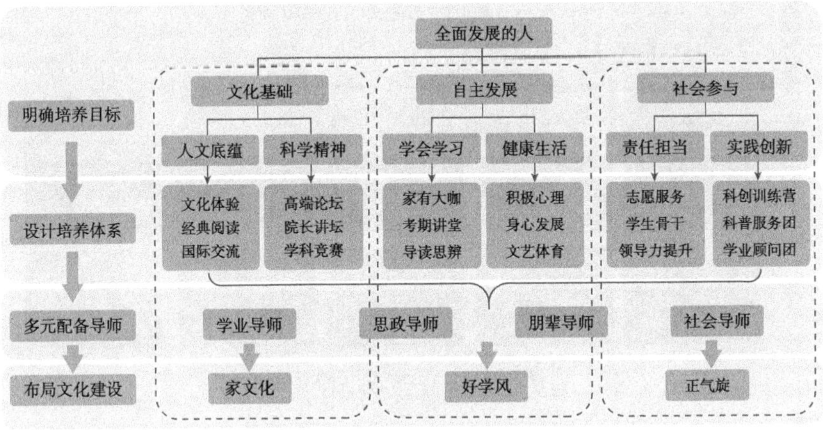

图 1 书院建设及教育功能发挥路径

（二）以系统设计的培养模块为驱动力，构建四横四纵书院—学院协同育人机制

从学院—书院的共同育人目标——“全面发展的人”出发，书院系统设计培养模块，学院全方位支持模块建设，形成“学院领导鼎力支持、学院教师深度参与、两院学生深度融合、学院校友多维保障”四维度组织体系，“通识教育、学业支持、科技创新、实践育

人”四模块协同育人机制，显著提升了学生和学院的双重获得感，破解书院—学院协同“难”问题。（如图2所示）

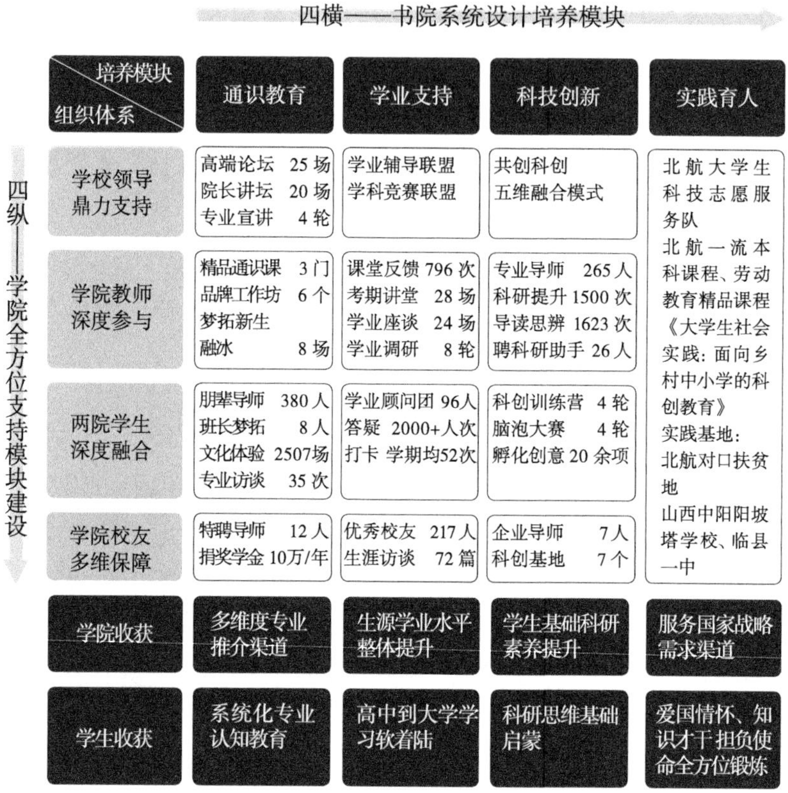

图 2 四横四纵书院—学院协同育人机制

通识教育：紧密围绕培养目标设计通识教育模块，学院资源充分融入培养学生大类思维，形成高端论坛等代表性模块，孵化形成“大学生社会实践：面向乡村中小学生的科创教育”（北航校级一流本科课程、北航劳动教育精品课程）、“本科生学业规划”（北京高校就业创业金课）、“领导力开发”“大学生自我管理与修养提升”4门精品通识课，打造“积极心理工作坊”“精益创新训练营”等6个品牌工作坊。

学业支持：学院师生深度参与，共建“学习状态感知—学业预警—学业支持—学业研究”大一学风建设闭环体系，帮助本科新生完成高中到大学软着陆。

科技创新：学院—书院共建科创五维融合模式，围绕科学思维的基本逻辑形成书院“科研思维形成训练”—学院“科研创新能力提升”递进式科创训练体系。创新以学科交叉脑泡大赛为重要衔接，深度推进不同专业之间交叉合作、推进学院之间科研协同育人。（如图3所示）

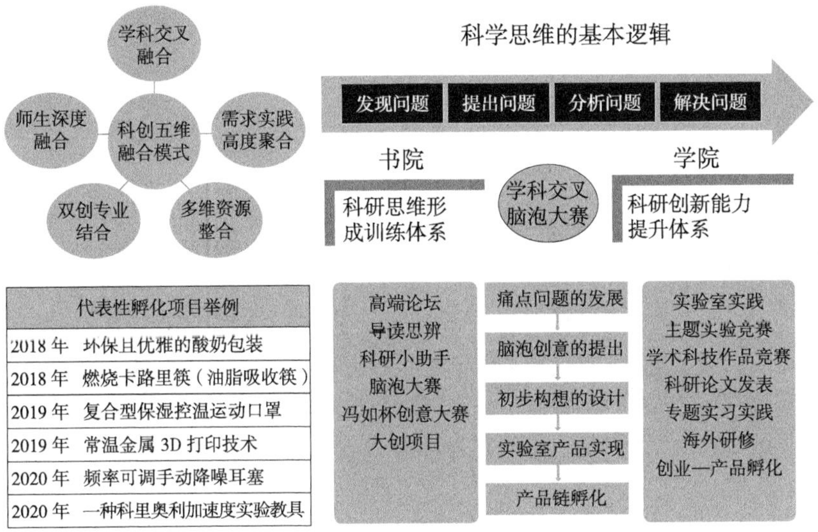

图3 科创五维融合模式

实践育人：书院—学院共建“北航大学生科技志愿服务队”，提出并形成有组织、有主题、有准备、学生全方位自主的“学习型社会实践”。在北航对口扶贫地山西中阳开展科创教育，时任中国科协党组书记怀进鹏为实践队授旗，科协科普部部长白希称赞实践队是千千万万大学生志愿服务活动的典范。（如图4所示）

（三）关键节点部署，创新了书院文化形成、书院—学院的文化共建路径

紧密围绕新生大学适应关键节点部署教育环节，创新了书院“家文化、好学风、正气旋”特色文化形成模式，学生在书院产生归属感、

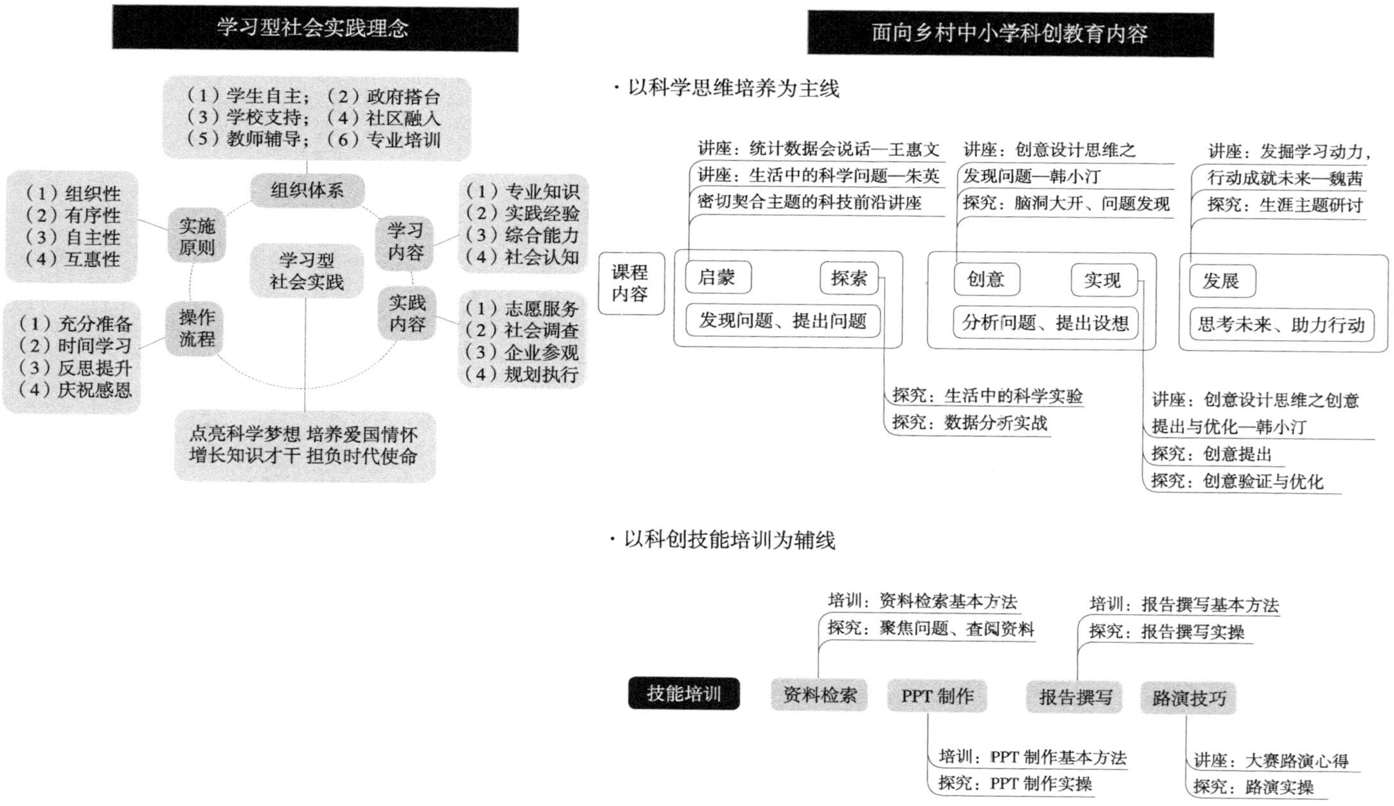

图 4 “学习型社会实践”理念及教学内容

认同感。以书院精神内核、辅导员思政工作模式、学生文化基因传承、凝聚学生的社区空间、各类学生组织为载体，创新了书院文化的延续和传承模式，学生离开书院依然拥有使命感和获得感，破解了书院文化难形成、难传承问题。（如图5所示）

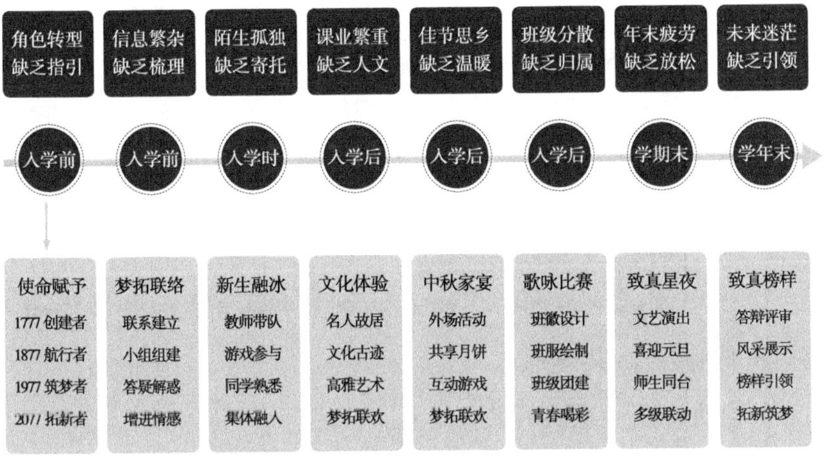

图 5 书院—学院文化共建路径

三、书院—学院协同构建第二课堂的创新分析

（一）形成“明确培养目标—设计育人体系—多元导师配备—布局文化建设”四步骤可推广示范的书院建设及教育功能发挥路径

书院建设及教育功能发挥路径紧密围绕书院—学院共同的人才培养目标，始终以“学生成长发展”为核心，保障了所有育人模块的实施都服务于学生成长成才，保障了导师作用发挥落实落细，从而从出发点上保障了学院的投入，进一步保障了文化建设有载体、可依托，从根源上避免了书院教育零散化、片段化、随意化的问题。

（二）以学院—书院的共同育人目标——“全面发展的人”为出发点，以系统设计的培养模块为驱动力，构建了四维度组织—四模块共创的书院—学院协同育人机制

“学生成长发展”是书院—学院的共同育人目标，以围绕培养目标系统设计的培养模块为驱动力，夯实了学院在书院教育阶段的作用；以“学院领导鼎力支持—学院教师深度参与—两院学生深度融合—学院校友多维保障”四维度的组织体系协同，保障了学院的投入度；围绕“通识教育—学业支持—科技创新—实践育人”四模块的体系性培养，学生综合素养显著提升，进一步推进了学院的人才培养获得感，确保了学院投入的持续性。

（三）创新了以新生适应关键节点为轴的书院文化形成、书院—学院文化共建模式

针对大一新生适应的关键问题，凝练形成“家文化、好学风、正气旋”文化内涵，创新形成了围绕新生适应关键节点时间线部署推进的文化形成路线，为书院文化建设提供可实操的抓手。创新构建了“家文化、好学风、正气旋”精神内核、辅导员思政工作模式、学生文化基因传承、凝聚学生的社区空间、各类学生组织接续的文化传承载体群，为书院—学院文化共建提供了渠道。

四、书院—学院协同构建第二课堂的实施成效

（一）书院建设经验在高等教育领域起到示范引领作用，受到全球、全国高校关注

在高等教育领域持续发声。四年来，书院骨干人员在国内外各类会议、论坛上做报告9次，发表书院制实施、教育管理相关研究论文6篇，获批北航教改项目2个，参与编撰工作指导手册5部。书院“大学生社会实践：面向乡村中小学的科创教育”入选北航校级一流本科课程、北航劳动教育精品课程，“本科生学业规划”入选北京高校就业创业金课。（如表1—表4所示）

表1　书院骨干人员在国际国内会议、论坛上做主题报告（代表性9次）

时间	会议名称	报告主题	报告人
2018 年	北京航空航天大学人才培养推进会	家文化，好学风，正气旋——致真书院建设情况汇报	王惠文
2018 年	全球学业咨询协会 NACADA 国际会	The Construction of the Learning Adaptation System—A Study on the Soft Landing of Learning from High School to College	魏茜
2018 年	第五届海峡两岸暨港澳地区高校现代书院制教育论坛	社区作为书院文化育人载体的探索与思考	刘忠翠
2018 年	北航“立德树人奖”校园师德宣讲会	关于体验式教育的实践与思考	王惠文
2019 年	新时代高校优良学风建设研讨会暨“大学生学习力”国际论坛	Soft landing——新生适应性学业指导体系建设	魏茜
2019 年	第六届海峡两岸暨港澳地区高校现代书院制教育论坛	书院制下“扶智扶志”合作型师生关系构建与探索	刘忠翠
2020 年	中科院“科教结合，协同育人”工作研讨会	科教融合，化育英才——化学拔尖创新人才培养	魏茜
2021 年	全球学业咨询协会 NACADA 国际会	Relationships among Academic Procrastination, Learning Adaptation and Academic Achievement in Chinese First-year Undergraduates	魏茜
2021 年	第七届海峡两岸暨港澳地区高校现代书院制教育论坛	一种创新型书院文化建设路径的构建与探析	刘忠翠

表2　书院骨干人员发表书院育人相关论文（代表性6篇）

作者	论文名称	发表期刊	发表时间
魏茜	大类培养下校院两级学业预警指标体系的构建研究	黑龙江高教研究	2020
魏茜	在线学习没精神？来看不同人格类型的学习法则	中国大学生就业	2020
魏茜	辅导员专业化职业化成长路径	中国大学生就业	2019
刘忠翠	社区作为书院文化育人载体的探索与思考——以北航致真书院为例	第五届海峡两岸暨港澳地区高校现代书院制教育论坛会议期刊	2018
刘忠翠	书院制下“扶智扶志”合作型师生关系构建与探索——以北航致真书院为例	第六届海峡两岸暨港澳地区高校现代书院制教育论坛会议期刊	2019
刘忠翠	一种创新型书院文化建设路径的构建与探析	第七届海峡两岸暨港澳地区高校现代书院制教育论坛会议期刊	2021

表 3　书院骨干人员获批及参与教改项目（代表性 2 项）

项目名称	项目级别	负责人	立项年份
北航学院朋辈导师工作研究与提升	北京航空航天大学教改项目	闵敏等	2019
基于大类培养分流和强基计划的第二课堂体系建设	北京航空航天大学教改重点项目	魏茜	2020

表 4　书院骨干人员参与完成大类培养书院建设工作指导手册

手册名称	参与人
《北航学院专业选择工作指导手册》	魏茜
《北航学院导师制工作手册》	丁贝贝
《北航学院社区工作手册》	刘忠翠
《北航学院梦拓手册》	王惠文、闵敏、魏茜、毋艺臻
《北航学院博雅手册》	魏茜

多所高校来访并建立合作关系。书院建院以来，先后接待北京理工大学、浙江工业大学、西南交通大学等高校代表前来交流工作，并与华东师范大学光华书院、哈尔滨工业大学威海校区劲松书院建立了持续的合作关系。

书院—学院协同建设成果引发社会广泛关注。书院—学院共建北航大学生科技志愿服务队起到引领示范作用，得到来自中国科协领导的充分肯定，得到北航、中阳县和临县政府领导的高度评价。中国科协党组书记怀进鹏亲临出征仪式，并致信勉励服务队："把个人理想追求融入党和国家事业之中，用智慧点亮了孩子们的科学梦想"；中国科协科普部部长白希称赞服务队"是千千万万大学生志愿服务活动的典范"。三年来，相关成果得到中国青年网、中国教育电视台、《人民日报》（海外版）、中国科协、CETV全国教育新闻联播等社会重点媒体及《吕梁日报》、吕梁新闻网等地方媒体30余次特别报道，引发社会广泛关注。

（二）“书院—学院”协同育人显现成效，首届学生成长发展取得可喜成果

1. 学生志存高远、全面发展，理科大类学生在各类最高荣誉评选中脱颖而出

理科大类首届学生（2017级）参评北航三类最高荣誉（“沈元奖章”“励志成长成才表率”“五四奖章”）占据8席（全校总获评人数25人），取得2017年以来理科大类各院系获评奖项最大突破。（如表5所示）

表5 理科大类五学院近三年获评北航最高荣誉数据（单位：人次）

	沈元奖章	励志成长成才表率	五四奖章	合计
2015级	0	1	1	2
2016级	1	0	1	2
2017级（理科大类首届）	4	3	1	8

2. 学生整体素养显著提升，理科大类首届学生升学率较近年取得新突破

理科大类首届学生（2017级）国内升学率达到54.32%，实现了平均国内升学率近四年来的最高值。（如表6所示）

表6 北航理科大类五学院近四年学生国内升学率

	经济管理学院	数学科学学院	物理学院	化学学院	空间与环境学院	平均升学率
2014级	30.18%	42.48%	51.43%	57.14%	44.44%	45.13%
2015级	33.72%	45.21%	72.22%	45.00%	42.86%	47.80%
2016级	41.46%	45.10%	64.47%	48.15%	70.59%	53.95%
2017级（理科大类首届）	40.15%	60.23%	47.37%	63.33%	60.53%	54.32%

3. 书院学生学习主动性显著提升，历年学生学业达标率逐年提升

从2017级到2019级，学生不及格人次逐年递减，不及格人数、非必修课程不及格两门次以上人数显著降低。（如图6所示）

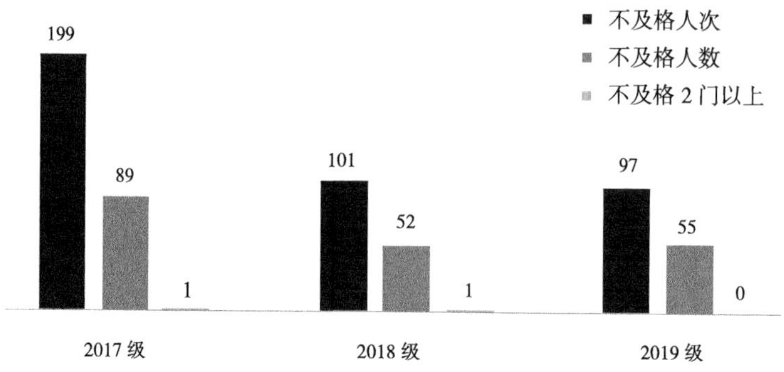

图 6 致真书院 2017 级到 2019 级不及格学生人数分布情况

从2017级到2019级，普通预警、严重预警、退学预警学生人数都呈现明显的逐年递减趋势。书院学生学习氛围浓厚、学习效果得到明显改善。（如图7所示）

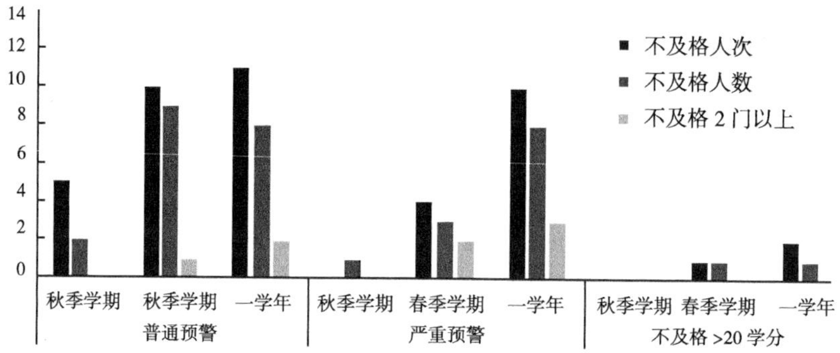

图 7 致真书院 2017 级到 2019 级学业预警人数对比

（三）有力推进了专业学院对书院建设的主动支持和投入

1. 学院学业导师投入度显著提升

从导学活动开展情况来看，无论学期数据还是学年数据，从2017级到2019级，导学活动时长持续增长，学业导师在书院工作投入度显著提升。（如图8所示）

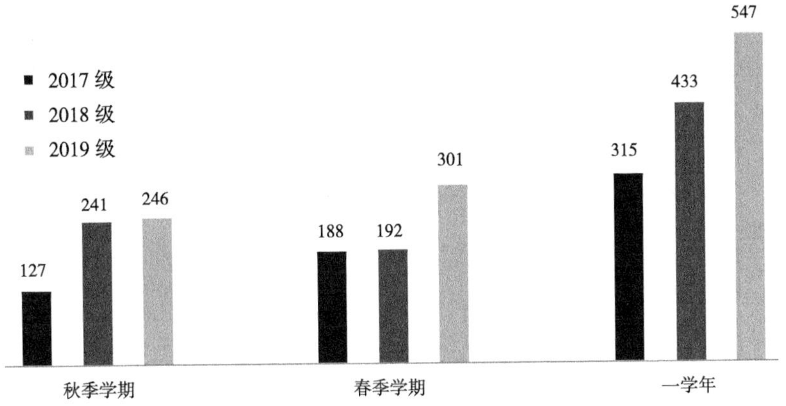

图 8 致真书院 2017 级到 2019 级导学活动数据对比

2. 学院积极助力书院通识教育，通识课程惠及面不断扩大，在学校形成一定影响力。（如表7所示）

表 7　书院开设一般通识课覆盖学生情况

课程名称	开课教师	学时	开课班次	累计学生 / 人
本科生学业规划	苏文平等 23 位	16	62	2004
大学生自我管理与修养提升	马琳	8	3	116
领导力开发	武欣	16	2	74
大学生社会实践：面向乡村中小学生的科创教育	王惠文、董卓宁等	24	1	38
合计		64	68	2232

3. 学院主动引荐企业、投入资源，资助学生成长

经济管理学院黄劲松教授心系致真学子，引荐唐山金路通商贸有限公司在致真书院设立奖助学金，每年捐赠10万元人民币用于奖励和资助书院品学兼优以及家庭经济困难学生。经学院引荐，书院聘任了华为企业业务中国区总工程师胡善勇、91金融创始人许泽玮等7位杰出企业家担任书院企业导师。

来自26名专业学院老师招募书院43名经济困难学生担任“科研小助

手”，通过与设岗教师合作，学生获得了资金资助以及学习能力、科研能力的提升，增强了自信，收获了感恩，真正实现高校资助工作“扶智扶志”的育人实效。

（四）师生对“书院—学院”协同育人助力个人成长给予高度评价

1. 书院学生对“书院—学院”协同育人对个人成长的影响给予高度评价

书院学生对书院有深刻的归属感和认同感，即使到学院后也依然对书院有深刻的使命感和责任感。“家文化、好学风、正气旋”的文化深入人心，“致真需要，随时报道”的口号广为流传。面向书院2017级到2019级学生的调研显示，超过95%的同学认为在书院的成长让自己拥有了很好的适应能力；超过90%同学认为在书院提升了知识的广度；近90%的同学认为书院的通识教育体系帮助自己更加理性地选择专业；近98%的同学认为在书院的成长为后续学院的专业学习打下扎实的基础。

2019至2020 学年励志成长成才表率获得者、致真书院2017级学生师曜说：“书院作为大学入学第一年，在数理化等基础课程的学业支持方面做出了极大的努力和探索，为后续专业学习的开展奠定了基础。考虑到专业选择的科学性，给了我们更多的机会去接触专业学院的通识课程，并辅以院长讲坛、学院开放日、大类咨询日等活动让我们在专业选择之前就对各个学院有了一定的了解。特别是在书院学院协同下，我们在大一便有了导师制，能够得到科研和生涯规划上的指导。像我自己在大一的时候参观了空间与环境学院的实验室，环境系的实验室非常有趣，吸引着我来到了空环学院。在书院—学院协同育人机制下，通过大一一年的摸索，我找到了自己感兴趣的专业方向。”

第十六届五四奖章获得者、致真书院2017级学生姜泽超说：“大一期间掌握的良好的学习适应能力，让我很快融入课题组的组会讨论并开展自己的小课题研究。如果说书院给予我更多的是能力的养成与知识的广度，那么学院给予我的便是能力的检验与知识的深度。这些培养毫无疑问，是我不断进步的基石。我从书院新闻中心的干事成长为学院的公众号总运营；从书院的团总支的宣传委员到学院的大班长；从书院中基础学科的学习到现在投身实验室科研被导师认可……虽然，我的进步不是最快的，但是我知道我收获了许许多多。”

2. 学院老师对“书院—学院”协同育人给予高度评价

在2021年面向学院学业导师开展的调研中，98%的导师认为“书院—学院”协同育人对学生的成长成才有促进作用。导师们投入书院育人工作的积极性强，近90%的老师表达了连任意愿。愿意连任的最主要原因有：与书院共同推进协同育人机制；书院能为学院培养、输送更优质的学生；书院学生具有扎实的学习基础。截至目前，书院对应的5个专业学院已有12位老师连续四年担任学业导师。

导师们对书院—学院协同育人成效给予了充分的肯定。超过88%的老师认为，2017级学生相较往届学生在课程学习方面有更优秀的表现；近80%的老师认为，学生在毕业设计等各方面的表现也比往届学生更加突出。导师评价说：“双院协同培养的2017级学生数理基础知识更扎实，求知欲望更强烈，科研水平更高，对大创等科研训练计划更积极。他们有良好的学习习惯，浓厚的学习兴趣，和更强烈的成才愿望。在学习中，主动性、独立性都显得比往届学生更强。”

（致真书院团委、化学学院分团委供稿）

后疫情时代提升大学生思想政治教育质量的创新路径研究

——以北京航空航天大学士谔书院为例

突如其来的新冠肺炎疫情给人民生命安全和健康造成了重大威胁，为经济社会发展带来了巨大挑战，对国家治理体系和治理能力进行了直接考验。虽然全国疫情防控形势积极向好，但国外疫情持续暴发、国内局部地区疫情偶发，出现了反复性和隐蔽性的特点，疫情反弹风险始终存在，防控逐渐呈现“常态化”趋势。

习近平总书记指出：“做好高校思想政治工作，要因事而化、因时而进、因势而新。要遵循思想政治工作规律，遵循教书育人规律，遵循学生成长规律，不断提高工作能力和水平。”全国人民在党的领导下万众一心抗击疫情的宏伟故事，不仅是一部有血有肉的思政教育教材，也是一堂言传身教的思政教育大课。高校思政教育工作者在响应疫情防控工作要求的同时，应深入剖析疫情防控常态化背景下大学生思想政治教育面临的风险挑战，精准把握疫情防控对开展思政教育工作的时代契机，从而对提升大学生思想政治教育质量做出引领性探索，并在后疫情时代构建提升大学生思想政治教育质量的创新路径，践行立德树人使命。

一、何以必要：疫情防控常态化背景下大学生思想政治教育面临的风险挑战

在疫情防控斗争中，高校思想政治教育工作受到了前所未有的挑

战。疫情防控常态化背景下，大学生思想政治教育的风险与挑战主要表现为信息多元化、教育远程化、时间碎片化等，高校思政工作面临着信息渠道繁杂、强势教育阵地缺失和学生群体关注分众化的主要矛盾。

（一）信息多元化使思想政治教育工作的公信力受到挑战

疫情防控常态化背景下，大学生产生了更多的信息需求。疫情防控带来了大量课余时间，学生使用手机等移动终端的时间显著增长，有了更多机会从网络平台获取信息。与此同时，在疫情的焦虑情绪裹挟下，学生对信息产生了更多依赖，甚至“信息成瘾”。他们有获取信息增进认知、解除焦虑的必然需求。然而，后疫情时代的网络平台充斥着海量信息，是意识形态的“兵家必争之地”。包含了谣言、错误价值观念、扭曲事实的政治话语等负面信息的“信息疫情”传播得更快、更广。特别是在中西方政治博弈背景下，部分西方媒体通过将疫情政治化的方式来诋毁中国制度。然而，学生往往对于繁杂信息中的意识形态话语权争夺缺乏敏锐感知，使思想政治教育工作的公信力受到了巨大挑战。

（二）教育远程化使思想政治教育工作的亲和力受到挑战

在疫情防控期间，各类教学活动长期依托线上平台开展，后疫情防控时期，部分课程也转移到各类网络平台。一方面，大部分高校思想政治教育课程仅将线下的教育教学管理直接搬到了网络平台，即原来的“面对面”变成了“屏对屏”。这种方式虽然可以使信息传输更加便捷，但在这个过程中由于存在空间分散的隔阂，缺乏“共情”的信息传递为思政教育筑起了厚厚的壁垒，难以具备亲和力。另一方面，根据QuestMobile研究院的中国移动互联网2020年度大报告，在疫情影响下，短视频与直播成为新风口，其使用时长和普及率较之前有明显提升，对高校传统的网络思想政治教育载体“两微一端”宣传效果冲击较大，使思想政治教育工作的亲和力受到挑战。

（三）时间碎片化使思想政治教育工作的有效性受到挑战

在疫情防控期间，学生因物理空间的分散产生群体时差，又因其作息时间不统一造成了时间碎片化，在时间维度上为思政教育工作带来了考验。后疫情防控时期，由于疫情防控工作需要，学生“第二课堂”活动减少，学生自主掌握时间相对增加。然而，由于当代大学生成长环境、成长经历各具特点，自主掌握时间增加使学生自身发展能力、自主学习能力和自我控制力等方面的差异被不断放大，导致部分学生患上“疫后综合征”，产生学业、心理等问题。后疫情时代，高校思政教育工作的开展面临着“多头压制”的困难局面，使思想政治教育工作的有效性受到挑战。

二、何以可能：抗疫中思政元素为提升大学生思想政治教育质量带来的重大机遇

新冠肺炎疫情是百年来全球发生的最严重的传染病大流行，是中华人民共和国成立以来我国遭遇的传播速度最快、感染范围最广、防控难度最大的重大突发公共卫生事件。在取得抗击疫情重大战略成果、仍要做好常态化疫情防控的背景下，以坚持伟大抗疫精神教育、开展坚定“四个自信”教育、推进学生责任担当教育为着力点和突破口，充分把握疫情防控中思政元素为后疫情时代大学生思想政治教育带来的重大机遇，对培养担当民族复兴大任的时代新人意义重大，是后疫情时代提升大学生思想政治教育质量的重要课题。

（一）始终坚持伟大抗疫精神教育，涵养青年核心价值

在疫情防控中推进青年价值养成教育是大学生思想政治教育的内在要求，也是青年价值养成的重大机遇。习近平总书记在全国抗击新冠肺炎疫情表彰大会上的讲话中，深刻总结凝练出“生命至上、举国同心、舍生忘死、尊重科学、命运与共”的伟大抗疫精神。伟大抗疫精神的深刻内涵，是对抗疫斗争中中国人民和中华民族展现的敢于斗

争的大无畏气概、呈现的无私奉献的高尚品德、展露的道义担当的高度概括和凝练，是中国精神最鲜明的时代标识，能够为青年学生形成核心价值提供方向指引。

坚持伟大抗疫精神教育，一是要传递好生命至上的价值追求。这种价值追求既体现了中华民族一以贯之的仁爱传统，又表征了中国共产党始终以人民为中心的宗旨意识和赤子情怀。二是要展现好举国同心的团结伟力。这种团结伟力集中彰显了中华民族深沉厚重的家国情怀，有力诠释了新时代中国人民万众一心、同甘共苦的精神品格。三是要呈现好舍生忘死的顽强意志。这种顽强意志集中展现了中国共产党领导全国人民敢于直面各种艰难险阻的品质和气概。四是要传承好尊重科学的实践品格。这种实践品格赓续了中华民族“苟日新、日日新”的优良精神风貌，体现了中国人民求真务实、开拓创新的时代精神。五是要讲述好命运与共的道义担当。这种道义担当传承了中华民族“世界大同，天下一家”的人文关怀，为推动构建人类命运共同体的中国担当做出了生动诠释。伟大抗疫精神充分诠释了社会主义核心价值观，囊括了中华民族精神世界的完整构成。弘扬伟大抗疫精神，为大学生构建精神家园提供了方向指引，有助于新时代大学生涵养核心价值。

（二）持续开展坚定“四个自信”教育，培育青年发展新动能

习近平总书记指出，培养担当民族复兴大任的时代新人“重中之重是要以坚定的理想信念筑牢精神之基，坚定对马克思主义的信仰，对社会主义和共产主义的信念，对中国特色社会主义道路、理论、制度、文化的自信”。疫情防控常态化背景下，要持续开展“四个自信”教育，在疫情防控的生动感召下充分展现青年的智慧和才干，培育青年发展新动能。

一是要用抗击疫情伟大斗争彰显的实践底气，教育学生坚定道路自信。抗击疫情伟大斗争生动诠释了中国“为什么敢”“为什么能”

的实践底气，要引导大学生坚信只要坚持走中国特色社会主义道路，我们就有勇气、有魄力、有信心、有能力应对前进道路中出现的任何困难和挑战。二是要用抗击疫情伟大斗争绘就的价值底色，教育学生坚定理论自信。抗击疫情伟大斗争中生动彰显了习近平新时代中国特色社会主义思想的科学性品性、人民性品性、世界性品性，绘就了新思想的科学底色、人民底色和世界底色，要引导大学生坚定对习近平新时代中国特色社会主义思想的信心。三是要用抗击疫情伟大斗争展现的显著优势，教育学生坚定制度自信。抗击疫情伟大斗争展现了中国共产党领导的最大优势、中国制度与中国治理的突出优势，深刻彰显了中国特色社会主义制度的显著优势。四是要用抗击疫情伟大斗争筑就的精神支柱，教育学生坚定文化自信。在这场同疫情的殊死较量中，社会主义核心价值观的价值追求和精神力量得以集中体现和全面彰显。伟大抗疫精神作为精神动力和精神纽带凝聚起了抗击疫情的磅礴力量，是抗击疫情斗争取得重大战略成果的精神支柱。

（三）深入推进学生责任担当教育，彰显青年时代正能量

恩格斯说："一个聪明的民族，从灾难和错误中学到的东西会比平时多。"重大疫情面前每一个人都不可能独善其身，青年大学生更不能够袖手旁观。高校思政教育工作者要深入领会抗击重大疫情与青年责任担当之间存在的必然性逻辑联系，成就青年"关心国家、关心人民、关心世界"的担当角色，彰显青年时代正能量。

一是要讲好疫情防控思政课程，培养青年学生责任担当自觉。高校思想政治课程是落实立德树人根本任务的关键课程，是大学生思想政治教育的主渠道。高校思政教育工作者要通过疫情防控思政课宣传、解读好伟大抗疫精神，讲述好中国共产党为人民、为民族、为人类的责任担当。二是要用好抗疫英雄的榜样力量，增强青年学生责任担当动力。疫情防控常态化背景下，要讲好抗疫故事、弘扬抗疫精神，必须生动讲好抗疫英雄事迹、充分挖掘朋辈榜样故事，抓住事实、形象、情感、道理的叙事要素，以事实说服人、以形象打动人、

以情感感染人、以道理影响人，给青年学生以精神力量和价值启迪。三是要建好抗击重大疫情的网络育人阵地，激发青年学生责任担当情感。重大疫情发生时，敌对势力妄图利用“塔西佗陷阱”操纵社会热点话题，否定中国社会制度，借突发事件消解重点媒体公信力，制造恐慌舆论扰乱民众信心。后疫情时代，高校思政教育工作者要始终把握网络意识形态工作的主动权，做到主动发声、正面引导，强化融合传播和互动交流，展现好中国共产党甘于担当、勇于担当、善于担当的意志品质，激发青年学生责任担当情感。

三、何以可为：以北京航空航天大学士谔书院为例，后疫情时代提升大学生思想政治教育质量的创新路径实践

2017年，北京航空航天大学探索大类招生、大类培养、通专融合、书院育人，以“学生为本、通识为基、融合一体、创新开放”的核心理念成立了北航学院。学院按招生类别设置了士谔、冯如、士嘉、守锷、致真、知行六大书院，覆盖一年级大类本科生，强化通识教育、实施导师制、开展社区育人。

后疫情时代，北京航空航天大学士谔书院持续探索始终将思想政治教育贯穿人才培养全过程和各环节的有效机制，通过促进育人队伍协同性、提高平台建设的多维性、强化机制建设的保障性，始终坚持伟大抗疫精神教育、持续开展坚定“四个自信”教育和深入推进大学生责任担当教育，形成了提升大学生思想政治教育质量的创新路径。

（一）促进育人队伍的协同性，通过思政课程与课程思政建设汇聚育人合力

1. 在“思政课程”建设方面，书院协同马克思主义学院，探索出一条由书院出题目、搭平台、做组织，由马克思主义学院思政导师专题研究、集体备课、名师授课的“专题思政课”实践模式。“专题思政

课”聚焦重大理论与实践、时事热点、学生成长困惑等内容，以专题教学的形式深化了思政课教学研究的主题。在尊重学生选课自主性的基础上，课程增强了教学的针对性和吸引力，实现了学生工作队伍与思政理论课教师队伍的深度融合，提升了大学生思想政治教育的思想性和理论性。

后疫情时代，书院创新开设的“战疫”专题思政课，成为书院学生集体学习和党员培训教育的必修环节，是坚持伟大抗疫精神教育的具体举措。课程围绕学习贯彻习近平总书记关于疫情防控的重要讲话精神，统筹疫情防控与经济社会发展；疫情“大考”视阈下十九届四中、五中全会精神导学；疫情防控斗争中的新时代青年责任；疫情防控中的大国担当与人类命运共同体构建；意识形态斗争与网络媒介素养；公共危机与科学精神等主题展开，充分发挥了思政课程的主渠道作用，扎实开展坚定“四个自信”教育，培养学生的责任担当意识。

2. 在“课程思政”建设方面，书院充分把握课程这一教学育人的核心环节，将价值塑造、知识传授和能力培养三者融为一体，寓价值观引导于知识传授和能力培养之中，并与创新开设的“专题思政课”协同联动，共同成为思想政治理论必修课不可或缺的有机补充。书院依托春季学期“大学规划研讨课”和秋季学期“专业先导课”等大类课程，在提升学生大学适应性、解决学生对专业认知和大学规划的迫切需求基础上，创新性地设计了“专业规划讨论”环节，将国家战略需求充分融入学生专业选择与未来发展规划，让学生亲身学思践悟，实现知识传授与价值引领的有机统一。

此外，高等学校教师队伍与青年学生的联络是开展大学生思政教育的必要保障。书院依托“导师制”育人实践，为大类学生按1：7的师生比选聘导师，面向大类培养育人实际，结合疫情防控中思政元素的挖掘，进一步发挥导师“思政+学业”的双效育人职能。通过导师传授在生活和学习上的优秀经验，建立起学生与导师的互信关系，将思想政治教育融入学生成长成才全过程，探索实现“三全育人”。

（二）提高平台建设的多维性，利用融媒体平台和多媒体手段拓宽网络阵地

1. 多维度做好网络思想政治教育的“议程设置”。传统大众传媒中的“议程设置功能”理论强调，大众媒体宣传同一事件的次数越多，接收这些信息的群众便会潜意识认为这个事件是重要事件，于是对这一事件的相关信息就更感兴趣。议程设置在互联网中的作用是通过依赖受众的注意力和讨论程度来实现的。后疫情时代，学生话题和网络舆情从以往单纯的信息流动传播转变为以关系嵌套和情感传导的复合传播。基于圈层传播的非理性言论在情绪的裹挟之下有着更大的传播威力，议程设置的重要性日益凸显。

书院在网络思政教育的育人实践中持续探索构建多维度的议程设置，引导青年学生的关注焦点，对思想政治教育工作起到推动作用。书院创新构建了“向前看、向上看、向下看、向旁看”的网络议程设置，从四个维度持续做好顶层设计，凝聚学生思想，对开展思想政治教育起到推动作用。“向前看”即挖掘历史，打造“士谔传承”专栏，讲述院史院情故事；“向上看”即凝聚理念，打造了“士谔故事”专栏，进行核心文化传播；“向下看”即深入现实，打造了“士谔微镜头”专栏，回应学生生活学习关切；“向旁看”即塑造典型，打造了“士谔榜样”专栏，聚焦学生综合素质和自我发展能力提升。通过品牌化栏目定位做好网络思想政治教育的议程设置，引导青年学生的关注焦点，并持续挖掘疫情防控中的思政元素，润物无声地传递价值观念。

2. 多手段促进网络思想政治教育的“供给效果”。疫情防控常态化背景下，高校思想政治教育工作者要充分发挥新媒体平台和多媒体传播手段在开展工作中的重要作用。同时，要灵活运用经典传播理论，充分体现网络思政“自助餐厅”的自主选择性、引导形成贴近核心价值观的“意见气候”。例如，根据“使用与满足”理论，高校思政教育工作者开展思想政治教育工作时，还要实时关注学生的现实需求，从而投其所好在满足其需求的同时进行思想政治教育。

疫情防控常态化背景下，书院持续探索通过多媒体手段开展网络思想政治教育。书院充分利用网上社区打卡、抖音短视频、vlog生活记录、视频直播、微信红包封面等多种传播媒介开展网络思想政治教育。这类方式突破了传统面对面讲授的“谆谆教诲”，面向学生需求、借助鲜活视觉，增强了学生直观场景体验。同时，通过不断对供给信息进行加工和补充，使得信息可以通过图片、音乐、短片等形式让关注群体更好地感同身受。通过信息传播效果的增强，促进关注度的提升，提高后疫情时代网络思想政治教育的供给效果，从而将传统型思想政治教育与后疫情时代网络思想政治教育有机融合。

（三）强化机制建设的保障性，创新常态化和长效化育人机制构建制度体系

1. 通过常态化的“学习日”建设方案，形成学生日常定期开展思想政治教育活动的制度体系。北京航空航天大学创新思想政治教育工作载体和建设机制，探索实现每周三下午不安排课程，组织学生参加“学习日”思想政治教育活动的创新机制。在疫情防控常态化背景下，书院对“学习日”思想政治教育相关内容中的各类主题进行精细化分类，充分融入学生的关心关切内容，以“应时、应势、应需”的内容设置思路实现“学习日”内容的功能性全覆盖，培养和增强学生的社会使命感和历史责任感。

一是“应时”，以书院思政导师为实施主体的“专题思政课”学习。通过“战疫”专题系列思政课的建设与实施，把握“一个主题”：“以伟大抗疫精神为主题，讲好防疫抗疫故事”的课程建设目标，引导学生坚定“四个自信”；推动“两个转化”：其一，根据典型性、契合性等要求进行“再加工”，把抗疫故事转化为渗透和体现伟大抗疫精神教育的授课素材，培养学生责任担当意识；其二，通过教师主导授课、学生分组研讨等方式，把防疫抗疫故事转化为青年学生的爱党爱国情怀，弘扬伟大抗疫精神。

二是“应势”，以书院学业导师为实施主体的“大学规划研讨课”

和“信息大类专业先导课”。以师生导学小组为单位，有组织地开展互动辅导活动，结合“自我分析、专业抉择、专业规划和执行能力”四个方面融入思政教育元素开展个性化辅导；邀请专业学院知名专家，通过开展“线上+线下”专业宣讲报告和互动交流座谈，进一步引导学生从服务国家战略需求的角度了解和认识专业。在系列活动的实施中，充分融入思想政治教育元素，在开展专业介绍的同时，厚植学生爱国主义情怀，树立远大目标，坚定“四个自信”。

三是“应需”，以书院学生工作团队为组织主体的学生朋辈榜样评比和展示活动。在疫情期间，书院组织开展了“战疫·尚学者”“战疫·手艺人”“战疫·劳动星”评选和展示活动；后疫情时代，书院联合慧科教育集团设立了“士谔志士”奖学金，评选了包括书院学生最高荣誉“士谔奖章”在内的各项奖项，表彰爱党爱国、品学兼优、服务书院和同学的先进个人和集体，持续依托“学习日”组织开展学生榜样评比和交流展示活动，促进学生德智体美劳全面发展，强化学生的责任担当意识和能力。

2. 通过长效化的“博雅课程”设置，形成学生全员参加思想政治教育载体活动的制度体系。北京航空航天大学通过创新必修课“博雅课程”，将第二课堂、第三课堂纳入人才培养计划，使课程教学内容有机贯通第一课堂（知识课堂）、第二课堂（实践课堂）、第三课堂（文化课堂），注重对学生的“全人培养”——以思想政治教育为根本，实现以传授知识、培养能力、拓宽视野、优雅气质的“综合性教学”。“博雅课程”的实施使学生活动进入第一课堂，克服了学生活动随意性，实现了量化记录学生全学涯周期成长。

后疫情时代，书院结合“博雅课程”设置，统筹制定了思政育人载体项目的实施开展方案。对实施开展的“战疫”专题思政课、“大学规划研讨课”“信息大类专业宣传周”以及依托网上社区开展的学习、劳动、锻炼等朋辈激励式习惯养成类打卡项目进行综合评定，确立了学生参加思想政治教育载体活动的制度保障体系。

总的来说，在后疫情时代，高校思政工作者可以通过促进育人队伍协同性、提高平台建设的多维性、强化机制建设的保障性，形成坚持伟大抗疫精神教育、开展坚定“四个自信”教育、推进大学生责任担当教育的创新路径。以高质量的思想政治教育推动高等教育事业高水平发展，践行立德树人的根本使命。

（士谔书院分团委供稿）

基于层次分析法的大学生“双课堂”综合量化评测模型

——以北京航空航天大学软件学院为例

引言

站在“两个一百年”奋斗目标的历史交汇点上，国内外环境形势正在发生深刻变化。面对世界百年未有之大变局，中华民族伟大复兴重任，要求我们要加强创新人才培养。国家构建新发展格局，要坚持创新驱动发展。高等学校是我国人才培养的核心组成部分，肩负着培养德智体美劳全面发展的社会主义事业建设者和接班人的重大任务，高校素质教育和创新创业教育也逐步向广度、深度双向延伸发展。

2018年，中国共青团中央和教育部等部门，联合向各高校群体发布指导文件《关于在高校实施共青团“第二课堂成绩单”制度的意见》（以下简称《意见》）。该文件旨在传达落实习近平总书记提出的“要重视和加强第二课堂建设”重要要求。文件指出，高校的思想政治工作要不断推陈出新，要敢于改革、善于改革，要将思想政治教育改革创新和高等教育综合改革相融合。基于高校共青团工作，要深入挖掘学生需求，坚持问题导向，不断完善为学生发展提供支持和服务的体系保障，实现高校共青团的纵横改革推进工作。《意见》明确指出，“第二课堂成绩单”制度要构建记录评价体系。只有充分进行记录考核，灵活地综合使用记录、学分等评价方式，才能更加客观、写实地对学生参加第二课堂情况进行描述和评价，通过科学的记录和考评，发挥第二课堂的育人价值。在进行完整、科学记录的基础之上，要构建完善价值应用体系。“第二课堂成绩单”的核心作用是对学生的综合素质培养进行记录和考核，所以要突出其结果应用和价值发掘，对于评价成绩，要有效地同评优争先、推免保研、向党推优等工作结合起来。为了更进一步科学严谨地考评学生第二课堂参与和完成情况，更加客观全面地分析学生综合素质能力，本文将第一课堂和第二课堂学生表现进行综合量化。利用层次分析法构建数学模型，以北京航空航天大学软件学院本科生第一课堂成绩和第二课堂成果作为数据库，构建综合评价大学生第一课堂学业成绩和第二课堂全面发展的“双课堂”综合量化评测模型。

一、理论基础

（一）层次分析法

层次分析法（Analytic Hierarchy Process，AHP），作为一种以数学模型为基础的定性定量分析方法，其主要内容是将与决策有关的系统内的元素分解成目标、准则、方案等层次。研究者通常在此基础上，根据分析出的关键元素和相关参数等指标，进行定性和定量分析，从而进行决策和建议的分析方法。

该方法普遍被认为起源于20世纪70年代初期，是由美国的运筹学家、匹兹堡大学教授T.L.STAFF提出。他在为美国国防部进行“根据各个工业部门对国家的福利贡献大小而进行电力分配”这一课题研究的过程中，创新性地将应用网络系统的理论知识和多目标多关联的综合评价方法进行结合，从而提出了层次分析法这一系统分析方法。

目前，层次分析法多用于定性定量研究中，尤其是针对复杂问题的研究，使用层次分析法，可以有效地将复杂问题的多重影响因子进行切割划分归类，并且分出的层次间有序且相互联系，这样可以将复杂问题进行条理化分解，减低分析难度。另外，层次分析法还具有主客观相结合的特点，相对于其他很多模型分析方法，层次分析法中可有效引入对客观现实的一定主观判断评分或评级等，从而可以通过主观判断结构，将专家意见、客观表现、分析判断等有效地结合起来，还可以对同一层次中的不同元素给出重要性的定量描述。相关定量指标，可以通过数学方法进行计算，从而得到反映每层元素的相对重要性，并给出次序全职。最终，可以将所有层的总排序权值进行合并计算，得到相对权重，再给出层次排序结果。现阶段，层次分析法主要被广泛应用在社会经历的很多分析领域，充分发挥其可以定性定量相结合处理数据以及系统灵活易用的特点。

（二）大学生综合量化评测

大学生综合量化评测一般是指，运用科学的手段和方法，收集大学生在校期间的相关信息和成果，围绕德智体美劳等方面，对各项信息成果进行分类。通过量化标准换算，对大学生的个人素质作出全面的判断和评价。这一过程中，不同的学校会结合自身情况进行范围扩展和比重分配。例如，刘学伶等结合学生工作实践，对综合测评的范围进行扩展，建立六维指标体系，对思想道德、人文素养等修养素质内容和科技创新实践、组织沟通、实习实践等社会实践技能进行结合，区分一级、二级、三级指标体系，对各层级赋予不同权重，最终给出对学生的综合评价。张富程等将综合测评的准则层进行二层分类，顶层指标包括四项指标，二层细化为13项细化评分分类，设计评优公式进行计算，同时引入专家群体判定矩阵。

（三）大学生第二课堂成绩单制度

“第二课堂成绩单”制度的主要工作内容包括构建多类综合课程体系、明细记录评价标准、建立信息化数据体系、动态更新管理和构建价值应用体系。第二课堂成绩单制度的构建和改进，要充分学习借鉴第一课堂教学的先进经验，深入分析其教学育人机理和育人评价工作体系。对高校共青团工作，要加强顶层统筹设计，从内容、供给、评价和运行四维度综合推进，充分发挥第二课堂在思想政治教育引领、学生志愿服务精神培养、社会实习实践能力锻炼以及综合素质能力提升等方面的作用，通过制度化建设和规范化实施，提升第二课堂的科学化和系统化。目前，对第二课堂的参与考评体系呈现多样化。

例如，刘磊等提出制订合理量化分数、第二课堂成绩学分制和成绩单入档案等方式，来对学生参与第二课堂情况进行量化评价从而促进工作开展。秦涛等从纵向考核入手，提出以过程为导向和以结果为导向的综合评价机制。

二、大学生综合量化评测研究现状

大学生综合量化测评工作，在传统概念分析、主观评价、综合考评的基础上，近年来更多地将数学理论、统计学、模型分析、运筹和信息技术管理等理论技术应用其中，使其取得长足进展。从数学理论应用层面，目前主要是将一些常规的数学统计分析方法和模糊数学方法应用在大学生综合量化评测研究工作中。

常规数学方法中应用较多的是线性加权综合法，就是通过线性加权的方式，将多个评价维度的指标值进行合成，合成一个整体性的综合评价值。这种方法主要取决于设定的权重系数，突出了指标之间权重系数较大者的作用。例如，李真和张琼运用了统计学方法进行分析，对大学生综合量化测评进行了定量计算。

模糊数学方法在综合量化测评中的应用思路，主要是利用模糊关系合成。鉴于综合量化测评指标体系中，多数存在主客观评价交互综合的情况，因此，对评判对象归类的分级分类情况，要综合考虑多个因素。引入模糊综合量化测评，不仅可以有效地改革传统的量化打分计算方式方法，同样可以丰富多指标评价。例如，赵淑英和李勤的研究中，利用模糊综合测评模型进行分析，并详细分析了模型的构想和建立步骤，结合实际数据拟合情况对多层次模型进行了改进完善。贺华在此基础上，进一步引入聚类分析的计算方法，建立了开放的评估模型，达到更优的拟合效果。

但由于综合量化平行项目多样以及学生作为样本所存在的复杂、多样、变化等局限性问题，很多实际评价体系中，使用的量化指标比较笼统抽象。这样评价结果就很难客观、充分地体现出对学生的评价考核。例如，应用模糊数学方法建立分析模型的过程中，信息重复、数据噪点等，都会对结果产生较大影响。另外，在层级设计、权重分配等方面，目前也主要是以研究者经验为主，设定后再进行验证，受主观影响较大，研究结果是否可以反映客观行为和社会实际评价，还值得进一步研究和思考。

三、基于AHP的大学生综合量化评测方法

层次分析法进行数学建模，主要包括以下五个步骤：

① 建立层次结构模型；

② 构造判断矩阵；

③ 开展层次单排序；

④ 层次总排序；

⑤ 一致性检验。

因此，如何保证构造的判断矩阵的一致性是使用层次分析法进行建模分析的关键。不过，在实际分析应用中，不太可能达成所有判断矩阵具有完全一致性。因此，通常研究中只要求判断矩阵具有满意的一致性。对满意一致性的判断，通常使用判断矩阵的最大特征值和矩阵阶数进行比较。当 λmax（判断矩阵的最大特征值）稍大于矩阵阶数 n，其余特征根接近于零，基于层次分析法得出的结论才基本合理。具体如下：

（一）建立低阶层次结构模型

首先，要将待处理的问题进行调理梳理和层次分类。通常，将问题根据目标、要求等进行层级分类，分为目的层、准则层和方案层。模型对分类层数不做限制，但各层的元素，考虑到相互关联和独立性双重标准，一般不超过九个。

（二）构造出各层判断矩阵

在层级分类中，准则层所包括的各项准则指标，在目标衡量中，所占的比重不要求是相同的。AHP中通常用数字1～9及其倒数作为标

度来定义判断矩阵（见表1）。

表 1　判断矩阵标度定义

标度	含义
1	两个因素之间相互比较，得到相同重要性
3	两个因素之间相互比较，前者比后者占比略显重要
5	两个因素之间相互比较，前者比后者占比明显重要
7	两个因素之间相互比较，前者比后者占比强烈重要
9	两个因素之间相互比较，前者比后者占比极端重要
2，4，6，8	介于上述奇数标准间的重要程度中间值判断
倒数	若因素 i 与因素 j 的重要性之比为 A_{ij}，那么因素 j 与因素 i 的重要性之比 $A_{ji}=1/a_{ij}$

（三）层次单排序与一致性检验

对一致性指标进行计算的公示如下：

$$CI=\frac{\lambda_{max}-n}{n-1}$$

对一致性比例进行计算的公示如下：

$$CR=\frac{CI}{RI}$$（RI通过查表可得）

（四）层次总排序及一致性检验

通过上述计算，可以得到各个因子对目标的权重排序，尤其是最底层中的各个方案的权重，从而对方案选择给出指导性意见和方向。另外，使用上述方法还可以对各层次的总排序进行检验，可以分别计算各层要素对系统总目标的合成权重，并以此进行备选方案的排序和建议。

四、基于AHP的大学生“双课堂”综合量化评测模型

（一）建立北航软件学院学生“双课堂”综合量化评测层次结构模型

不同于第一课堂明确的课程分类和分数基准，第二课堂具有模块多样性和形式灵活性的特点，因此综合分析“双课堂”成绩，现有的大学生综合评测方法有着明显不足。常规的成绩评价体系，有较多人为因素参与和把握，主观性较强，而实际可操作性、易用性、迁移性和便捷性较差。因此，将量化方法引入成绩评价体系对综合测评具有积极意义。

以北京航空航天大学第二课堂课程体系设计为例。第二课堂体系大纲按照德、智、体、美、劳设置五大模块。每个模块下的课程项目又分为基础、进阶两个层级，并设有专业特色版块，同时具备构建内容形式丰富、物理空间广泛、时间安排灵活的特点。在切实提升学生思想政治素养、科学创新能力、身心健康指征、美育体育素养和综合表达能力等综合素质的同时，也为综合测评带来挑战。

因此，北京航空航天大学软件学院立足学院培养具有高度责任感使命感和自主创新能力、具备先进软件工程方法和领域知识的多层次高水平复合型软件人才的目标。结合学院目前实施的《本科生综合素质量化评审量化标准》，建立综合量化评测模型。模型将大学生综合测评分为三个准则层，分别为学业成绩、科技创新、学科竞赛、社会工作与思想道德和文体活动，每一层都由若干子项目组成（见图1）。

（二）构造判断矩阵

本研究的数据集基础，包括学生第一课堂成绩、第二课堂成果的客观数据，以及通过访谈和问卷等形式收集的综合需求评价。根据北航软件学院的实际情况，以两两对比的方法构造相应的判断矩阵。

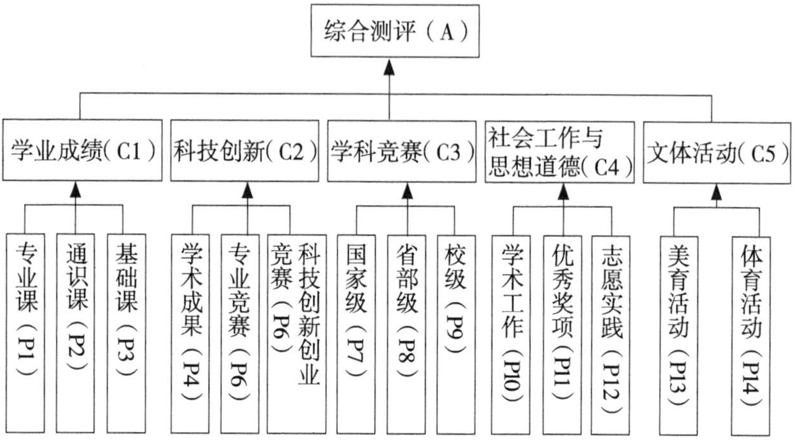

图 1 综合测评层次结构分析

表 2 判断矩阵 A—C

标度含义						
A	C1	C2	C3	C4	C5	W
C1	1.00	2.00	5.00	5.00	9.00	0.49
C2	0.50	1.00	3.00	3.00	5.00	0.27
C3	0.20	0.33	1.00	1.00	2.00	0.10
C4	0.20	0.33	1.00	1.00	2.00	0.10
C5	0.11	0.20	0.50	0.50	1.00	0.05

由表2计算可得，最大的特征值λmax为5.0008，对应的特征向量为[0.8481 0.4662 0.1666 0.1666 0.0883]，归一化后得到权重向量为[0.4886 0.2686 0.096 0.096 0.0509]，判断矩阵的CI值为0.0002，判断矩阵的RI值为1.12，判断矩阵的CR值为0.0002<0.1，通过一致性检验。

由表3计算可得，最大的特征值λmax为3.0，对应的特征向量为[0.6667 0.3333 0.6667]，归一化后得到权重向量为[0.4 0.2 0.4]，判断矩阵的CI值为0.0，判断矩阵的RI值为0.58，判断矩阵的CR值为0.0，通过一致性检验。

表 3 判断矩阵 C1-P

判断矩阵 C1-P				
C1	P1	P2	P3	W
P1	1.00	2.00	1.00	0.40
P2	0.50	1.00	0.50	0.20
P3	1.00	2.00	1.00	0.40

表 4 判断矩阵 C2-P

判断矩阵 C2-P				
C2	P4	P5	P6	W
P4	1.00	2.00	2.00	0.50
P5	0.50	1.00	1.00	0.25
P6	0.50	1.00	1.00	0.25

由表4计算可得，最大的特征值λmax为3.0，对应的特征向量为[0.8165 0.4082 0.4082]，归一化后得到权重向量为[0.5 0.25 0.25]，判断矩阵的CI值为0.0，判断矩阵的RI值为0.58，判断矩阵的CR值为0.0，通过一致性检验。

表 5 判断矩阵 C3-P

判断矩阵 C3-P				
C3	P7	P8	P9	W
P7	1.00	2.00	3.00	0.54
P8	0.50	1.00	2.00	0.30
P9	0.33	0.50	1.00	0.16

由表5计算可得，最大的特征值λmax为3.0055，对应的特征向量为[0.847 0.466 0.2556]，归一化后得到权重向量为[0.54 0.2971 0.1629]，判断矩阵的CI值为0.0028，判断矩阵的RI值为0.58，判断矩阵的CR值为0.0048，通过一致性检验。

表 6 判断矩阵 C4-P

判断矩阵 C4-P				
C4	P10	P11	P12	W
P10	1.00	2.00	6.00	0.60
P11	0.50	1.00	3.00	0.30
P12	0.17	0.33	1.00	0.10

由表6计算可得，最大的特征值λmax为3.0033，对应的特征向量为[0.8846 0.4423 0.1479]，归一化后得到权重向量为[0.5998 0.2999 0.1003]，判断矩阵的CI值为0.0016，判断矩阵的RI值为0.58，判断矩阵的CR值为0.0028，通过一致性检验。

表 7 判断矩阵 C4-P

判断矩阵 C4-P			
C5	P13	P14	W
P13	1.00	1.00	0.50
P14	1.00	1.00	0.50

由表7计算可得，最大的特征值λmax为2.0，对应的特征向

量为[0.7071 0.7071]，归一化后得到权重向量为[0.5 0.5]，判断矩阵的CI值为0.0，判断矩阵的RI值为0仅包含两个子因素，不存在一致性问题。

（三）层次总排序

通过编程，可以计算得到每一项因素，对目标的权重贡献比例，如图2所示。从图中可以看出，学业成绩、科技创新、学科竞赛、社会工作与思想道德和文体活动对综合量化测评的贡献比例分别为49%、27%、9%、10%和5%。

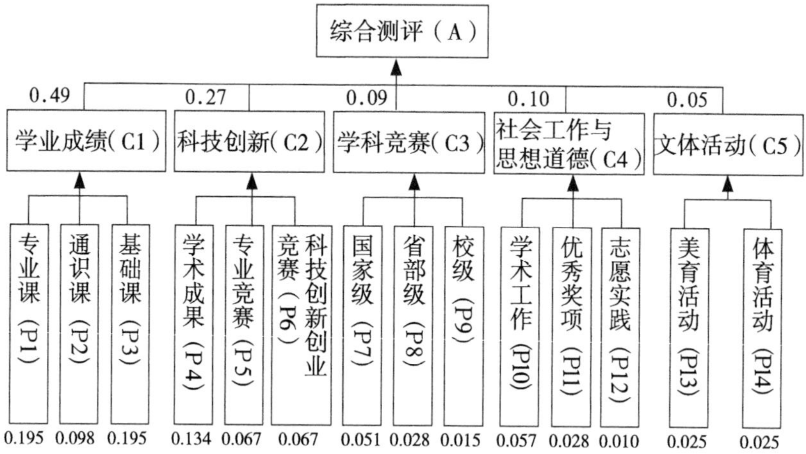

图 2 北航软件学院综合量化测评影响因素的贡献比例

对各底层因素贡献比例进行总排序，结果如表8，可以看出专业课、基础课、学术成果和通识课对“双课堂”综合量化测评的影响最大。

（四）模型验证

本文所构建的大学生综合量化评测模型适用于各高校的大学生，以北航软件学院2018级随机抽样的10名学生为评测验证对象，以学生实际行为数据作为验证数据集。学生的各项底层因素得分如表9所示。

表 8　北航软件学院综合量化测评影响因素总排序

排序	代号	因素	比例	排序	代号	因素	比例
1	P1	专业课	0.19544	7	P7	国家级学科竞赛	0.05184
6	P2	基础课	0.19544	9	P11	优秀奖项	0.0287904
2	P4	学术成果	0.1343	10	P8	省部级学科竞赛	0.0285216
8	P3	通识课	0.09772	11	P13	美育活动	0.02545
3	P5	专业竞赛	0.06715	12	P14	体育活动	0.02545
4	P6	科技创新创业竞赛	0.06715	13	P9	校级学科竞赛	0.0156384
5	P10	学生工作	0.0575808	14	P12	志愿实践	0.0096288

表 9　抽样学生综合量化因素得分表

	学业成绩（C1）			科技创新（C2）			学科竞赛（C3）			社会工作与思想道德（C4）			人体活动（C5）	
姓名	P1	P2	P3	P4	P5	P6	P7	P8	P9	P10	P11	P12	P13	P14
学生 1	85.00	88.00	87.00	83.00	87.00	93.00	89.00	95.00	97.00	98.00	80.00	92.00	91.00	91.00
学生 2	90.00	85.00	88.00	90.00	90.00	88.00	87.00	89.00	90.00	88.00	85.00	89.00	85.00	85.00
学生 3	77.00	88.00	87.00	87.00	82.00	85.00	89.00	89.00	89.00	89.00	88.00	82.00	76.00	87.00
学生 4	71.00	91.00	71.00	90.00	88.00	92.00	70.00	93.00	88.00	88.00	75.00	75.00	90.00	78.00
学生 5	95.00	87.00	83.00	100.00	89.00	85.00	90.00	84.00	94.00	81.00	80.00	80.00	95.00	93.00
学生 6	60.00	78.00	62.00	71.00	80.00	60.00	69.00	71.00	79.00	64.00	74.00	62.00	69.00	63.00
学生 7	70.00	66.00	65.00	70.00	71.00	75.00	67.00	65.00	80.00	63.00	62.00	68.00	72.00	77.00
学生 8	81.00	88.00	97.00	93.00	96.00	82.00	81.00	83.00	99.00	96.00	100.00	90.00	93.00	81.00
学生 9	89.00	90.00	82.00	81.00	88.00	82.00	80.00	87.00	80.00	84.00	83.00	88.00	89.00	87.00
学生10	82.00	87.00	85.00	84.00	87.00	83.00	86.00	83.00	83.00	88.00	82.00	88.00	87.00	86.00

另外，由教师、辅导员和学生代表组成的综合量化评审小组，分别填写评审表，对以上10位同学做综合量化评审，与模型计算对比，结果如表10所示，可以看出，总体绝对误差很小，误差均值小于1，模型表现优秀。

五、小结

对大学生建立“双课堂”综合量化测评体系，并研究探讨计算分析模型，是推动大学生全面培养工作建设，提升工作方式方法科学化的有力途径之一。第二课堂是对课程教学第一课堂的延伸和拓

表 10　抽样学生综合量化因素得分表

姓名	评审小组给分	模型计算得分	绝对误差
学生 1	96.22062	96.5565172	0.3359
学生 2	91.68203	91.1806648	0.50137
学生 3	86.84520	85.9825212	0.86268
学生 4	84.72745	85.1806068	0.45316
学生 5	93.86241	94.2295936	0.36718
学生 6	70.70203	70.51606	0.18597
学生 7	74.23420	74.0080452	0.22615
学生 8	92.23464	91.5257528	0.70889
学生 9	86.88376	87.4869128	0.60315
学生 10	88.06113	88.382664	0.32153
		误差均值	0.456598

展，两者是一个相互协同促进的整体。建立合理的学生“双课堂”综合测评体系对于推动高校课程改革创新、培养德智体美劳全面发展的社会主义建设者和接班人，具有重要意义。

同时，在实际工作中，高校思想政治教育工作者要充分认识到，学生的个性化发展的重要性。在综合量化测评模型的验证中发现，不同的权重对最终的结果和导向性具有很大的影响作用。因此，在实际的考核考评工作中，既要充分考虑学习成绩对学生学习能力、专业能力各方面的考量，也要高度重视学生个性化、综合化发展中引入的不同评价因素和指标。教育实践工作中，要坚持立德树人根本任务，找准教育的定位和目标，以人为本，全面增强教育效果。本文以北航软件学院为例，基于AHP排序结果构建了综合学生第一课堂成绩和第二课程成果的学生“双课堂”综合量化测评模型，对高校学生综合测评工作的完善和第二课堂建设具有一定的借鉴意义。

（软件学院分团委供稿）

书院共青团工作视域下士嘉精神的探究与弘扬

丹心育人，德高望重。陆士嘉一生志存高远、胸怀祖国，为中国航空航天最高学府——北京航空航天大学的创建和中国航空事业的发展做出了巨大贡献。古汉语“先生”一词是对有学问者的尊称，有表示尊敬的意思，为了缅怀铭记陆士嘉的伟大精神和卓越贡献，我们称呼陆士嘉先生，永怀对陆士嘉先生的尊敬和感谢。陆士嘉先生是一位殿堂级的学术、教育大师，北京航空航天大学为了纪念陆士嘉先生在学校创建过程中所做出的突出贡献，在2017年试点大类培养模式改革时，以陆士嘉先生的名字命名航空航天大类——士嘉书院。以此为基础，书院以士嘉精神作为书院建设的重要指引。

习近平总书记在同团中央领导班子集体谈话时提出：“提高团的吸引力和凝聚力，关键是要高举理想信念的旗帜。共青团要做好青年思想引导工作、增强吸引力和凝聚力，必须站在理想信念这个制高点上。”共青团工作是学生思想引领教育的重要组成部分，结合习近平总书记对于共青团工作开展的重要指示，士嘉书院共青团在工作开展过程中高度重视理想信念的树立，将学习弘扬士嘉精神作为增强书院团学工作吸引力和凝聚力的重要抓手。本文结合士嘉书院共青团工作的开展情况，介绍士嘉学子在一系列团学活动中如何缅怀陆士嘉先生，学习、传承、践行士嘉精神，并由此引发在开展书院共青团工作中进一步弘扬士嘉精神的一些思考。

一、铭记学习先生事迹青年责任，传承弘扬士嘉精神使命担当

一生严谨治学，永怀赤子之心。陆士嘉，原名陆秀珍，1911年3月18日生于苏州知府衙门狮子林。1924年，在上初二年级的陆士嘉拜读完《居里夫人传》一书后，暗暗下定决心要做中国的“居里夫人”。1929年，陆士嘉以优异的成绩顺利考入北京师范大学物理系，同时也成为该系唯一的一名女学生。1933年，陆士嘉以北京师范大学物理系第一名的出色成绩取得学士学位。1937年，陆士嘉深感以自己目前的学术水平难以为祖国做出重大贡献，于是她毅然决然地选择借钱自费去往德国名校哥廷根大学学习，并凭借优秀的学业成绩获得奖学金。在看到日军侵略飞机在中国领土上空肆意轰炸的消息时，陆士嘉先生义无反顾改学航空专业，于是她去拜见当时享有盛名的普朗特教授。经过重重考验，成功地拜入普朗特教授的门下，成为普朗特教授的关门弟子，也是普朗特教授唯一的一名亚裔女学生。1942年，陆士嘉顺利通过毕业考核，获得了德国最高等级的博士学位。1949年，她回到饱经战火、百废待兴的祖国大地从事教书育人工作，后于1952年担任北京航空学院筹委会委员，参与制作北航建校规划，成为北航创校元老。1956年，陆士嘉加入中国共产党。同年，在她的提议下，北航正式设立了空气动力学这一专业。1961年，陆士嘉牵头筹建成立了空气动力学研究室，并担任首任教研室主任，由此为国家的空气动力学事业培养了一大批优秀的人才。1986年8月29日，陆士嘉因病逝世于北京，享年75岁。

求是至善，宁静致远。陆士嘉先生对北航的发展发挥了巨大的推动作用，对中国流体力学的发展做出了不可磨灭的贡献。同时，陆士嘉先生还是一位无私奉献、不慕名利、潜心教书育人的优秀共产党员。以陆士嘉先生的资历与贡献，当选中国科学院院士是毫无问题的。钱学森等七名院士联合推荐她，但她考虑再三还是坚决拒绝了。陆士嘉先生表示：“年纪大的同志应该主动设法为中青年同志创造条

件，应该让他们在前面发挥作用，我们这些人不当院士也会提意见、出主意，绝不能由于我们而挡住了他们，这样对我国的科学事业发展不利。”不趋同于追名逐利，陆士嘉先生潜心教学，为国家培养了大量空气动力学方面的人才。即使是在年迈多病的晚年时期，她也坚持亲自审阅学生论文，指导学生开展科学研究，甚至带病参与主持了空气动力学方面的国家层级的重要会议，全心全意推动中国空气动力学领域快速发展。

陆士嘉先生是我国杰出的教育家、科学家，她在流体力学和航空教育这块土地上辛勤耕耘、兢兢业业、忠心耿耿，几十年如一日鞠躬尽瘁，值得后辈永远怀念她。为了更好地传承弘扬陆士嘉精神，培养当代北航青年空天报国的精神品质，为实现中华民族伟大复兴中国梦而不懈奋斗，北航士嘉书院在开展共青团工作过程中注重士嘉精神学习探究，努力培养具有家国情怀的新时代创新人才。

二、结合书院共青团工作开展，学习探究士嘉精神的丰富内涵

作为北航航空航天大类培养单位之一的士嘉书院，以探究弘扬士嘉精神作为书院思想教育的重点工作，在不断地探究与总结中努力创新、发展完善，将书院共青团工作开展与弘扬陆士嘉精神相结合，二者互相融合、交相辉映，使得团学活动焕发勃勃生机，实现较强价值引领成效。

（一）以士嘉品牌为载体，缅怀陆士嘉先生

在士嘉书院建设过程中开创的一系列书院品牌活动，命名中处处体现着对陆士嘉先生的怀念。

士嘉书院打造品牌社区活动空间，将书院主要用于开展日常导学活动的场地空间命名为“普朗特空间”。普朗特教授是陆士嘉先生的博士生导师，普朗特教授对陆士嘉先生在空气动力学知识学习方面的影

响深远，在陆士嘉先生的海外求学生涯中发挥了极大的引导作用。士嘉书院以“普朗特”作为导学活动空间名字，在纪念陆士嘉先生的同时，也纪念普朗特先生对陆士嘉先生乃至整个中国空气动力学发展所给予的帮助和贡献，让书院全体同学了解普朗特教授与陆士嘉先生之间这段深厚的师生情谊，以此引导书院广大士嘉学子尊敬师长，铭记师恩。陆士嘉先生也曾就读于哥廷根大学，在这所大学里度过了生命中很关键的博士求学阶段。士嘉书院因此也将“哥廷根”一名应用到书院建设过程中来，以“哥廷根”命名学生日常交流研讨的活动空间。

士嘉书院每年十月份举办新生来校后的第一场体育赛事——“双子星杯”篮球争霸赛。“双子星”一词寓意“二人命运的相互吸引”。陆士嘉先生的女儿张克群女士将父母比作“双子星”，以此象征陆士嘉先生和张维先生二人在爱情生活和科学研究上的相辅相成。与此同时，“双子星”的寓意也旨在鼓励士嘉学子们做好学业和生活、课内和课外活动的相辅相成，力争在收获丰硕学业成果的同时，也能享受大学生活的多姿多彩。此外，士嘉书院举办“嘉士汇”年终表彰典礼暨文艺晚会、“百年陆士嘉”主题纪念活动、“陆士嘉故事会”主题团日学习等。以士嘉之名，从书院共青团工作开展的各个方面深入学生的学习生活，在办好书院品牌团学活动的同时，以此加强学生对于陆士嘉先生事迹及精神的学习与探究。

（二）以实践调研为载体，探究士嘉精神

作为北航航空航天大类背景下的书院，士嘉书院始终坚持“以学生为本”的教学理念，按照学生“兴趣优先”的原则，结合航空航天知识学习，内化士嘉精神对书院学生开展教育。为此，书院定期邀请专家教授为学生们带来“士嘉大讲堂”报告，增加专业知识的同时进一步激发学生对于航空航天事业的热忱。

本着实践出真知的宗旨，引导学生在实际行动中缅怀陆士嘉先生，传承士嘉精神。士嘉书院在每年新生教育环节中安排陆士嘉实验室参访活动，陆士嘉实验室是士嘉精神的重要载体之一，帮助同学们

了解空气动力学的相关基础知识，并且根据老师们的讲述介绍，了解陆士嘉先生的生平事迹及其在空气动力学领域的卓越成就，深刻领悟士嘉精神的内核体现。

同时，士嘉书院通过组建社会实践队深入探究发掘士嘉精神的内涵，由书院团委号召、书院学生积极响应所组建的“行者嘉士”社会实践队，通过实践调研探究士嘉精神，侧面了解陆士嘉先生对待学业、科研、生活的态度，依托陆士嘉先生生活点滴细节的剖析，学习领悟她对待学习、科研以及生活的态度。每年寒暑假期间，实践队的“嘉士们”前往相关的地方，寻访相关的人士，通过采访、问谈等方式，收集相关的信息，结合相关书籍的查阅，尽可能还原陆士嘉先生事迹的原貌。在实践调研过程中，士嘉学子不仅能够磨炼自己的能力，同时可以更好地学习陆士嘉先生的事迹，并加以融会贯通。通过多年来的实践经历与总结，如今，“行者嘉士”实践队已经成为士嘉书院团委下设的一支有传承、有情怀、有梦想的优秀实践队，连续多年获评校级社会实践优秀奖项，实践活动在有序推进过程中不断推陈出新，形成对于士嘉精神的独到理解。通过实际行动探索、学习、感悟陆士嘉精神，“嘉士们”在深化积累的过程中在高阶追求层面产生了质的飞跃，也让社会实践这项共青团特色工作彰显出士嘉育人特色。

（三）以团日活动为载体，追忆先生风骨

北航士嘉书院团委以主题团日、宣传外场等思想教育学习活动为载体，将对陆士嘉先生卓越事迹和高尚品质的学习为媒介，实现了对老一辈航空人精神品质传承弘扬与共青团工作促进青年成长和成才职能履行的相辅相成。

士嘉书院在陆士嘉先生诞辰110周年之际，举行“百年陆士嘉”主题纪念活动，开设外场宣传活动摊位，宣传并引导北航学子学习陆士嘉先生热爱祖国、求真拓新、甘为人梯、淡泊名利的精神品质。“百年陆士嘉”主题纪念活动与“推出主题鲜明的教育活动”这一实现共青

团育人功能的具体工作路径相契合，通过号召学生学习模范人物来开展青年价值观教育，并囊括包括党员、团员和群众在内的各类学生，从而实现青年的价值观培育，笃行空天报国精神，培养社会主义事业的建设者和接班人。

此外，为了多方位纪念陆士嘉先生诞辰110周年，北航士嘉书院各团支部在团支书的主持下举行“追思先贤风范，传承大师精神”主题团日活动。学生代表向陆士嘉铜像敬献花篮，表达士嘉学子对陆士嘉先生的缅怀与追忆；士嘉书院各团支部组织全体团员重温陆士嘉事迹，感悟陆士嘉先生的崇高品格与深厚情怀，让空天报国和无私奉献的精神具体可感，薪火相传。“追思先贤风范，传承大师精神”主题团日活动将共青团思想政治工作与校园文化建设工作有机融合，实现联动，将共青团育人功能嵌入高校的思想政治与校园文化工作当中，优化了团职能的展现方式，从而推进高校“立德树人”根本任务的有效施行。

2021年正值中国共产党建党100周年。陆士嘉先生一生全心全意为人民服务，为建设中国航空航天事业而奋斗终身，践行了庄严的入党誓言。士嘉书院于2021级新生入校伊始便举行“陆士嘉故事会”主题团日活动。党旗所指就是团旗所向，学生们结合陆士嘉先生事迹重温红色历史，汲取信仰力量。各支部由团支部书记与副书记组织，团支部内入党积极分子牵头，支部自主开展陆士嘉先生故事分享会，走进陆士嘉先生航空报国，克己奉公的一生，探讨新时代下对于老一辈航空人精神品质的传承与发扬。士嘉书院通过学生自我教育、朋辈引导，带动广大学生积极参与共青团思想政治教育工作，促进以人为本的共青团思政教育工作深化改革，创新丰富基层团组织建设的活动形式与内容，从而发展好基层团组织，实现好团的育人职能，让马克思主义思想政治理论覆盖更广泛的大学生青年群体，传播社会主义核心价值观，满足学生成长中的精神需求，进而实现共青团在大学生群体中的思想引领，培养社会主义信仰坚定的进步青年。

北航士嘉书院团委在新时期将陆士嘉生平事迹的学习与共青团的

育人职能履行实现了融合，将对于陆士嘉先生事迹的学习与共青团的思想引领工作实现融合，使得士嘉书院精神文化建设与团的思想政治工作相辅相成。在团支部的组织和引导下，士嘉书院的同学们深入学习陆士嘉为祖国事业献身的精神，从陆士嘉这一个优秀党员的缩影，以点带面深入体会中国共产党人的精神谱系，从而成为信仰坚定、志向远大、思想先进的优秀团员，当好党的助手和后备军。

（四）以特色活动为载体，强化士嘉认同

士嘉书院的同学们通过书院团委下辖的各大学生组织举办的各项特色活动学习探究士嘉精神。沐浴在向陆士嘉先生学习的浓厚氛围里，士嘉学子在这些特色活动中自信大胆地展示着自己的各项学习成果与才华才艺，同时也积极传承和发扬陆士嘉先生年轻时学习的拼搏向上、乐观积极的精神。其中，由士嘉书院团委组织举办的“士嘉奖章”评选活动和“嘉士汇”文艺会演等活动深刻体现着士嘉学子们对陆士嘉先生的致敬与缅怀。

“士嘉奖章”是士嘉书院本科生的最高荣誉，各方面综合发展，表现优异的学生可以获此荣誉。评选活动由书院团委组织部实施开展，通过评选答辩活动评定“士嘉奖章”。在答辩活动中，士嘉书院会邀请书院执行院长、班主任代表各部门助理以及辅导员们担任评委，展示了“士嘉奖章”评选过程的庄严与这一荣誉的分量，体现了士嘉学子对陆士嘉先生的致敬与缅怀。答辩过程中，候选人依次上台展示他们丰富多彩的经历、硕果累累的成绩和落落大方的形象。候选人们不仅学习成绩优异，在校内外各项高水平竞赛中屡屡斩获殊荣，更重要的是他们积极参加社会工作与志愿服务，以实际行动向新一届“嘉士们”展现了一名优秀的士嘉学子应有的风貌与品质。“士嘉奖章”象征着陆士嘉先生对祖国航空事业的无私奉献精神，对前沿科学的求是创新精神以及对庄严的入党誓言的践行与坚守。因此，这份荣誉不仅仅是优秀士嘉学子的璀璨珍宝，更是士嘉学子砥砺前进的不竭动力。

“嘉士汇”文艺会演紧扣书院团学工作“美育”主题，由书院团委学生会负责组织承办，从文艺活动方面展示“嘉士们”对陆士嘉先生的致敬与缅怀。“嘉士汇”是士嘉书院一年一度的年终总结以及士嘉榜样、士嘉奖章颁奖盛会，士嘉书院院长、辅导员、各部门助理等书院执行团队成员与士嘉书院的优秀学生榜样们汇聚一起，在士嘉书院团委的统筹组织下，感受士嘉书院大家庭带给每一位士嘉学子的温暖。“嘉士汇”文艺活动勉励着士嘉学子鼓足干劲努力学习，精心编排而独具士嘉特色的各种节目洋溢着青年人的独特朝气，少年永不老，信念未曾变，体现着士嘉学子之间的合作精神与深厚友谊。士嘉榜样和士嘉奖章颁奖环节深化了优秀士嘉榜样对全体士嘉学子的感召与影响，勉励士嘉书院全体同学传承弘扬士嘉精神，磨砺品质，接续奋斗。

通过一系列共青团特色活动的开展，士嘉书院为士嘉学子们提供展示自己的舞台，树立优秀的学习榜样，激发“嘉士们”勤奋好学的进取心，营造士嘉书院良好的学习、文化氛围。陆士嘉先生的伟大精神与宝贵品质通过这些特色活动在一代代士嘉学子之中得以传承与发扬，士嘉精神将焕化为同学们不懈奋进的原动力，助力“嘉士们”成为像陆士嘉先生一样克己奉公，为国为民的优秀人才。

三、结合团学工作开展，弘扬士嘉精神对学生成长成才的重要意义

在士嘉书院以纪念陆士嘉先生、感受陆士嘉先生高尚品格、学习传承士嘉精神为宗旨的各项团学活动中，士嘉精神的核心被一代代士嘉学子深深领悟，也在一次次活动中被传承发扬、历久弥新。

（一）培养学生传承陆士嘉先生高瞻远瞩、为国创新的家国情怀

陆士嘉先生具有创新的果敢与智慧。有人曾劝她不要做这种不易见效的探索，她说：“我深知这类问题在短时间内是见不到效果的，甚

至可能下一代也很难见到。但科学研究往往需要几代人的努力，科学工作者的职责就是要探索，不然就徒有虚名。我希望我国有所突破，并不是说我要搞什么研究一定要突破。我愿意成为探索的一名小卒，一个铺路石子，为后面的人做点探索工作。”的确，这种探索不易见成效，因为从零到一的改变往往困难重重，这是事实，但正是陆士嘉先生这般有勇气、有魄力、有智慧的一批人在前方拼搏创新，才有了我国科学创新的突破与成就。陆士嘉先生身上闪闪发光的创新精神正是士嘉学子做出革新的必备品格、也是先生自己为国家做出重大贡献的先决条件。

（二）培养学生传承陆士嘉先生高风亮节、献身科研的高尚品质

1981年，陆士嘉先生被提名中科院院士。在得知此事，她毫不犹豫地写信给中国科学院，信中说：“年纪大的同志应该主动设法为中青年同志创造条件，应该让他们在前面发挥作用，我们这些人不当院士也会提意见、出主意，绝不能由于我们而挡住了他们，这样对中国的科学事业发展不利。”她力排众议，申请从候选人名单中删除自己的名字。当时推荐陆士嘉先生的著名科学家严济慈老院士说：“别人打破头请我推荐我都推掉了，我推荐士嘉，她却自己给辞了，真是可惜。”陆士嘉先生高风亮节的品格可以经受住检验，在个人、学校荣誉与国家科学发展中，她能坚持自我，顶住压力，选择为青年科学家让路、选择为国家科学发展让路。淡泊名利、醉心科研、放眼全国科学发展而不局限于个人荣誉，正是她能在流体力学领域实现重大突破的关键，也由此激励广大士嘉学子积极投身国家航空航天事业发展，将个人发展与国家命运紧密结合，践行北航人“空天报国”的使命担当。

陆士嘉先生的一言一行尽皆体现着士嘉精神：淡泊名利、甘为人梯、热爱祖国、创新实践……士嘉精神历经岁月积淀，散发着耀眼光芒的同时，又在士嘉书院共青团工作开展过程中得以集中体现并传承发扬。在士嘉书院创立以来的五年过程中，士嘉人总结过往经验，通

过举办的各类特色团学活动，让一批又一批士嘉学子了解陆士嘉先生的高贵品质并不断追寻士嘉精神的奥义所在。继往开来，赓续传统，士嘉书院将继续传承“空天报国，敢为人先”的北航精神，在共青团工作开展的各个方面坚持深入学习弘扬士嘉精神的优良传统，努力营造书院温馨和谐的育人氛围，以陆士嘉先生为榜样，培育具有家国情怀、奉献精神的优秀社会主义建设者和接班人。

（士嘉书院分团委供稿）

新时代研究生支教团的育人成效研究

——以北京航空航天大学为例

引言

中国青年志愿者研究生支教团由共青团中央、教育部共同组织实施，1998年开始组建，1999年开始派遣。作为一项已组织实施二十余年的基础教育志愿服务专项，为中西部地区的社会发展和教育事业发展做出了较大贡献，受到了从国家到地方各级相关部门的支持与鼓励。因此，开展服务地和团队自身育人功能的研究，对分析和指导未来发展具有积极意义。

一、北航研究生支教团工作概述

（一）发展概况

北京航空航天大学自2002年加入共青团中央和教育部共同组织实施的“中国青年志愿者扶贫接力计划研究生支教团”项目，至今已派遣19批共240名研究生赴宁夏、新疆、西藏、山西等祖国中西部贫困地区中小学，投身基础教育和志愿服务工作。

19年来，北航研究生支教团坚持把教育作为“阻断贫困传递、改善教育民生”的重要抓手，秉承“奉献、友爱、互助、进步”的志愿者精神，按照“扶贫先扶智、治贫先治愚、脱贫抓教育”的工作思路，扎实有序开展基础教育、第二课堂及志愿扶贫工作，形成了具有鲜明北航特色的支教品牌，成为青年学生参与社会实践和思政教育的新课堂。特别是近年来，事迹曾被《人民日报》头版报道，大批项目及个人等获全国、省部级等各类荣誉，引领作用突出，社会效应显著。

表1　北京航空航天大学研究生支教团服务派遣情况

服务地	服务时间（年）	累计派遣人数（人）
宁夏回族自治区固原市泾源县	2003—2021	125
新疆维吾尔自治区昌吉州吉木萨尔县	2013—2021	44
新疆维吾尔自治区阿勒泰地区吉木乃县	2013—2021	34
西藏自治区山南市乃东区	2014—2021	19
山西省吕梁市中阳县	2016—2021	18

（二）理念职能

北京航空航天大学研究生支教团始终以“育人”为核心理念，以坚守两个职能为出发点：一是志愿帮扶，依托系列活动牵引教育资源、物质支持、人文关怀，辐射支教志愿者在教育扶贫和乡村振兴方面的功能作用，培根铸魂、启智润心，积极在西部地区播撒爱国奉献的青春火种；二是实践育人，将支教作为志愿者知行合一、增长才干的思政课堂，鼓励成员在基层实践中锻炼成长、拓宽视野、体悟国情，加强人生经验和社会知识的学习，通过实践创新扎根中国大地，成长为合格的青年马克思主义者。

二者殊途同归，相互促进，推动支教团不断加强组织管理、创新工作形式，聚焦发展困境和自身水平，既充实贫困地区师资力量，又参与各类志愿服务活动、搭建社会公益资源桥梁，努力构建有温度、有意义的支教模式，在发挥“服务地”及“支教成员自身”双维度协同育人方面具有一定成效。

二、对服务地育人功能的体现

本部分通过深入总结和分析近年来，北京航空航天大学研究生支教团在岗工作典型做法的实践思考、特色成效，突出支教团对帮扶学校及帮扶地育人工作的良好引领作用。

同时，本项课题研究面向5个服务地师生进行抽样问卷调查，涵盖

4省5区县小学、中学及中职学校，其中参与教师44人（小学17人，初中5人，高中及中职22人），学生210人（小学118人，初中30人，高中及中职62人），旨在充分了解其对支教团在学生教育教学、价值引领、科学兴趣、未来追求等方面体现出的积极意义。（如图1、图2所示）

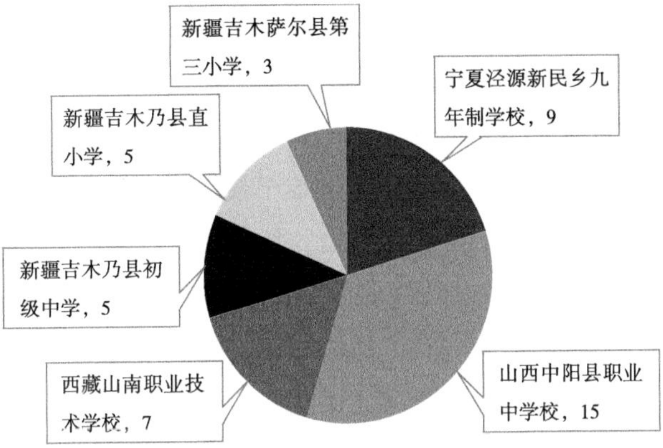

图 1 调研对象分布（教师）

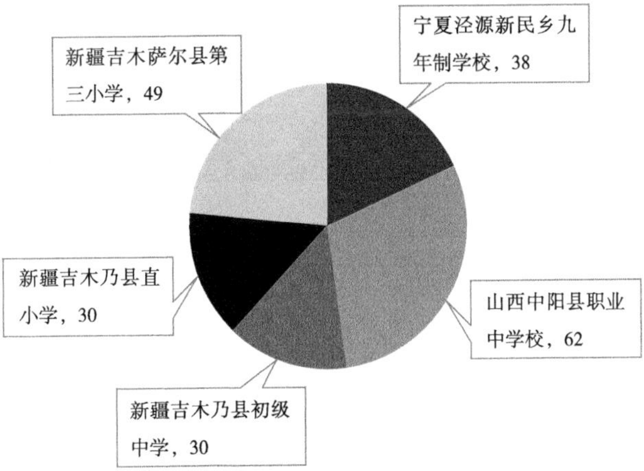

图 2 调研对象分布（学生）

（一）务实性：教育教学主责

边远贫困农村和少数民族地区要发展，教育是关键。随着脱贫攻坚战取得全面胜利，巩固拓展脱贫攻坚成果同乡村振兴形成有效衔接，支教团不断追求新思考和新作为。

近年来，北京航空航天大学研究生支教团坚持发挥主观能动性，以填补服务学校师资缺口为原则，每年派遣20名志愿者任教山西中阳县职业中学校、西藏山南市职业技术学校、宁夏泾源县新民中心小学、新疆吉木萨尔县第三小学、新疆吉木乃县初级中学、新疆吉木乃县直小学等6所学校30余个班级（至今累计18所中小学），年度授课超1.0万课时；充分满足不同地区特色、学校学情和年龄年级教学需求，并依据学校实际和教育课程标准“全科”动态调整。

在教学成效上，支教团形成三维“教学+”模式，始终保证授课班级学业成绩稳步上升态势。近年来，以新疆吉木萨尔、新疆吉木乃、宁夏泾源等帮扶中小学为典型，连续取得全县第一、学区前五、年级第二、平均分提升20分等系列优异成绩，保证教授科目及格率、优秀率、进步率等指标持平甚至超越当地一线教师，支教团近1/3均获评县级、校级优秀教师等称号。

同时，根据对服务地师生问卷调查结果分析，95%以上的被调查学生对支教老师课堂内容、授课方式、互动效果、作业反馈及考试测验等工作表示十分满意，100%的被调查教师认为支教团成员在保证教学工作和配合学校完成基础行政任务等方面完成很好。（如表2、图

表 2　学生对支教老师教育教学工作调查

打分	教学整体	授课内容与方式	课堂互动	作业及考试情况
1 分	0	0	0	0
2 分	0	0	0	1
3 分	3	4	1	2
4 分	4	4	4	5
5 分	203	202	205	202

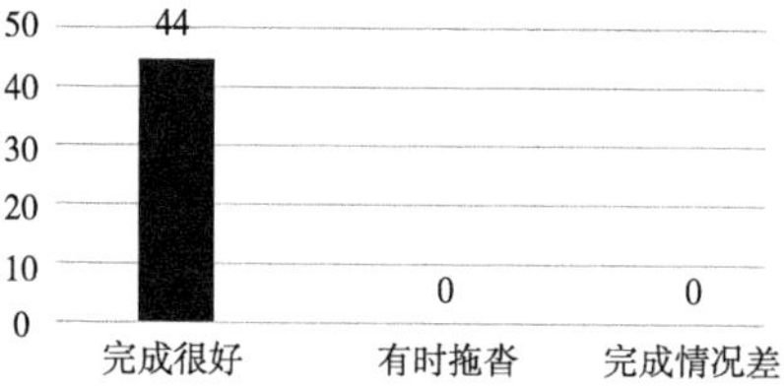

图 3　教师对支教团教学工作的满意度

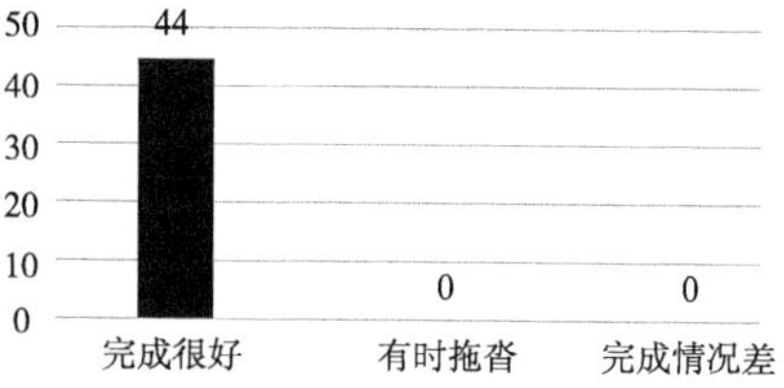

图 4　教师对支教团行政工作的满意度

3、图4所示）

在常规教学工作之余，支教团90%以上成员兼职承担班主任、德育处、教务处等岗位工作，并针对不同校情学情引进优质教学资源和教育理念，近年来在中阳、山南、吉木乃等地组织专业规划、学习备考、励志成才等系列专题讲座近10场，年度覆盖学生近1500人，以实际行动为中西部地区教育均衡发展提供师资保障。

（二）思政性：传承红色基因

支教团作为传承红色基因的资源桥梁，坚持结合工作要求和时代背景，面向新时代教学改革和高效育人目标，立足大中小思政课一体化，发挥北航高校专业素养优势，推进习近平新时代中国特色社会主义思想进教材、进课堂、进师生头脑，积极打造“思政课程”与“课程思政”协同育人的校园文化氛围。

每年，北京航空航天大学研究生支教团依托党员模范性和团组织动员力，以“团队自身”和“服务地区”为双线抓手，开展多维度理论知识学习，参与20余项当地实践工作，学习情况受《新闻联播》等节目关注。并且，支教团始终以思想精神引领贯穿服务工作，在服务学校组建学生国旗护卫队、开展思政文化月，牵头组织上党课、做实践、讲故事、唱红歌等系列活动，受到多家重点媒体关注报道。

根据对服务地师生问卷调查结果分析，受访教师一致认为支教团负责开展的思政教育活动对于学校师生具有积极意义，93.8%的被调查学生认为支教老师开展的系列红色教育活动对自己有帮助，溶盐于

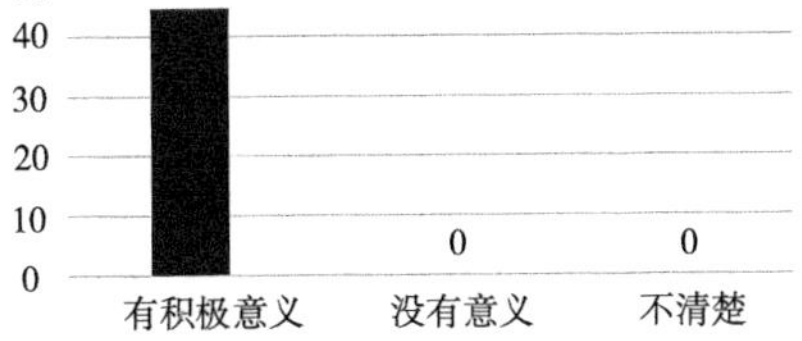

图 5 支教团负责开展的思政教育活动对于学校学生是否有积极意义（教师）

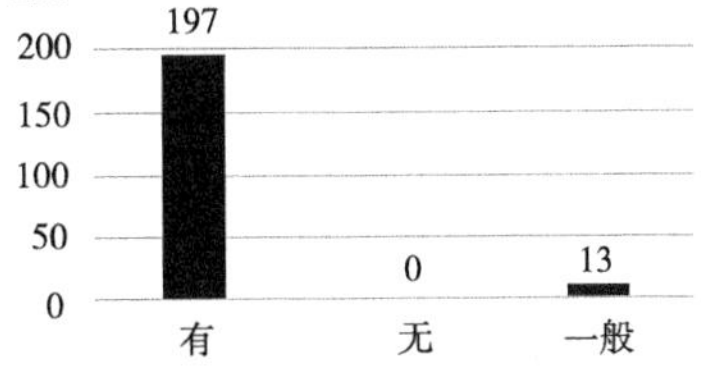

图 6 支教老师开展系列红色教育活动是否有帮助（学生）

物、厚植情怀的传递作用得到一定体现。（如图5、图6所示）

（三）科学性：空天特色科普

支教团长期探索，坚持在岗位服务中加入北航特色，充分发挥专业优势、丰富课外活动、培养科学兴趣，在十余年的服务工作中形成了以航空航天为核心的系列科普活动传统。根据对服务地师生问卷调查结果分析，近年来支教团每学期在各服务地开展以航空航天为载体的科普宣讲或科学实验活动频率达3次及以上，并对当地、学校及师生的科学素养、创新精神的塑造具有显著作用，42%的受访教师认为支教团在学校开展的各项活动中，科普科技实践活动对学校和学生意义最为明显。（如图7、图8所示）

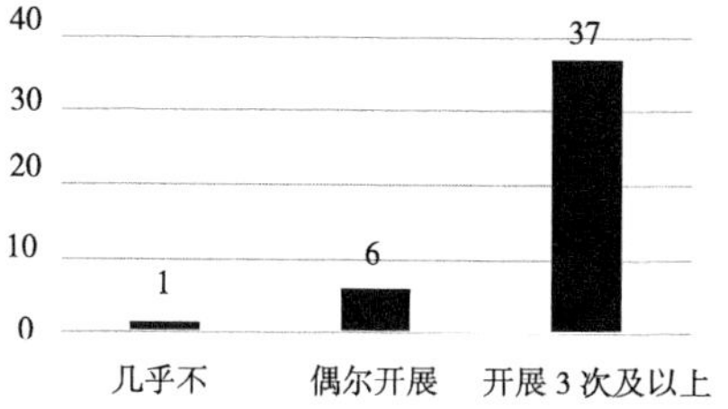

图7　近年来，支教团每学期在服务地开展科技创新类实践活动的频率

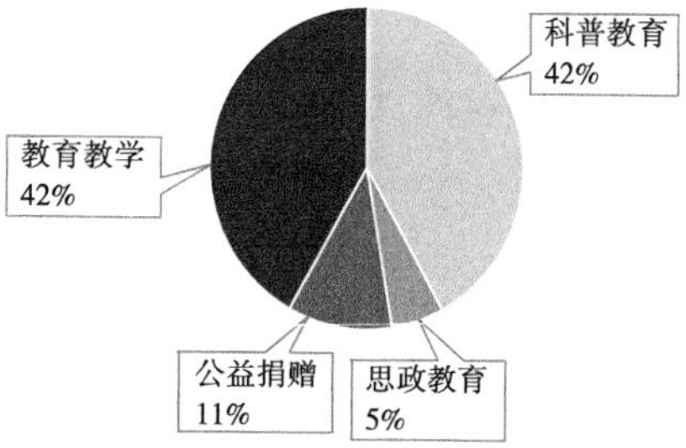

图8　近年来，支教团开展对学校师生意义最明显的活动

近年来，支教团入选青少年STEM教育计划科教支教团，依托学校“冯如杯”“挑战杯”等优质双创资源、“教授进中学”等院系协同项目、总师开讲等校友支持平台、学生航模队等一流科创组织，指导学生科技社团、机器人科学兴趣小组，打造航空航天文化展示区、组织国家重点实验室云参观、讲述“北航四号”探空火箭案例等，带动西部与北航形成科普基地育人通道，被《吕梁日报》、中国青年网等媒体报道，成为支教团品牌的新名片。

（四）拓展性：强化素质教育

作为高校教育资源力量，支教团始终关注农村儿童教育发展问题，并且积极配合当地教育部门探索促进现代山区儿童身心健康发展和提高学生知识技能的新方法。近年来，支教团通过“七彩假期”项目、乡村学校少年宫建设、系列素质拓展行动、课后专项辅导等拓展活动，促进城乡教育均衡发展，丰富农村未成年人的精神文化生活，逐步完善完备高质量、均衡性素质教育体系。

根据对服务地师生问卷调查结果分析，99%的受访教师和96%的学生认为支教团开展课后服务兴趣小组等素质教育活动达到5分（非常好）水平，84.8%的受访学生认为支教老师开展的课外素质拓展活动的帮助性为“很有帮助”，14.3%的受访学生认为“有帮助”，88.6%的受访教师认为支教团开展课后服务兴趣小组等素质拓展活动对学生的帮助行为“很有帮助”，9%的受访教师认为“有帮助”。可见，素质教育效果较为突出。（如表3、表4所示）

表 3　学生对支教团素质教育活动的满意度

选项	支教老师负责的兴趣课外活动水平	选项	支教老师开展的课外素质拓展活动是否有帮助
1 分	0	完全没有帮助	0
2 分	0	几乎没有帮助	0
3 分	2	一般	2
4 分	5	有帮助	30
5 分	203	很有帮助	178

表 4　教师对支教团素质教育活动的满意度

打分	支教团开展课后服务兴趣小组等素质教育活动水平	支教团开展课后服务兴趣小组等素质拓展活动对学生的帮助性
1 分	1	1
2 分	0	0
3 分	0	0
4 分	1	4
5 分	42	39

（五）关怀性：加深情感联络

近年来，支教团开展“青春志愿行，共筑中国梦”——关爱留守儿童等系列活动，通过调研、家访等深入了解学生的家庭情况、学习情况、心理状况等，同时开通北航亲情热线，针对性制定关爱留守儿童主题课程，涵盖安全教育、心理教育、亲子关系等内容，并形成数十本访问实录和调研报告，指导帮扶工作。

根据对服务地师生问卷调查结果分析，22.7%的受访教师、20%的受访学生认为支教团对学生的关怀及熟悉了解程度为“了解”，75%的受访教师、80%的受访学生认为支教团对学生的关怀及熟悉了解程度为“非常了解”。（如图9、图10所示）

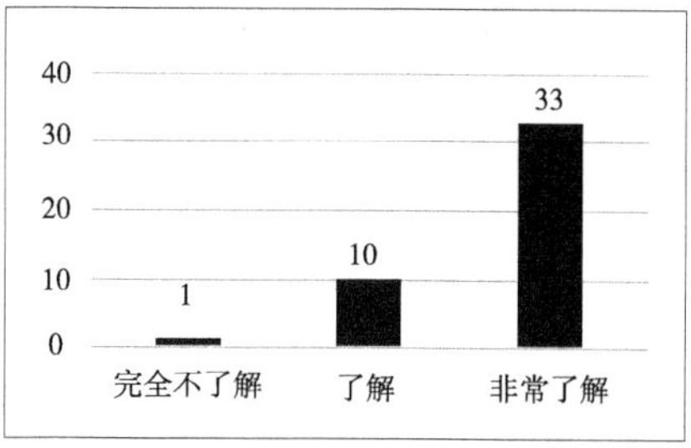

图 9　支教团对学生的关怀及熟悉了解程度（教师）

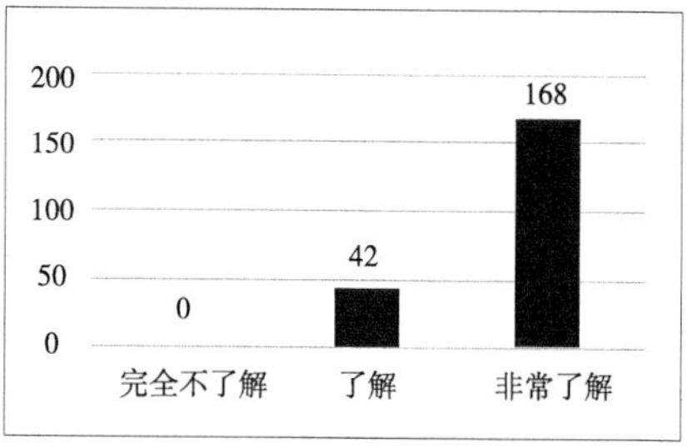

图 10　支教老师对学生的关怀及熟悉了解程度（学生）

（六）桥梁性：牵引多方资源

近年来，支教团在多个服务地发起“情系六盘山区”等多类公益活动累计筹款数十万元，支持当地育人扶贫工作。特别是“你的心愿我来圆”“航予新愿”图书募集、“悦读成长计划”图书角、“情系吉木萨尔”科学课程器材捐助、航空航天文化展区等，实现年度图书文具、科学器材、文化产品等物资捐助超过10万元。

除此之外，北航支教团拉动青年志愿者“助力乡村学校少年宫建设”等多个专项支持，结合学校专业性帮扶，组织民法典、航空航天宣讲团等系列关怀辅导，积极建立“北航—泾源”大学生社会实践基地，按计划开展北京游学活动、科普基地与实践基地共建活动，未来逐步组织多批次学生实践团队奔赴各服务地，实现校地资源的有机结合和优化配置，辐射支教团在教育扶贫和乡村振兴上的功能作用。

在此基础上，北京航空航天大学研究生支教团的先进事迹，充分通过新媒体平台、文创载体、《支教日记》等进行宣传推广，受到重点媒体广泛关注、各级单位充分认可、师生群众争相点赞，取得了良好的引领风尚和社会效应，塑造了北航青年奉献担当的崭新名片。

三、对支教成员自身育人功能的体现

研究生支教团作为共青团工作的创新之举，持续实施时间长、参与人数多、国家支持力度大、示范效应显著，在支教扶贫、实践育人、引领风尚等方面发挥了积极作用。

以北京航空航天大学为例，在服务地育人成效之外，支教团项目对于支教成员自身同样显现突出的实践育人作用。本部分通过分析北京航空航天大学研究生支教团对于成员发展的具体实践，同时不完全统计2003年至2014年共75位支教团成员的现工作单位，以及面向近三年结束服务的45名支教团成员的返校学习工作情况进行问卷调查（其中2020届8人，2021届19人，2022届18人），了解以支教团为载体的优秀人才培养模式的意义与启示。

（一）接力延续性

西部计划暨研究生支教团在新时代具有重大意义。在招募选拔上，项目办按照团中央、教育部文件要求，严格选拔标准，完善招募流程，确保选拔政治素质过硬、社会责任感较强、综合素质较高，符合推免标准的学生；同时开展教育教学等方面的实习、见习活动和多种形式的岗前培训、志愿服务、公益活动等，着力加强支教团团队建设和安全健康教育，切实提升志愿者支教服务和自我管理能力，确保胜任西部支教各项工作。

根据北京航空航天大学近三年支教成员统计数据，71.3%为中共党员或预备党员，每届成员累计获评校级及以上荣誉奖励上百项。在多年服务中，探索建立了“接力服务、定期轮换”的长效工作机制，成为共青团组织引导和鼓励青年学子服务基层，在与人民群众相结合、与实践相结合的生活中受锻炼、长才干、做贡献的有效载体。

（二）公益推广性

志愿者既是志愿服务育人功能的践行者，又是志愿服务育人功能的弘扬者与传播者。研究生支教团作为中国青年志愿者行动的品牌项目，在选拔组建、宣传推广、榜样引领等方面具有一定的特殊性，一方面通过选拔条件引导志愿服务风尚；另一方面通过宣传事迹传播志愿服务精神。

在推动志愿服务精神的接力式传播方面，支教团将育人跨度贯穿“服务前”“上岗时”和“返校后”全过程，并具有深远的持续性。根据近三年支教成员统计数据，返校后18%成员选择经常参与志愿服务，71%成员偶尔参与志愿服务，且35.6%成员积极参与重大志愿活动（国庆70周年、建党百年、北京冬奥会等）并担任骨干身份，充分体现支教工作经历的育人成效。（如图11、图12所示）

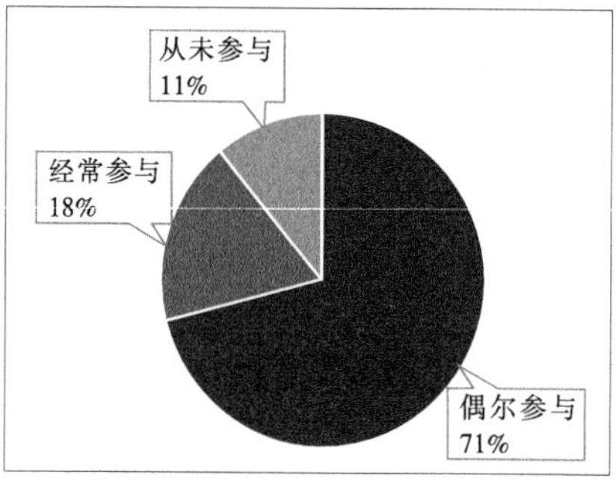

图11 返校后参与日常志愿服务（近三年）

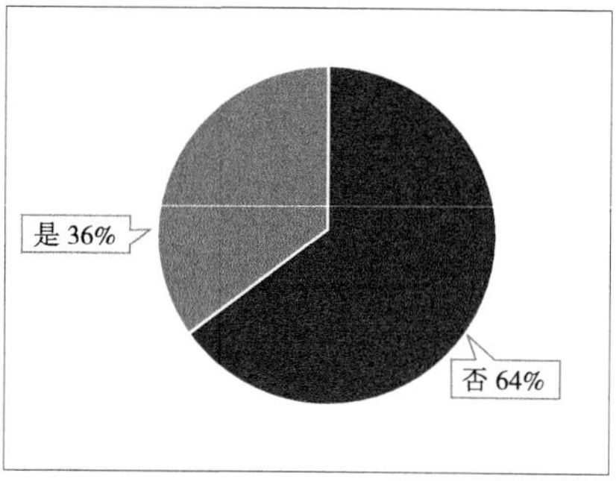

图12 返校后担任重大活动骨干（近三年）

（三）锻炼长效性

长期以来，研究生支教团以不忘支教扶贫初心，牢记铸魂育人使命，引领更多的优秀青年接力奋斗建功新时代为价值追求，积极在培养担当民族复兴大任的时代新人方面做出新成效。从时间维度看，支教经历在培养社会责任和服务担当方面具有不可替代的锻炼长效性，是强化思政教育、提升工作能力、储备青年人才的有效渠道。

根据北京航空航天大学近三年支教成员统计数据，90%以上成员有意愿承担相关学生工作，且62%实际参与学生半脱产、院系团学组织骨干等任职。特别是约25%成员返校后承担院系学生辅导员或部处半脱产学生干部，极大地促进了青年人才的后备力量扩充，延伸了高校团组织的工作手臂。（如图13所示）

	占比	数量
担任学生半脱产辅导员	21.05%	12
担任部处半脱产学生干部	3.51%	2
担任校级学生组织成员（校研会、团体等）	15.79%	9
担任院系学生组织成员（校研会、团体等）	24.56%	14
担任院系党/团支委、班委成员	22.81%	13
未承担学生工作	12.28%	7

图 13 返校后承担各类学生工作情况（近三年）

（四）发展示范性

研究生支教团项目的开展，开辟了高校毕业生健康成长的新途径，在未来发展上具有独具特色的示范引领性。

根据2003年至2014年共75位支教团成员的不完全统计，44%继续在高校等高等教育单位工作，21%进入国有企业，12%进入机关、部队及其他事业单位，12%进入科研设计单位。由此可见，支教经历促使成员对于继续从事教育事业、行政管理工作等出现更大程度的倾向性，在培养知国情、讲奉献、高素质的复合型青年人才方面做出有益探索。（如图14所示）

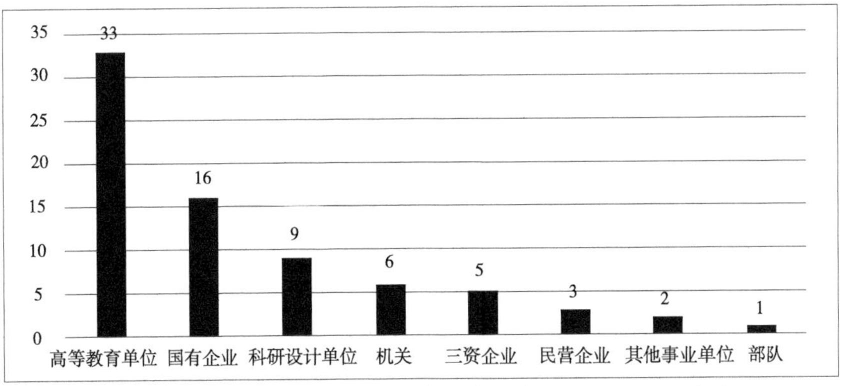

图 14 研究生支教团成员现工作单位分布（2003—2014 年）

四、当下的存在问题

（一）工作相关机制有待进一步健全

高校与支教地之间的沟通机制存在一定缺失，不能达到有效的“治理管理格局”。包括乡村教师岗位分配、均衡服务等问题；同时由于执行研究生支教团相关工作的垂直沟通路径，导致岗前培训体系不够全面，缺少高校和服务地相互协调的培训机制，致使志愿者到岗后进入角色存在滞后现象。

同时，由于志愿者多数不具有基层工作经验，导致每一届志愿者所开展活动都是“外部输入式”，单次的主体活动开展完成后，缺乏后续力量推动，加之部分工作人员对支教团工作认识不到位，导致支教团工作的长效机制始终没有发挥有效作用。

（二）培训的时间、方式和内容有待改进

北航作为非师范类院校，志愿者虽然都具备了扎实的专业基础知识，学习成绩优异，但课堂教学经验和能力、教案的准备和利用方面相对比较弱，相当部分比例的志愿者没有取得教师资格的愿望和实际行动。并且主要培训方式以课堂观摩和经验交流会为主，试讲比例不高，应当适当增加环境适应、行为规范培训的相关内容，使志愿者深入体验教学实践，注重参与式培训与体验式培训。

（三）后续持续性培养有待加强

当下学校对于服务期满志愿者跟踪培养、发挥余热、整合信息、锻炼后备等方面的支持力度存在待加强区间，研究生支教团项目在成为优秀高校毕业生志愿者的成长培育孵化平台角度有待进一步推进。

五、发展目标与对策建议

（一）完善指导管理与资源配置

逐步推动和进一步完善研究生支教团工作管理制度化。通过制

度化建设，做好宣传、遴选、培训、支教工作提前介入、支教服务管理、支教工作考核、志愿者后续培养等工作，包括制定培训课程体系、开展相关志愿活动、组织成员提前介入支教工作等。

一方面完善选拔招募机制及考核激励机制，既考核支教团主体活动“量”，又考核支教团工作成效的“质”，不断提高考核科学性，强化结果运用。另一方面推进各项工作制度建设，推动研究生支教团工作制度化、规范化，建立健全工作制度体系和法制体系，使新时代研究生支教团工作有制度保障、法律保障。同时，抓好日常管理，细化在岗服务规定，强化过程管理，形成长效管理监督机制，不断落实三方责任，提升服务和育人水平。

（二）提升社会治理战略性作用

《中华人民共和国国民经济和社会发展第十四个五年规划和2035年远景目标纲要》在“积极引导社会力量参与基层治理”中提道：“发挥群团组织和社会组织在社会治理中的作用，畅通和规范市场主体、新社会阶层、社会工作者和志愿者等参与社会治理的途径，全面激发基层社会治理活力……支持和发展社会工作服务机构和志愿服务组织，壮大志愿者队伍，搭建更多志愿服务平台，健全志愿服务体系。”

北京航空航天大学始终以服务国家为最高追求，应坚持与区域崛起同休共戚、与国家兴盛同频共振、与世界进步同向共行。在此背景下的研究生支教团西部扶贫工作，应当进一步探索“产业+科技+教育+人才扶贫”路径，摸准高校特点和扶贫规律相一致、高校优势和扶贫实际相结合的定点扶贫机制。在教育扶贫的基础上，发挥北航科研优势，在战略性新兴产业、现代化农业、技能型就业培养等方面持续发力，引进学校创新创业顶尖资源，着力解决发展痛点，构建新时代乡村振兴综合服务的创新体系，切实发挥更大的社会治理战略作用。

（三）加强支教团成员跟踪培养

后续培育是进一步提升支教团成员综合素质的重要保障。

要坚持对支教团成员进行后续培育，为其创造良好的学习实践机会，以志愿者完成支教任务回校继续攻读硕士研究生为重点时段，结合志愿者个人实际，延长跟踪时间，通过建立支教团人才库和网络交流平台等，加强对历届志愿者的跟踪培养与吸引凝聚。将先进志愿者纳入本校人才培养计划，在挂职、借调、出访、交流、进修、学习等活动上体现引领性，并在未来就业深造等阶段提供支持倾斜，以实现工作延续，深化育人理念。

总之，研究生支教团在充分发挥青年人才优势，引导广大青年学生立德树人、奉献青春、建功立业等方面取得了良好效果。习近平总书记曾高度评价支教工作“是团工作的创新之举，是推动教育公共服务和教育资源均等化的重要举措，也是培养年轻人的有效途径”。未来，支教团工作也将继续汇聚资源、明确导向，突出教师教育底色，统筹推进实践育人，不断推进以支教团为载体的育人模式接续做出开拓性贡献。

（校团委供稿）

“双翼”工程的探索与应用

——以北航自动化学院为例

引言

习近平总书记在2020年12月全国高校思想政治工作会议上强调指出，要坚持把立德树人作为中心环节，把思想政治工作贯穿教育教学全过程，实现全程育人、全方位育人，努力开创我国高等教育事业发展新局面。

按照北京航空航天大学（以下简称北航）“强化基础，突出实践，重在素质，面向创新”的十六字本科人才培养方针，自动化科学与电气工程学院（以下简称自动化学院）在本科生中实行“双翼”工程，不仅能够培养高尚的思想道德品质，培养创新意识，提高实践能力，还能够陶冶情操、激发灵感，培养和锻炼学生的大局观、协作精神和过硬的心理素质，为北航培养国民经济和国防建设等领域具有领军和领导潜质的高级人才做出贡献。

一、何为“双翼”工程

所谓“双翼”工程，是指在“德育保方向，学习动力强”的基础上，在本科生培养中加强科技实践创新教育和文化艺术普及教育，如鸟之双翼，使学生展翅翱翔。

自动化学院深度实施“双翼”工程，在加强德育和学风建设的基础上，在学生培养中加强科技实践创新教育和文化艺术普及教育，像鸟的双翼一样，助力学生展翅翱翔。

二、“科技之翼”

在科技实践创新教育方面，自动化学院高度重视学生动手能力和科技创新能力的培养，建立了“一个基地，两个目标，三层培养，四项保障”的完整的分层次科创活动培养体系。下面重点介绍培养体系中的各项内涵和取得的成果。

“一个基地”，是指大学生科技创新实践基地，包含自动控制协会（以下简称自控协会）、电子设计大赛团队、机器人队等，构成了全方位、多层次的科技创新培育基地，面向自动化学院所有本科生开放，是自动化学院培养科技创新人才的主要阵地。其中自控协会是一个由自动化学院指导，学生自主实践的科技类社团，成立于1994年，目前已经发展成为人数超过800人的校级五星级社团。自控协会由科技爱好者自发组成，旨在共同交流，提高自身科技素养并且普及科技知识。在科技培训方面，自控协会从无到有完善了一套培训体系，通过新生科技培训、“驭远杯”机器人大赛和校级“冯如杯”比赛，从易到难、由浅入深，为成员打磨定制了一套切实可行的培养方案，实现了协会人才的培养和传承。在此基础上，自控协会成立以来取得了丰硕的科创成果，协会成员多次取得校级“冯如杯”一等奖、全国大学生电子设计大赛一等奖、北京市电子设计大赛一等奖以及挑战杯特等奖等奖项。

“两个目标”，指的是培养学生的创新动手能力和团队协作能力，同时代表学校和学院在各大科技创新赛事中争取优异成绩和荣誉。通过设立科技创新中心，整合自控协会等学院各类资源，打造一条从院级赛事“驭远杯”到校级赛事“冯如杯”，再到全国级各类科创赛事如“互联网+”“挑战杯”“创青春”“中国高校智能机器人大赛”等的科创培养道路，力争在各类重大赛事中取得突破性成绩，同时为自动化学院所有对科创感兴趣的同学提供锻炼创新动手能力的平台。

“三层培养”，是指面向不同年级、不同能力的本科生进行层次递进的科技创新培养，从激发学生科技创新兴趣，培养学生科技创新能力，到形成科技创新大赛队伍，为学生提供一条完善的递进发展的科创道路。

首先，对于刚进入大学的低年级本科生，设置以激发科创兴趣、培养基础能力为目标的初级比赛和讲座培训，包括创意大赛、科技讲座、技能培训、专业教育、前沿讲座等，为低年级本科学生提供科技创新入门知识培训，为后续参加更高难度的竞赛和科创活动打好基础。特别要说明的是，自动化学院以自控协会为承办主体，连续多年开展了“驭远杯”机器人大赛。大赛面向全校开放，在全校具有较大影响力，通过机器人竞赛锻炼学生的科技创新能力、综合设计能力以及团队协作能力，将所学的知识应用到实际项目之中，助力学生学业以科研道路。赛事主要面向大一大二的同学，为刚进入大学的低年级同学提供体验科创过程的平台，为后续的科创和科研积累经验。第七届“驭远杯”机器人大赛于2020年并入校级“冯如杯”创意大赛，此后成为“冯如杯”创意大赛专项赛道之一，并分别于2021年成功举办“冯如杯”创意大赛和“科沃斯杯”驭远机器人大赛专项赛初赛及决赛，吸引了来自全校近百名本科生参加，成为许多低年级同学初次参加的机器人比赛，在制作第一台机器人的过程中培养了学生的动手能力和基础科创能力。除此以外，自控协会开展了各类讲座培训，进行科普宣传，为广大本科生拓展知识面、提高科技素养提供帮助。同时自动化学院定期邀请在相关领域取得突出成绩的前辈主讲相关领域的前沿技术，帮助同学了解相关技术和知识；自动化学院邀请在学业、科研等领域优秀的高年级学长分享自己的学习科研经验，拓宽学生思路。

其次，对于已经具备基础科创能力的中高年级同学，以校级“冯如杯”科技创新竞赛、电子设计大赛、中国高校智能机器人创意大赛、中国大学生智能机器人格斗大赛等竞赛为依托，全面培养学生动手能力，为学生提供施展创新能力和想象力的平台。同时结合课程学习和科创实践，要求学生独立或组队制作出具有一定创新性和难度的作品并参赛，从而培养学生团队协作能力和作品全流程制作能力。

最后，经过上述多层次的培养，对于高年级实践能力突出的学生，配备固定指导专家，组建专业的科技实践队伍，提供场地和资源等完成较为复杂的项目，参加“挑战杯”“互联网+”“创青春”等国内顶级科创赛事。对于完成度高，有发展潜力的项目，提供进一步支持孵化创业项目，实现科技创新发明产业化。从科技活动到科创项目再到科创企业，为学生创意想法的落地提供完善的支持。

“四项保障”，是指自动化学院为保障学生参加科创活动提供的专业指导、资金场地、组织架构到学生激励方面的各方面措施。首先，组建专家教师团队指导和评价学生科创活动，将指导学生科创活动纳入教师年度工作考核体系，并以获奖情况为依据评估教师指导学生科创活动的工作量，确保学生参加科创活动得到充分指导。同时鼓励教师负责指导固定的参赛项目，如电子设计大赛、机器人大赛等，在项目的传承积累方面形成人才培养优势和迭代发展的环境。其次，在资金场地等方面大力支持本科生科技创新教育活动，资金支持部分占全年学生工作经费支出的54%。除此以外，在组织架构方面，学院学生工作办公室高度重视科创活动开展，设立科技创新中心，指定专门辅导员负责相关工作，以培养和指导学院学生参加科技创新活动为主要任务，协同联动自控协会、分团委科技实践部、各班科技委员等方面，为有志于参加科创活动的同学提供科技创新平台。科技创新中心致力于整合自动化学院优质科创资源，吸纳优秀科创人才，培养一流科创队伍，挖掘学生的创新潜质，激发学生的创新兴趣，提升学生创新能力，成为自动化学院孵化科创项目、培养科创人才、参加大型科创赛事的主要阵地和育人平台。同时在各年级各班级设立相关部门和学生干部协助完成各项科创活动，确保各项工作落到实处，为学生参加科创活动营造良好氛围和环境。最后，研究设立适当的学生激励，对参加科创活动获得优异成绩的学生提供加分、保研、奖学金等各方面奖励，鼓励学生在课业学习之余积极参加科技创新活动并获得优秀成绩。

在“双翼”工程上述科技创新活动的相关举措下，自动化学院在科技创新实践活动中取得优异成绩，在培养创新人才方面显现突出成效。近年来，自动化学院本科生连续7届获得“冯如杯”一等奖，发表

EI、SCI等高水平论文超过30篇，专利和软件著作权超过50项，学生成功创立市值超过1亿元的公司3家，多位学生获得北航本科生最高荣誉沈元奖章。超过90%的本科生参加过各类科技实践创新活动，涌现了一批以“细胞机器人”“带有吸附式平台的球形机器人”“人与机器人集群智能协同系统”等为代表的优秀学生科技实践创新作品。比如自动化学院本科生杨健勃在“冯如杯”的筹备过程中，通过和他的本科生导师王少萍老师交流，联想到可以利用仿生学原理研发可变形细胞机器人。2012年，“细胞机器人”第一版问世，凭借模块化、可变形、自动对接等诸多技术创新点，以及在工业生产和航空航天领域广阔的应用前景，获得了当年的北航“冯如杯”竞赛科技作品一等奖。随后又在2013年第十三届全国“挑战杯”全国大学生课外学术科技作品竞赛中成功斩获一等奖。2014年3月，他们的公司——“可以科技”有限公司成立。在团队的共同努力下，“细胞机器人”实现了由科技竞赛作品向国际化产品的转变，CellRobot成功在美国注册商标。经过半年多不断的酝酿、打磨，2014年11月，可以科技有限公司在硅谷召开发布会，细胞机器人第一代产品问世。经过后续改进，细胞机器人的功能性和实用性都有了大幅提升，各个模块分工明确，构成一个有机的整体，一经问世便收到了硅谷内科技极客人群的一致好评。产品面向市场需求继续研发，团队成员不断攻坚克难，逐渐成长成熟，成为自动化学院培养的科技实践创新达人成长为科技创新企业领军人才的典型案例。

三、“文艺之翼”

自动化学院在文化艺术教育方面有着优良的传统，是开展素质教育最初的着手点。自动化学院依托飞天艺术团开展大量丰富多彩的活动，希望在现在的高度信息化时代，让同学们从充满着各种诱惑和误导的社会环境中吸引出来，营造一种健康积极向上的气氛，形成一种良好的风气，让众多同学能够在接受文化艺术熏陶的同时，通过合唱和话剧两种需要团队分工协作配合的艺术形式，培养同学们吃苦耐劳的精神和团结协作的精神。

飞天艺术团隶属于北航自动化学院，由自动化学院第二课堂文化艺术中心直接对接指导。飞天艺术团至今已成立22载，已成长为自动化学院乃至于学校的知名品牌。值得一提的是，不同于学校的高水平艺术团，飞天艺术团的成员均为非特长生，大家是因兴趣聚集在一起，因此在一次次的排练、演出过程中，同学们在这个集体中形成了强烈的归属感，形成了团内特有的文化和传统。现在在飞天艺术团担任指导教师的均为之前飞天艺术团的团员。飞天合唱团的指导老师王程为自动化学院2000级本科生，飞天话剧团的指导老师刘昊翔为自动化学院2010级本科生。纵使现在已不在学校学习、工作，飞天艺术团带给他们的强烈归属感还是让他们在工作之余对自动化学院的学子们进行各方面的指导和帮助。除此之外，还有不少曾经的飞天艺术团团员在毕业之后仍积极响应号召，参加飞天艺术团的各项活动。一代代的团员在变，不变的是飞天人对艺术梦想的追求，不变的是写在每个飞天人心中的飞天精神——“放飞双翼，圆梦蓝天”。

飞天艺术团在自动化学院的指导下，以“点、线、面”的工作模式开展工作。“点”即为艺术团及时关注国际级、国家级、省部级以及校级等各类比赛、演出等相关消息，并积极参加准备。迄今为止，飞天艺术团已获得众多国际级金奖、银奖及国家级一等奖，曾赴俄罗斯索契、新加坡、中国国家大剧院艺术资料中心等地参与演出，已是名声在外。“线”即为艺术团坚持做好对团内成员的熏陶与训练。艺术团邀请相关领域享有较高声誉的专业指导老师，也是飞天艺术团曾经的团员来为团员进行定期的培训指导。艺术团在每学期初会制订本学期的排练计划与目标，进行每周至少一次的排练，团员们在一次次的排练中锻炼团结协作的精神。并且组织不定期的团内学习，对一些理论知识进行学习或者组织观赏，旨在培训专业技能的同时培养团员的文化素养。“面”即为自动化学院依托于艺术团，将艺术教育普及到每一位同学。艺术团团员们在学习了相关的专业知识后，会在自动化学院的组织下对同学们参加相关比赛进行一定的指导。同时也会组织同学们进行相应的文化艺术参观、鉴赏，并给出一定的专业解释。

飞天艺术团由飞天合唱团和飞天话剧团组成，两个团在具体事务进行自主管理的模式。飞天合唱团成立于1998年12月12日，早期成员均为当时北航校合唱团成员，后逐渐成为独立的院系所属合唱团。飞天合唱团具有极为优良的传承性，担任合唱团指挥兼指导老师的都是曾经的团员。较为长期担任指导教师的有自动化学院1991级本科生黄浩东，博士毕业后参加工作，现任南京普天通信股份有限公司董事。工作之余，对飞天合唱团的强烈归属感让他坚持在指导教师这个岗位上发光发热。合唱团现任指导老师为自动化学院2000级本科生王程，他于2007年获得北航硕士学位后，担任职业合唱指挥，曾多次到国家大剧院等国际性舞台表演。十几年来，王程老师坚持每周抽时间回到母校，作为飞天合唱团的指导老师对大家的排练进行针对性训练与指导。

在众多飞天合唱团团员的努力下，飞天合唱团取得了骄人的成绩。2012年，飞天合唱团在第11届中国国际合唱比赛中获得优秀表演奖，在唱响青春共庆甲子庆祝建团90周年合唱比赛中获得二等奖，2012星海国际合唱锦标赛广州公开赛中获得银奖。2013年，飞天合唱团女声合唱组在北京合唱节获得银奖。2014年，飞天合唱团在“歌韵东方”第七届国际合唱节前往新加坡参赛，获得银奖。2015年，飞天合唱团在和平颂2015北京合唱节小合唱中进入决赛。2016年，飞天合唱团前往俄罗斯索契参加第九届世界合唱比赛，获得高校组“冠军赛金奖”和无伴奏声乐组“冠军赛银奖”。2018年，飞天合唱团参加第十四届中国国际合唱节中被评级为重唱/小合唱组B级合唱团、成人混生组B级合唱团。2019年，飞天合唱团参加第四届“合唱之心”上海国际合唱节暨国际合唱比赛获得M1成人组（混声）银奖。

除了取得的众多奖项之外，飞天合唱团还参加了众多的演出活动。值得一提的有：2012年，飞天合唱团与津巴布韦音乐学院合唱团在中国国家大剧院艺术资料中心，奉献一台名为“中非青年音乐对话”的音乐会，同年，在北京中山公园音乐堂，“打开艺术之门”系列音乐会上演出了“快乐的小百灵”。2015年，赴海淀文化馆小剧场开展飞天合唱团学期汇报及交流演出。2016年，在北京香山世纪金源大酒店为2016IEEE/CSAA International Conference on Aircraft Utility Systems(AUS)机载机电系统国际会议晚宴演出。2017年，在云南省昆明市的云南省抗战胜利纪念堂参与第五届中国聂耳音乐（合唱）周演出。2019年，前往北京民族剧院小剧场参加“新悦和声”合唱音乐会。

飞天合唱团也积极与友校交流，并扩大自身的社会影响力。2014年，前往外交学院，出演北京市沙河高教园区文化交流月闭幕式，2016年，前往清华大学参与“一二九”研究生大型革命歌曲演唱会。2014年，为了号召大家“放下手机，拥抱生活”，飞天合唱团发起“芯飞天”极创48小时公益快闪活动。同年，前往沙河于辛庄小学支教，发起“筑梦童声公益计划—快乐与歌声同在”的活动，同时，飞天合唱团作为自动化学院文化艺术水平的代表，在校内参与了多场演出，包括北航自动化学院60周年院庆晚会、飞天合唱团20周年音乐会等大型活动。

为了贯彻“点、线、面”的工作开展模式，自动化学院依托于飞天合唱团开展了自动化学院“驭远之声”合唱比赛，由飞天合唱团团员担任指导。该比赛旨在让同学们了解合唱这一门艺术形式的同时，促进班级内的交流沟通，增强同学们的集体归属感与集体荣誉感。

飞天话剧团作为飞天艺术团另一个重要的分支，在自动化学院的文化艺术教育中同样起到了举足轻重的作用。飞天话剧团成立于1998年12月12日，同样也是不以校艺术团成员作为骨干依托成立起来的。优良的氛围使团员有着高度的集体归属感，历任艺术指导几乎都是由曾经的团长担任。来自自动化本科1991级的黄浩东、1999级的谢世强，杨磊、2000级的王程、2001级的陆毅、2002级的江子山，毕磊、2005级的袭开俣、2006级的封金龙都曾短期或长期担任飞天话剧团的艺术指导，现任艺术指导为北航自动化2010级本科生刘昊翔。

飞天话剧团为加强同学们对话剧这门艺术形式的理解与体会，不局限于组织同学们演出话剧，还积极地改编、原创话剧。先后改编排练过《红星美女·格瓦拉》《暗恋桃花源》《四月一日愚人节》《人民公敌》《青春禁忌游戏》《物理学家》《窗台上的尸体》《一仆二主》《红茶馆》《魔之椅》《恋爱的犀牛》《第一次亲密接触》《我爱XXX》等经典剧目；还原创了《找我》《七月与安生》《活在当下》等优秀作品。凭此类优秀作品，飞天话剧团于2004年起开创“飞天剧”品牌，基本保证每年都在校内举办以“飞天剧”命名的话剧专场。更是曾接受多方邀请，前往北京七色光剧场（现安徒生剧场）等地参与演出活动。

同时，自动化学院通过飞天话剧团向众多同学普及话剧相关知识。多次组织大家参与北航校内短剧小品比赛，让同学们在参赛中收获知识，感受熏陶。同时选拔出较为优秀且对此更有兴趣的同学，一同参加北京市的各种话剧比赛，曾获北京市“首都高校大学生心理健康节心理情景剧展演”一等奖等奖项。

多年来，飞天艺术团作为自动化学院人才培养的“一翼”，坚持在文化艺术教育方面普及知识，以“点、线、面”的方式展开工作，让同学们在一次次接受文化熏陶的同时增培养家国情怀，强化集体荣誉感，增进同学之间的感情，拓宽知识面，助力自动化学院的学子的空天报国之路。

四、总结与展望

北航自动化学院有着扎实的学生工作基础和文化底蕴，实行“双翼”工程以来，在提高学生综合素质方面取得了长足的进步。

我们要认真学习贯彻习近平总书记在全国高校思想政治工作上的重要讲话精神，大力提高我们的人才培养水平，为我们的学生提供一个广阔的舞台！

（自动化学院分团委供稿）

浅谈高校院系基层团干部培训工作

——以北航仪器科学与光电工程学院基层团干部培训为例

团干部教育培训是团干部队伍建设的先导性、基础性、战略性工程，在推进新时代共青团事业改革发展，教育引导团干部投身伟大斗争、建设伟大工程、推进伟大事业、实现伟大梦想的实践过程中具有不可替代的重要地位和作用。开展团干部培训，是贯彻落实习近平总书记关于青年工作的重要思想，落实《2020—2023年全国团干部教育培训规划》的重要举措。

高校基层团干部以兼职团干部为主，一般包括团总支、团支部的团支书、组织委员、宣传委员、实践委员，组织部、宣传部、实践部的学生干部等，具有“经验少”“创造力高”“可塑性强”等特点，是基层团组织工作的直接开展者。若缺少引领与培训，容易出现本领恐慌、职责认识不充分、工作落实不到位等问题。

目前各学校积极开展团学骨干培训学校，通过理想信念教育、理论政策学习、团学工作实务学习等形式，促进学校学生干部队伍组织建设和作风建设。由于学校团干部培训范围有限，各院系也需要结合院系的特点，开展针对性的培训，提高院系团干部的素质。本文以北京航空航天大学仪器科学与光电工程学院（以下简称仪器学院）基层团干部培训工作（以下简称培训）为例，通过问卷调查分析培训中的问题，回顾仪器学院2020—2021学年培训工作，分享培训开展的工作经验。

一、关于基层团干部培训的问卷调查及问题分析

本文从北航全校的基层团干部中进行随机采样，设计调查问卷，

最终收到51份统计结果。其中调查对象包含各年级、各岗位的团干部，保证了调查结果的科学性与普遍性。经统计分析，得到如下结果。

（一）35%的团干部工作期间未经过培训，多数团干部对工作职责、团的基本理论知识了解不够，几乎所有团干部认为培训是有必要的。经过培训的干部普遍反映基本知识积累得到提升，工作流程更清晰，对上级文件和指示理解更透彻，便于后续工作开展。通过数据可以看到，培训需进一步加强，提高团干部队伍素质与服务同学的能力，促进基层团组织建设。（如图1所示）

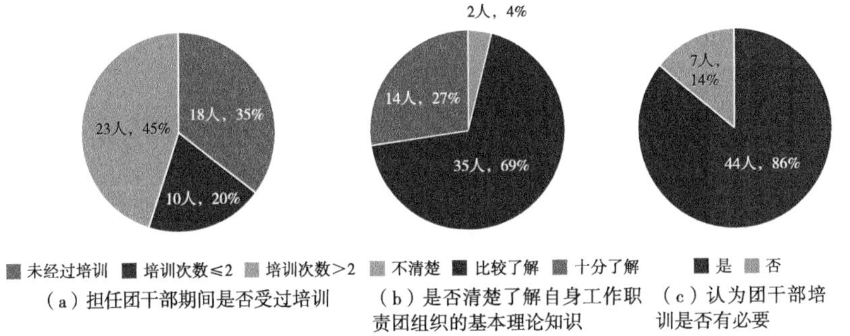

图 1 培训总体情况

（二）培训以理论学习、工作解读、技能培训、座谈会为主，团干部期望未来增加座谈会与技能培训内容。培训要坚持以思想为引领，以需求为导向，以创新为动力，不断丰富培训内容，完善培训计划，全面提高团干部的综合素质。（如图2所示）

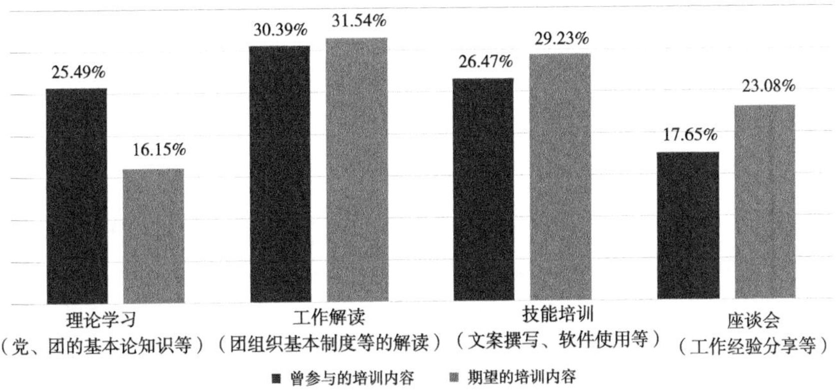

图 2 培训内容

（三）团支书培训率最高，实践委员培训率需要进一步提高。培训要坚持政治统领，加强理论学习，更要针对不同工作岗位开展针对性培训，如对于宣传委员开展推送排版、PS、PR等宣传技能的培训，建立全面完整的团干部队伍。（如图3所示）

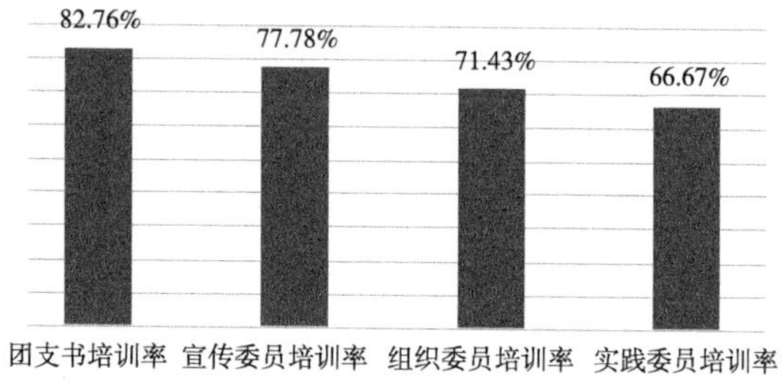

图3 不同团干部培训比例

二、北航仪器学院基层团干部培训开展情况

北航仪器科学与光电工程学院在2020—2021学年累计组织培训11次，覆盖72名团干部，由分团委统筹安排，各部门分类落实，聚焦“组织建设、志愿实践、媒体宣传”三个模块，通过“理论学习、工作解读、技能培训、座谈会”四种形式开展团干部培训。

“组织建设”方面的培训由学院分团委组织部负责，主要培训对象为大小班团支书、组织部干部、学生会骨干等。培训内容以理论学习、工作解读为主，提高团干部开展基层团日活动的能力，号召团干部并将学习成果融入团组织的日常活动，扮演好思想的传播者。明确团组织的组织设置、基本任务、组织生活、制度建设等运行机制，讲解团干部的工作职能、主要职责、考核方式等，进行年度工作梳理，重点工作开展前进行针对性的指导，保证“三会两制一课”、向党推优、教育评议等团务工作的顺利开展。

“志愿实践”方面的培训由学院分团委志愿实践部负责，主要培训对象为志愿实践部干部、大小班实践委员、社会实践队长等，培训内容以工作解读、座谈会为主。培训主要在寒暑假社会实践前后开展，交流志愿实践工作中的重点、难点、痛点，共同探讨工作中遇到的问题，邀请老师或优秀实践队长进行工作指导或经验分享，强调安全注意事项，提升志愿实践工作的专业性、科学性和实用性。

"媒体宣传"方面的培训由学院学生媒体中心负责，主要培训对象为媒体中心干部、宣传委员，以技能培训为主。培训邀请学校媒体中心干部或有相关技能的同学，对"文案撰写、推送排版、拍照摄像、平面设计、视频剪辑"等方面开展专项培训，切实提高团干部的工作能力与业务水平。

表 1 北航仪器学院 2020—2021 学年基层团干部培训开展情况

时间	主讲人	培训对象	培训类型	培训内容
2020.07.22	志愿实践部干部	寒假实践队队长	工作解读	社会实践相关事项培训
2020.10.13	媒体中心干部	媒体中心干部	技能培训	排版技能培训 基础文案写作
2020.10.30	媒体中心干部	媒体中心干部 宣传委员	技能培训	PS 使用与平面设计技巧
2020.10.30	志愿实践部干部	志愿实践部干部 实践委员	座谈会	志愿活动开展方法
2020.11.21	校媒体中心干部	媒体中心干部 宣传委员	技能培训	文案提升培训
2020.11.29	分团委书记 组织部干部	团支书 组织部干部	理论培训 技能培训	十九届五中全会学习 文案撰写经验分享
2021.01.17	志愿实践部干部	寒假实践队队长	技能培训	寒假社会实践安全培训
2021.01.24	志愿实践部干部	志愿实践部干部	工作解读	学院实践队筹建安排
2021.03.12	组织部干部	团支书 组织部干部	工作解读	团支部工作条例学习 团支部手册填写讲解
2021.03.27	媒体中心干部	媒体中心干部	技能培训	拍照录像、视频剪辑技术
2021.04.03	校媒体中心干部	媒体中心干部 宣传委员	技能培训	文案及排版技巧
2021.04.04	组织部干部	团支书 组织部干部	工作解读	向党推优工作讲解 材料填写注意事项讲解
2021.04.17	分团委书记 组织部干部	分团委学生 组织骨干	理论培训 座谈会	党史学习 工作分享交流
2021.04.21	校媒体中心干部	媒体中心干部 宣传委员	技能培训	视频剪辑 海报制作培训
2021.05.16	志愿实践部干部	志愿实践部干部	座谈会	学院实践队传承
2021.06.03	组织部干部	团支书 组织部干部	座谈会 工作解读	班团工作经验分享 团员教育评议工作讲解

经过培训，仪器学院2020—2021学年多个支部获评校级活力团支部、标兵团支部，191717团支部在北航全校"五四"团日活动评比中获评第一名。社会实践方面，多支实践队获评校级优秀实践队，其中

图 4 仪器学院基层团干部培训会照片

“仪光赤心”实践队在“挑战杯”红色专项中获评国家三等奖、北京市一等奖。学院成立“仪光映像”媒体工作室，完善媒体宣传体系，官方公众号“仪器光电人”推送质量不断提升，推出多篇优质推送。

仪器学院培训活动反响热烈，让团干部工作之前有解读分析，工作之后有反馈交流，工作同时能收获技能，培养出一支政治上强、思想上强、能力上强、担当上强、作风上强、自律上强的团干部队伍，并在北航校团委官网、学院官方公众号等进行宣传。

三、高校院系基层团干部培训的开展要求

（一）坚持政治统领。聚焦政治忠诚，按照习近平总书记对团干部提出的“坚定理想信念、心系广大青年、提高工作能力、锤炼优良作风”的要求，把政治素质培养摆在首位，以坚定理想信念宗旨为根本，突出政治锻造、加强政治历练、严肃政治纪律，将提高政治觉悟、政治能力贯穿教育培训全过程。

（二）聚焦能力培养。将提高团干部的工作能力作为培训的重点，紧密结合全团重要部署和基层团工作中面临的突出问题开展教育培训，提高团干部运用所学理论和知识指导实践、解决问题、推动工作的能力。

（三）突出体系建设。按照“分级负责、统筹规划”的方式，从“组织建设、志愿实践、媒体宣传”三方面，构建分级分类的团干部教育培训体系，按照不同职位的工作特点与能力需求分类培训，整合院系资源、扩大培训范围、完善课程体系、确保教育培训全覆盖。

（仪器科学与光电工程学院分团委供稿）

共青团改革视域下高校团校工作研究

——以北航团学骨干培训学校建设为例

团校工作是共青团工作的重要组成部分，承担着为党的青年群众工作教育培养干部骨干的重要使命。2021 年《中国共产主义青年团干部教育培训工作条例》确定了团校的性质："团校应当把握建设党在青年工作领域特色鲜明政治学校的根本定位，发挥培训团干部的主渠道作用和共青团与青年工作的智库作用。"而高校团校是培育大学生基层团干部的重要阵地，对党的青年工作、高校共青团工作、高校思想政治教育具有重要意义。北航团学骨干培训学校（北航团校）已经走过近 30 年的历史，始终承担培育优秀团学骨干这一重要任务，为北航青年工作输送了一批批高素质人才。近年来，北航团校找准政治定位，加强理论指导，在共青团改革的大背景下与时俱进、力促改革，并在实际办学过程中发现问题、研究问题，形成了一系列工作研究及思考。

一、高校团校目标定位

高校团校的培训内容、师资队伍、教学组织管理和办学体制机制都应紧密围绕其办学的目标定位，不仅要严守其作为"团校"的"党在青年工作领域特色鲜明的政治学校"这一政治定位，还要兼顾作为"高校"的鲜明特色，找准目标定位，才能确定相关办学章程和工作条例。

（一）高校团校是共青团为党培育人才的政治学校

2018 年《中央团校改革方案》提出："中央团校改革要牢牢把握团

校姓党的根本原则”。由此可见，团校需要严守意识形态阵地，坚定正确方向，做到“两个维护”，自觉在政治立场、政治方向、政治原则、政治道路上同党中央保持高度一致。高校团校学员以学生团学骨干为主，在共青团工作中发挥引领作用，可能成为党的优秀储备人才，有些甚至已经具备学生党员身份。在这样的办学背景下，高校团校更要明确政治定位：“要坚持以马克思主义为指导，始终高扬理想旗帜，把用党的科学理论特别是习近平新时代中国特色社会主义思想武装团干部作为根本任务，加强对团干部的党性培养和作风锻炼。”这是高校团校办学的基本立场和准则。

（二）高校团校是为共青团工作输送优质骨干的通道

2016年《高校共青团改革实施方案》明确提出，要“加强作风建设，持续深入开展团干部健康成长教育”，“建立健全对学生骨干的选拔考核、培养使用、淘汰退出等机制，努力打造信念坚定、品学兼优、朝气蓬勃、心系同学的学生骨干队伍”。团干部培训是共青团基层组织工作的重点之一，高校团学骨干培训的主要途径是团校以及各级团干部培训会。以北航团干部培训为例，北航38个院系中，团校是本院团干部接受培训途径之一的占30个院系，占比约79%，由此可见团校覆盖面广泛，团校的办学质量对团干部的素质影响深刻。

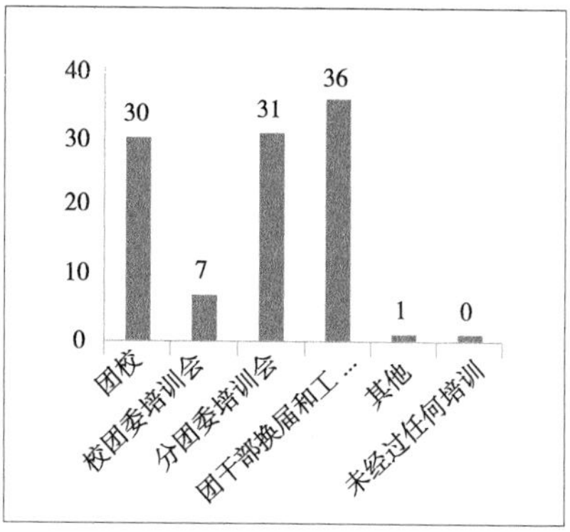

图 1 本院学生团干部接受团干部培训的途径

因此，要深刻认识高校团校对高校团学骨干培训的直接作用。高校团校的招生对象主要是学生团学骨干，其工作面向最基层的团组织、学生社团等，服务对象基本为同龄在校大学生，此类学员年轻、工作阅历较浅，特别需要在明确的定位下进行相关的工作培训，“努力为新时代党的青年群众工作和共青团建设提供人才智力支持”。

（三）高校团校为青年思想政治引领提供平台基础

团校培训的最终落脚点是服务青年工作，高校团校的团学骨干最终服务于广大师生青年，因此，要从团校开始发挥思想引领作用，自上而下抓牢抓实思想政治教育。主持、配合完成青年工作的团学骨干可以助力高校做好全校青年思想政治教育工作。一方面，2020年贺军科同志在共青团干部教育培训和理论研究工作座谈会上的讲话上指出：“共青团是广大青年在实践中学习中国特色社会主义和共产主义的学校，团干部就应当是这所学校的‘教职工’。‘传道授业解惑’实际上是对全体团干部提出的共同要求。”因此团校需要培养团学骨干“讲好中国故事”“讲好党团故事”“讲好青年故事”的能力，发挥先进思想辐射作用，带动身边青年听党话、跟党走。另一方面，《高校共青团改革实施方案》指出要“注重对基层的直接支持指导，努力为基层团组织配置和争取资源，加强工作标准化和知识化管理，建立团学工作资料库和‘慕课’资源库”。高校团校作为团学骨干培训的专门机构，具有进行高校共青团工作理论研究的可能性，要借助团校办学努力搭建团学工作资料库，为校团委、分团委相关工作提供理论指导和实践经验，做好青年思政教育的“图书馆”“智慧库”。

二、高校团校办学思路

在明确高校团校目标定位后，可以对团校的培训内容、师资队伍、教学组织管理和办学体制机制予以整体性思考，形成高校团校办学的具体方案指导。

（一）高校团校课程内容安排

团校办学的根本定位是“建设党在青年工作领域特色鲜明的政治学校”，中央团校改革明确提出在课程设置上要“突出政治培训的主要任务，强化党的理论教育、党性教育、群众路线教育、党章党规党纪教育，将习近平新时代中国特色社会主义思想作为中心内容，引导学员进一步增强‘四个意识’，坚定‘四个自信’”。在此原则指导下，高校团校课程设置应以理想信念教育和党性作风教育为主，打好筑牢基层团学骨干理想信念根基，锤炼政治品格，增强政治性、先进性和群众性，去除机关化、行政化、贵族化和娱乐化，提升使命担当和服务奉献意识，将所学所用真正服务到广大师生青年中去。

同时，要兼顾团学骨干工作性质。由于基层团学骨干的年龄小、理论素养相对不足、领悟力相对薄弱，贺军科同志曾指出：“团干部队伍里年轻人多，本不足为奇，但从上往下年龄层层递减、理解力层层递减，就对我们的工作开展造成了很大的影响。”因此更要提升基层团学骨干的实务工作能力，将精神传达到位、工作落实到位、效果放大到位。团学工作实务课程，一方面兼顾团学骨干工作方法的培养，以马克思主义方法论为中心，结合共青团工作实际予以方法性指导，也可以通过领袖人物故事引导学员进行创新性思考与启示，汲取大国领袖人生和工作经验；另一方面，要适当请上级团委领导干部讲课，帮助学员理清工作思路，解读工作精神，促使各项任务顺利落地。

贺军科同志在共青团干部教育培训和理论研究工作座谈会上的讲话上指出，如今团校课程设置的一个重要冲突，那就是“组织希望团干部好好学习，通过培训提高各方面能力，胜任团的岗位；而一些学员希望通过培训掌握一些短平快的工作技巧”。基层团学骨干更是如此，由于日常工作实操性强，尤其是新生团干部对工作不熟悉且经验少，尤为期待在团校内学习相关工作的实施办法和内容解读。贺军科同志对此问题做出明确回应：“不是任何科学理论都能无限简化为具体工作，所以不能完全由着学员的愿望来设计课程、开展培训。‘不积跬步无以至千里’，理论课程解决的是政治立场、政治方向的重大问题，学员一时听不懂、学不会没有关系，只要方向正确，每天坚持学一点都是有益的。”

2021年发布的《中国共产主义青年团干部教育培训工作条例（试行）》提出：“团干部教育培训以习近平新时代中国特色社会主义思想

为主干构建培训内容体系，重点开展政治教育、理论教育和能力教育。”因此，要明确团校工作的根本定位，不能在基层团校就丢掉，可以适当并有针对性地进行基层团务工作的指导，但是不能本末倒置，高校团校归根到底是为党孕育优秀人才，而不是短期工作技能培训班，工作技巧只在一时，但理想信念和党性作风在一生。

（二）高校团校师资队伍建设

中央团校改革方案中对团校师资提出要求：“要建设政治强、业务精、作风好的师资队伍，突出政治标准、严格业务标准、强化作风标准，形成专兼职结合、结构合理的师资队伍，建立与教育培训主业相契合的激励约束机制。”高校团校虽然规模较小，且主要针对的是本校团学骨干，但是同样具有教育资源优势，能够依托大学办学资源，请大学思政课专职教师讲课。大学思政课教师理论修养和教学水平较高，同时扎根教学一线，有能力开设针对团学骨干的培训课程，尤其是在政治教育和理论教育方面，思政课老师能够很好地结合团的工作联系进行课堂设计。除此之外，可以外聘中央团校、中央党校、外校知名思政教师等优质师资进校园，利用好团干部教育培训师资库。

同时，《中国共产主义青年团干部教育培训工作条例（试行）》明确了“团干部上讲台”的要求，团干部处于共青团工作一线，尤其是团委领导干部和优秀团干部对团的工作思路熟悉、解读能力强、工作经验足，是“老前辈”“老师傅”，能够给年轻学生团学骨干带来工作指导和工作引领。目前北航团校已经形成校团委书记讲“开学第一课”的课程传统主要内容就是介绍共青团的指导思想、团史、团务，为北航团学骨干打好思想基础、做好思想引领。另外，北航团校定期邀请往届优秀团干部主持座谈会，分享工作方法和工作经验，帮助团学骨干尽快适应工作。

（三）高校团校教学组织管理方案

从严抓好高校团校教学组织管理，要从两个方面下功夫：一是严格选配团校日常管理负责人；二是规范设置培训班次。

第一，高校团校规模较小，一般由校团委牵头主办，由团委领导干部专门管理，校团委学生干部负责具体的活动组织。为严肃校风学风，有效执行团校管理办法，校团委应当严格选配团校负责人，尤其是应当选配高年级思想先进、作风优良且高年级有经验的学生干部负责组织执行，对团校组织管理人员进行严格考察，防止学生干部权力过大、滥用职权，导致团校准入准出机制失灵失效。端正团校学风，要“把团校打造成团干部改进作风的净化器”，而非基层团干部的“镀金班”“社交场”。

第二，高校团校应该创新设置培训班次，高年级学员与低年级学员基层工作经验不同、水平不同，团务工作和社团工作性质不同、要求能力不同，因此高校团校可以根据工作性质、工作经历等标准设置不同班次，设计不同课程大纲，因材施教，更有针对性地组织团学骨干培训。

（四）高校团校办学机制体制

高校团校应当聚合各方面资源和力量开放办学，除向外寻找优质师资外，还可以学习和借鉴党校办学体制机制、课程设计等内容。目前还没有出台有关团校的工作条例，但应根据实际情况将党校经验，尤其是校党校经验创造性转化，形成高校团校的工作思路和规章。

同时，应当借助团校积极搭建高校共青团工作和青年工作研究平台。要成为青年思政教育的“图书馆”“智慧库”，就需要理论支持和学科建设，因此高校团校应当努力建设成为品牌项目，构建专业化师资力量，通过高校团学工作理论研究、马克思主义理论研究和建设工程，实现以学促研。

三、北航团校办学经验与改革方案

北航团学骨干培训学校（北航团校）由共青团北京航空航天大学委员会主办，面向全校团员招生，学员构成包括分团委骨干、团（总）支部委员代表、学生会骨干、社会骨干以及表现优异的团员代表，学制为一年，至今共举办了27期。北航团校在办学过程中已经构建起完善的办学体制，同时在新时代团干部教育培训要求北航团校继续攻坚克难、改革创新发展。

（一）创新课堂形式，构建课程体系

根据高校团校目标定位，北航团校加强对各级团学骨干的政治教育、理论教育、能力教育，以“理论+实践”的课堂形式，多渠道多样化提升团学骨干综合素质。

理论课程方面，以习近平新时代中国特色社会主义思想为指引，通过讲授马克思主义中国化的最新成果、国内外时事政治热点话题、团学工作基本理论与实务，教育引导学员增强政治品格，厚植家国情怀，扎实理论功底，提升能力素质，努力成为信念坚定，能力过硬，作风优良的青年政治骨干。

实践课程方面，通过组织社会实践、素质拓展等综合性活动，提升学员的组织能力、沟通能力、决策能力、创新能力，教育引导学员把服务同学作为主要目标，勇担时代责任，练就过硬本领，锤炼高尚品格。以北航第27期团校课程为例。第27期团校将实践课程纳入理想信念教育、团学工作实务和综合素质提升各个模块，以参观、沙龙为主要形式，创新课堂模式，以丰富多彩的教育形式培养高素质团学骨干。

表1 北航第 27 期团校课表

	课程模块	课程名称	主讲人
1	理论政策学习	推进中国治理现代化	宋世明
2		十九届五中全会精神导学	高 宁
3		有关台湾问题的若干论述	彭付芝
4	团学工作实务	紫光阁计划入选学生宣讲	实践课
5		本研标兵团支部基层团务工作经验分享	实践课
6		组织力与领导力提升	苏文平
7	理想信念教育	中国人民革命军事博物馆参观	实践课
8		从“两弹一星”谈“远大理想”	付丽莎
9	综合素质培养	北航青年杰出校友分享会	杰出校友
10		晨兴音乐厅话剧艺术鉴赏实践	实践课
11		心理咨询中心素质拓展活动	实践课
12		科研院所及行业企业参观	实践课

当然，北航团校在课程体系的构建上存在一大突出问题，就是团校师资不固定，缺少长期指导的老师和学者，导致每期课表变化较大、教师变动较多，单堂课堂质量高，但全部课程体系化较弱，缺乏对课表的总体设计与打磨。

针对这样的现状，北航团校一直在积极探索解决路径。从第27期团校课程开始，校团委领导班子在开班前打磨课表，构建理论和实践课程体系框架，聘请专职思政课教师作为团校任课教师；同时精选实践地点，打造体系化团学骨干培训课程，并取得了丰硕成效，当年培养团干部达二百五十余人次。下一步，校团委将加大对外合作，利用好共青团团干部培训资源平台，探索“线上+线下”教学双平台模式，打造特色课程体系，争取将团干部培训课程纳入教育教学体系中。

（二）合理组织管理，加大资源投入

目前，北航团校在教学组织管理上出现以下两个问题。

第一，团校负责班子缺乏专业性。北航团校作为校团委团干部培训工作主体，一直由校团委组织部承办。校团委组织部选派一部分学生干部作为团校负责人，策划、起草团校招生方案、学员手册等。然而，团校负责班子的学生干部大多数并不具备丰富的团校办学知识，却参与团校准入准出机制的起草与制定中，这很容易造成团校运行机制的漏洞。

对此，校团委一要收束学生干部权力，严格把握团校基本文件的质量，提升团校运行机制合理性、稳定性；二要加强对负责团校工作的学生干部的教育培训工作，团校负责班子更应该具备丰富的理论知识、坚定的理想信念和先进的工作方法，为学员做好榜样带头作用；三要加强专业指导，聘请校内外专业教师作为团校导师，指导团校培训。

第二，本研团学骨干培训资源不集中。目前，北航团学骨干培训学校招生对象主要集中于本科生团学骨干，另外有研究生工作部创办“英才训练营暨团学骨干进修班”，主要培育研究生学生干部队伍。在本研分开办学的背景下，两班资源整合不充分，准入准出机制不一致，容易造成资源浪费和体系分裂。对此，应当在“本研一体化”如火如荼开展

之时乘势而上，整合本研资源，将北航团校办大办强。

（三）分级设置班次，打造品牌项目

目前，北航团校学制为一年，没有明显的分层教学制度，学员年级从新生到研究生不等，不同工作经历、工作性质的学员“同上一堂课”，这样很难精确培养团学骨干。

通过调研可以发现，现在许多高校已经探索出分级设置班次的团校办学模式。以人大团校为例，人大校团委打造新生团校和高阶团校等品牌项目，面向高年级团学骨干、新生班团骨干、学生组织志愿者进行定制化分类培养。借鉴外校经验，为进一步深化团干部培训体系改革，北航团校可以根据工作年限和工作性质划分团校小班，为小班定制特色课程、选修课程，分层分级教学。

下一步，还可以在团校结业成绩同学员共青团评优的基础上，设置初、高阶课程分流考核，学员应当在完成初阶课程经考核合格后进入高阶课程学习。最终通过学业考核方可结业，通过真学真用磨砺出一批理想信念坚定、理论水平高、业务能力强的团学骨干。

（四）建立共享平台，扩大辐射效应

随着北航团校课程体系不断完善、师资力量持续壮大，团校可以以其专业优势逐步建立资源共享平台。

第一，持续推进团干部培训体系化建设。北航团校和团委各级培训会共同组成北航团干部培训体系，其中团校具有定期性、专业性的特征，但是招生规模不能涵盖所有团学骨干，而校团委、分团委培训会主要针对实务工作技能进行培训，覆盖面广但专业性理论性欠缺。两种培训模式优势互补，团校可以通过分享教学资源弥补各级团干部培训不足，指导基层团干部培训。

第二，持续深化基层团学活动专业化指导。从基层团干部对校团委工作提出的改善建议来看，分团委期待校团委能在团学活动，例如主题团日、党史学习教育活动等，进行更进一步的指导，希望校团委能够

下发更丰富的学习材料，使基层团学活动开展更有抓手。针对这样的建议，一方面，校团委应该给予分团委以及基层团支部以充分的工作空间，除特定的、必须的学习主题外，尤其是在日常学习日中不应将学习内容、学习形式固定死，这样才能增强基层团组织活力；另一方面，校团委也要严守意识形态阵地，发挥思想引领作用，可以将团校讲义材料、网络课程等资源分享给基层团组织，扩大团校辐射范围，营造“自上而下”一起学的学习氛围。

总结来说，高校团校要不断顺应共青团改革之势，建立健全对学生骨干培训机制体制。北航团校始终坚持从严治校，以团学骨干为主要培养对象，以政治教育、理论教育、能力教育为主要内容，不断在改革中完善办学机制体制，严以治校、严以治教、严以治学，努力把打造信念坚定、品学兼优、朝气蓬勃、心系同学的学生骨干队伍。

（航空科学与工程学院分团委、校团委供稿）

第二章

基层团建与文化育人

“三全育人”模式下的团班共建工作研究

——以北航中法工程师学院为例

研究背景及意义

习近平总书记在全国高校思想政治工作会议上指出，要坚持把立德树人作为中心环节，把思想政治工作贯穿教育教学全过程，实现全员育人、全程育人、全方位育人，努力开创我国高等教育事业发展新局面。党、团、班作为高校育人环节中的重要单位，承担了为党育人、为国育才的重要使命。因此，研究如何实现“三全育人”模式下的党团班共建问题的重要性得到了凸显。

为此，本文以北京航空航天大学中法工程师学院开展工作当中遇到的案例、困难以及相对应的解决方案和工作方法为研究对象，通过总结凝练相关经验，总结理论，试图提出一套全员参加、全程关注、全方位施策的团班共建工作方法。

团班共建工作研究现状

查阅当前已有的关于大学党团班共建工作的研究论文可见，目前大多数的工作集中于党团共建方面，而由于大部分大学生都是共青团员，反而模糊了团和班的界限，忽略了团班共建过程的重要性。

此外，对于党团班共建的整体性研究往往过度集中于通过学习日、党支部活动等开展的共建工作，而忽略了党团班共建在日常工作开展中的重要性；过度集中于学生管理人员引导下开展的工作，而忽视了其他教师、同学甚至导师及合作企业的能动性；过度集中于学生在校期间的线下工作，而忽视了学生不在校甚至在境外过程当中的线上共建工作。

研究重点及创新点

针对当前团办共建方面研究较为薄弱的环节，本文着重对于如何实现团班共建，形成班团合力，以团促班，以班辅团的正向反馈闭环；如何充分考虑学生情况，海内海外全程贯通，由团委引领进行沟通培养；如何综合考量学生需求，多角度入手，培养德智体美劳综合发展的红色工程师三点进行研究。

本文的研究内容对于提升学生集体荣誉感、归属感，实现时序不间断的学生关怀，充分解决学生当前的困难——“三全团班共建”具有较强借鉴意义，能够为具有相同情况的学院提供参考与指导，从而确保学生在校期间全面发展，离校之后快速融入工作，实现人生追求，践行社会责任。

一、以团促班，以班辅团的工作架构研究

（一）团委引导下的全员培养机制

学院通过团委牵头，在学院党委的指导下，开展本科全覆盖导师机制、研究生学院—导师协同机制、实习学生企业导师联动机制、在校生朋辈辅导机制相关探索与实践，实现了高年级同学、学院教师、外院导师、实习单位同事、同年级优秀同学全员参与的在校学生培养机制。通过这一机制，确保学生从进入大学校园，直至走向社会进行工作，都能够受到来自身边人员的关爱及帮助。

（二）本科全覆盖导师机制

中法工程师学院仿照北京航空航天大学模式，深度落实本科生全覆盖导师机制。

具体而言，对于大一学生，从高年级学生中选取品学兼优的学生作为梦拓，按照1∶5的比例分配大一新生，由高年级同学帮助新生尽快适应大学生活，了解中法工程师学院课程设置以及培养方案等等。需要说明的是，为了确保梦拓开展相关工作的负责态度，以及充足的

梦拓人员配置、多样化的梦拓特长与特点，目前学院并不对梦拓所在年级进行限制，尤其欢迎大四或研究生同学担任梦拓，为大一同学讲解中法工程师学院工程师阶段培养方案以及学习方法。

对于大二、大三的学生，拟在全院乃至全校范围配备专属导师，对于学生本科期间方向规划、科研、学习等进行答疑解惑。而对于大四同学，由本科毕设指导教师担任导师。目前中法工程师学院本科毕设采取五人一组共同完成一个较大项目的方式进行开展，在培养学生科研能力的同时，能够对于学生开展团队协作，通过分工解决复杂问题的思维进行训练，从而使本科学生具有更强的未来职业适应能力。因此，目前大四学生导师也按照1∶5的比例进行配备，除指导学生完成科研任务之外，还负责为学生讲解通过复杂系统的方法开展团队协作的方法，提前让学生适应企业项目模式。

（三）研究生学院—导师协同机制

对于结束了本科生涯的学生，研究生阶段将按照其感兴趣的方向进行导师的选择。这个过程当中，由团委进行牵头，组织已经跟随导师进行了一段时间科研的学生进行导师信息的汇总以及导师的评价，形成中法工程师学院导师库，供学生进行参考。与此同时，学院依托团委、学生会、研究生会等，组织学生对于导师的联系方式等进行信息完善，实现对于外系导师的沟通机制，搭建外系导师了解中法工程师学院学生及其培养方案的桥梁。

（四）实习学生企业导师联动机制

学生除了在本科、研究生阶段的学习之外，还有三段式实习需要完成，共计1+3+6=10个月的时间是在实习单位度过的，这个过程当中就难免会遇到许多的困难，而这些困难往往需要实习单位来进行解决。中法工程师学院通过团委搭建实习资源库，并且与热门单位进行沟通，实现由实习单位分配导师，提供实习机会，由企业导师为学生提供工作方向、相关手续等方面的帮助；同时组织学院老师作为院内导师，对学生进行专业技术方面的指导。此外，在学院党委和团委的领导下，由辅导员对学生进行心理健康方面的疏导，实现学生在实习过程中全员参与，对学生的困难进行解决。

（五）在校生朋辈辅导机制

除上述由不同角色的人所担任的导师之外，学院由团委牵头，通过班级引导的方式，开展朋辈辅导工作。广义上的朋辈辅导是指年龄相当者对周围有需要的同学和朋友提供的帮助。朋辈辅导的优势体现在实施方便、推广性强、见效快，能够充分发挥学生的主动性。朋辈有“朋友”和“同辈”的双重含义；“朋友”是指有过交往并且值得信赖的人；“同辈”是指年龄相近者。这就要求我们在每个年级当中，通过团委筛选考核，选拔出有威信、与同学关系融洽、品学兼优的同学，作为朋辈辅导机制的带头人，开展例如学业帮扶、心理疏导、经验分享、课余生活等多方面的活动。

（六）本研一体，全员协办的活动开展模式

在实践过程当中发现，如果狭义地将“三全育人”中的育人理解成教育，那么很多对于培养学生情怀、信念的工作就将被排除在外。因此，在研究当中，我们将育人这一概念广义地理解为一切对于学生德智体美劳全面发展有益的工作。在活动举办的过程当中，与常规的某一个部门单独负责某项活动的举办不同，通过采用本科学生会、研究生会共同组织，面向全院招募志愿者的方式，让全院同学都能够参与到活动当中，并且对于活动的举办方法献言献策。这样不仅能够实现学生组织的管理扁平化，也能够使更多的学生了解活动筹办的方方面面，对于活动的举办有更强的参与感。

在实际实践当中，通过按照此模式举办迎新晚会、音乐节等，有效实现了全员参与、共同策划的活动开展模式，不仅减轻了学生会、研究生会的工作压力，更让更多的同学在获得参与感的同时，提升了组织才能，培养了奉献精神，一举多得，为活动注入了生机与活力。

（七）凝心聚力，师生共筑的关心关爱体系

除了在活动中号召全院学生共同参加之外，学院团委也实现了基于一人一组的工作方法，创建师生共筑的关心关爱体系。上文中提到了广义上的朋辈辅导，而狭义上的朋辈辅导一般指朋辈心理辅导，指由朋辈同学、辅导员等对需要心理帮助的同学和朋友给予心理开导、安慰和支持，提供具有心理咨询功能的帮助。事实上，与大家常常理解的心理辅导需要非常专业的知识背景不同，朋辈心理辅导模式是以人人都需要心理帮助和人人都可以从心理上帮助别人为前提假设的。具体来讲，干预途径主要有朋辈支持模式(peer support model)和朋辈示范模式(peer leadership model)。前者是指通过心理健康主题班会开展分享交流等渠道，向朋辈求助者提供辅导，帮助他们解决心理问题；后者是指通过集体社会实践等方式，为其他朋辈进行积极的行为示范，使其积极主动地进行心理调节。

通过开展朋辈心理辅导，并且将学院班主任以及其他专任教师纳入体系当中，能够对于每一位学生的心理动态进行良好的掌握，对于出现困难，心理问题无法排解的学生，也能够快速地找到解决问题的最佳方案。在此基础上的关心关爱体系，实现了全员对于学生心理进行辅导，对其抗挫折抗压能力进行培养的目的，对于学生的心理健康成长具有非常重要的意义。

二、海内海外，自始而终的工作序列研究

中法工程师学院除大二学年寒假为期两周的出国交流外，自大四年级起还有大量同学通过半年、一年、双学位（两年）等项目前往法国、比利时等国家进行交换。平均每年，中法工程师学院都有15%左右的学生身在欧洲进行学习。对于这些学生，除了原有的学习压力之外，他们还会面临来自语言、生活、文化碰撞等多个方面的挑战，因此对于这些学生的教育也是不可或缺的，不能因为其不在校，就停止对其的思政教育与引导。为此，中法工程师学院通过历史工作经验的

总结，以及实际工作当中的实践，开拓出一套面向学院各个阶段在籍学生开展的全程育人的工作序列。

（一）依托线上学习日的海外学生通联方法

通过汇总各个学院关于海外学生思政工作开展过程中反映出来的难点，发现开展海外学生思政工作最重要的一点，就是找到与海外学生实现有效沟通的渠道。由于海外使用微信、QQ等国内常用聊天工具较少，邮件难以实现频繁、实时的通信，而国外常用的WhatsApp、Twitter、Facebook等社交软件，在国内往往又因为服务器或者防火墙的限制导致使用不便或难以使用。由此可见，当务之急就是寻求与海外学生实现定期通信的方法与途径。

为了在保证学生思想政治教育质量的同时，不影响海外学生正常的工作学习生活，中法工程师学院依托每两周开展一次的学习日机会，为海外学生开展线上学习日及生活分享活动。由于中法两国存在6小时的时差（冬令时为7小时），因此选择在每个单周周六的18:00，召开海外学生线上会议。会上首先由各个城市的同学轮流介绍所在城市的生活、学习以及疫情发展情况，实现对海外学生基本情况的了解。而后通过开展简短凝练的学习日，传达近期相关通知和精神后，组织两到三名同学轮流为大家进行才艺展示；形式自选，偶尔辅导员和学院领导老师也会参与到表演当中。这样一方面对于近期学习生活压力较大的学生团组可以进行及时了解与开导；另一方面也能够丰富海外学生的课余生活，提供不同项目不同城市学生的交流平台，缓解大家一周的学习压力和紧张情绪。目前，依靠实现的学生通联方法，中法工程师学院已经成功开展五十余次海外学生线上会议，学生反馈良好，对于学生与学院联络的保持起到了积极的作用。

（二）学生组织联动，海内海外一盘棋

目前，随着国际交流的不断加深，学生们在国外的生活已经不仅限于学习，同时也会参加到许多学生社团、学生组织当中。这不仅提升了学生的语言沟通能力与管理组织能力，更是向西方国家展现我国

优秀大学生精神风貌，乃至发扬我国传统文化的良好机遇。中法工程师学院为了在丰富海外学生生活的同时，向国内同学提供与法国同学交流的机会，开展了多次中法学生会、研究生会、社团等与法国合作院校学生会、中国社团等的联动，下好“海内海外一盘棋”。

举例而言，学院春节与法国中央理工集团学生会及中国社团联合拍摄新春祝福视频，在中法工程师学院微信公众号及海外学生社团平台上同步推出，给海外学生带来温暖的同时，拉近海内外学生距离，共度新春。此外，中法工程师学院指导的校五星级社团定向越野协会原负责人在海外交换的过程中，积极参加法国定向越野比赛并取得优秀成绩，学院也曾派出代表队前往法国参加道达尔拉力赛等体育活动，不仅强健了学生的体魄，也同时展现了我国青年全面发展的优良精神风貌。

（三）抓好学生工作强节点，建立海外学生沟通网络

除通过定期开展线上会议，进行全覆盖式的海外学生联络，研究发现不同学生在海外学生中起到的作用是完全不同的。通过对学生朋友圈、社交软件使用情况、学生性格等进行综合比较发现，很多曾担任团支书、团委指导下的学生会骨干等的同学，往往能够与更多的海外学生取得联系，并且在学生当中具有较高的公信力。这些学生实际上是我们开展海外学生工作的强节点，通过与这些同学实现稳定畅通的联系，就能够辐射所有海外同学，形成海外学生沟通网络，从而实现点对点的快速联络体系。

目前，学院通过对学生的海外好友人数、曾任职情况、社交软件使用频率进行加权定量计算，为每个城市每个年级的团组配备一名强节点同学作为团组组长，并为组长建立沟通机制，实现了学院—辅导员—团组组长—团组成员的海外学生沟通网络，能够实现海外学生在正常学习工作时间10分钟内联系到对应的同学，从而确保通信畅通，对学生思政教育工作的开展起到了极其重要的作用。

（四）做好行前与归国访谈，坚守思政安全底线

经过统计分析发现，虽然学生在海外学习过程中接触的大部分

同学、老师对于我国学生的态度都非常友善，但是出于对于不同国家不同政体的好奇，超过80%的同学在法国、比利时等国家留学时都会在聊天中被问及国家政治、民主等较为敏感的政治话题。对于此类问题，学生的回答虽然是个人的看法与见解，但是在外国师生的眼里，这代表了中国最广大人民群众的看法。此外，在谈话当中，出于对自己国家的认同感，外国学生也往往会使用两国不同的情况进行对比，这或多或少都会对学生的认知产生一定影响。因此，做好海外学生的行前安全培训和归国访谈则显得尤为重要。

具体而言，出访的学生虽然学习能力和思想政治水平都经过了严格的考核，但是难以确保学生在面对敏感问题时，能够迅速、准确反应，并且给出合理、礼貌但又不违背实际情况的回答，因此我们在行前培训过程当中，就要提醒学生面对此类问题，适当的时候要通过回避回答甚至拒绝回答的方式来进行应对，而归国访谈过程当中，也要对学生是否被问及了此类问题进行针对性地询问与疏导，避免学生的价值观受到错误的影响。

三、面面俱到，突出重点的工作角度研究

为了培育德智体美劳全面发展，真正成为德才兼备、知行合一的优秀学子，除了全员参与对于学生自进入校园至走向社会全程的培养之外，中法工程师学院还组织了一系列特色活动，从学生成长期间涉及的各个方向进行全面的培养。本文中选取其中三项活动作为例子，简要对团委指导下的全方位育人工作开展进行分析阐述。

（一）举办学习月活动，扎实学风建设

学生在大学期间的主要任务固然是学习，为了培养良好的学风，中法工程师学院团委组织辅导员在各大班开展学风建设月活动，对于学生的上课出勤情况、作业完成情况进行监督，组织优秀法语笔记、优秀理科习题评选等活动，扎实学风建设，营造以团促班，全班共同参与的学习氛围。

实际工作开展当中，通过组织辅导员每天8点、14点课前早点名，8点后走廊巡视，以及辅导员下课堂等活动，一方面督促了学生按时出勤，认真听讲；另一方面也让辅导员深入学生日常学习生活当中，既能够了解学生学业内容从而更好地开展辅导员工作，也能够拉近与学生之间的距离并在学生当中树立威信。

除此之外，由大一年级辅导员组织法语笔记评选活动，将优秀的笔记向大家展示，树立学习榜样，鼓励大家大一期间夯实法语基础，为后续全法语授课的理工科课程学习打下坚实基础。此外，在大一年级由辅导员带领大班委，在学生会学习部的指导下开展法语角系列活动，鼓励大家开口说法语，培养良好的法语沟通能力，为日后与外教沟通、出国交换时的正常学习生活做好准备。

对于大二大三已经开始理科课程学习的同学，为其开展优秀理科习题评比展示活动，树立同年级榜样供大家效仿，并且通过同年级优秀同学的学习方法分享以及“学霸小讲堂”等活动，既授之以鱼，也授之以渔，实现低年级同学的优良学风培养。

（二）依托企业开放日，缓解就业压力

除学业之外，就业也是同学们最为关心的问题之一。为提升中法工程师学院就业率，增加本院学生与企业接触，为学生寻找实习、工作提供更多的机会，中法工程师学院在党委领导下，由团委指导学生会、研究生会共同举办企业开放日活动，充分利用学院平台，邀请30余家企业带岗进行企业宣讲与人员招募，一方面能够方便学生实习、就业；另一方面也有利于低年级同学提前对面试过程、相关企业等进行了解，从而提早了解不同工作所需要的能力以及自己当前的欠缺，从而不断完善自己，为未来就业打好基础。

（三）优秀院友进校园，解答规划难题

对于低年级同学，除面临学业和未来面临就业挑战外，很多低年级同学表示当前通识培养导致所学内容涉及知识面广泛，但是自己却不清楚未来自己能够从事的职业，以及自己未来的发展方向不明晰。

为了解决此类问题，学院团委利用学院往届学生资源，邀请优秀院友进校开展宣讲，为自己的学弟学妹分享自己的学习工作经历，解答大家对于未来发展与职业规划相关的疑问。

目前，学院已经邀请过往届毕业生张学莹（微电子学院教师）、张博宇（微电子学院教师）、李天韵（能动学院专职辅导员）、吴亚光（能动学院博士后）、唐忠杰（中航国际非洲国家地区负责人）等各方面就职的优秀毕业生返院宣讲，经过宣讲后同学们均对于自己未来的方向有了更加清晰的认识和构想，也有多名学生通过校友宣讲的途径找到了未来的研究方向及科研团队。

四、总结

本文通过对北航中法工程师学院工作方法、案例、经验的总结和研究，提出了通过团委引导下的全员培养机制，通过本科阶段梦拓、个人导师、毕设导师结合，研究生导师与实习过程中企业导师配合，在校学生辅助开展朋辈辅导，实现全员培养学生，并通过本研一体，全员协力，凝心聚力，师生共建，确保全员参与培养。此外，通过对海外学生工作当中难点的分析，提出海内海外贯穿开展的工作方法，对于海外学生联系难、海外学生活动少、海外思政挑战大的问题给出了解决方案，从而实现大学学习各个阶段全程育人。最终，通过对学院工作开展的总结，从多个方面对学风、就业、未来发展、生涯规划等多个方面给出了团委引导下的工作建议，为实现全方位培养学生，提升综合素质，促进学生快速成长提供了工作抓手。

本文凝练出一套具有以团促班、以班辅团的工作架构，面面俱到、突出重点的工作角度的团办共建工作方法，对于高校“三全育人”培养模式与团班共建的结合具有一定的参考价值，是对践行习近平新时代中国特色社会主义思想指导下的高校党团班共建方法的重要尝试。

（中法工程师学院分团委供稿）

关于高校院系基层团组织工作思路的探索

一、共青团在人才培养中的积极作用

共青团在现阶段的基本任务是：坚定不移地贯彻党在社会主义初级阶段的基本路线，团结带领广大青年，以经济建设为中心，坚持四项基本原则，坚持改革开放，自力更生，艰苦创业，促进生产力发展和社会进步，在建设中国特色社会主义的伟大实践中，造就有理想、有道德、有文化、有纪律的接班人，努力为党输送新鲜血液，为国家培养青年建设人才。学院团委是对接基层团组织的桥梁，直接管辖着基层团组织的活动与团务相关事项，在基层团组织的建设上起到了积极重要的作用。

（一）良好三观的建立

共青团在做好基层团组织建设上首先需要帮助团支部团员建立良好的三观，用正确的世界观、人生观、价值观来引导团员。通过团课与“学习日”等多种形式帮助团员们树立正确的世界观、人生观与价值观。团员的教育形式是需要立足团员自身，从自身出发，将团员个人的理想与中华民族伟大复兴的中国梦相结合，打造新时代的优秀青年，让团员们意识到自己的个人追求是可以和家国情怀相结合的。宇航学院的基层团组织管辖的皆为大学生团员，有团员身份的特殊性，也有专业性质的特殊性。作为大学生团员群体，结合宇航学院本身的专业性质，在帮助团员们树立三观的方法上，更应该从其特殊性出发，将北京航空航天大学“学习日”等活动的内容更多地向航天精神谱系靠近，助力培养未来的红色工程师。在这一点上宇航学院通过航天文化节、宇航学院运动嘉年华等一系列弘扬航天精神、传承精神谱系的活动，在树立三观上做到了正确性与特殊性兼顾。但与此同时，部分学生依然有错误观念与风向存在，诸如功利主义等思想依然未能拔除。为了能够解决这些问题，在日常宣传与团课学习内容等方面依然需要不断进行针对性改进，从源头与需求上减少学生的功利性，改进有关评价体系，潜移默化逐步形成更加优良的风气。

（二）后备力量的储备

共青团是党的助手和后备军，共青团不断为党输送新鲜血液。团员是“向党推优”的后备人员。在党团组织的衔接上，基层团组织应该与党支部取得更加密切的联系。宇航学院在向党推优上具有良好的基础，向党推优的工作开展顺利。在向党推优中，学院共青团大力宣传优秀党员事迹，进行党团知识教育与党史学习教育，号召同学们以优秀团员的标准要求自己，并不断向优秀党员的标准靠拢。

二、增强基层团组织活力

（一）健全基层团组织

健全的基层团组织是高校基层团组织有效运行的关键。宇航学院团委在进行人员组建时，学院团委本着双向选择、自主选择的原则进行招新面试，采用提前进行人员补充的方式，在工作中不断将有兴趣、有能力的青年吸纳到骨干岗位中来，夯实人员基础。

团委定期开展团干部培训会，对团员干部的培训给予高度重视，把理论思想和专业技能的培训落到实处，在保证团组织严肃性的前提下增添培训的乐趣，同时针对写作问题进行定期的公文写作培训。

（二）巧用共青云系统

在网络机制的运用上，团委组织部运用共青云系统，可以更加直观地获取基层团组织活动开展情况、团员登记情况与学习情况等基本信息，比起传统的文件调查更加快捷方便且规范。共青云系统是运用网络的一个很好的典范，团委加强共青云系统的利用效率，更多地依托共青云系统开展线上活动与例行检查，包括对标定级、青年大学习等团务工作。上级团组织运用共青云系统同时也需要基层团组织的配合，因此团委在每次的团务工作与日常活动中多次强调共青云系统的使用及其规范，并开展相应使用技能的培训活动，虽然运用效率仍然有上升空间，但较以往有了明显的进步，团干部们也逐步形成了在共青云系统上记录组织生活等活动的习惯。

（三）提高团组织活动宣传质量

在组织活动时，团员是否愿意参加是衡量一个活动是否具有吸引力的标准，所以提高基层团组织活动质量至关重要。不仅要在文体娱乐、志愿服务、理论学习等活动中做到寓教于乐，提高活动本身的吸引力，还要加强宣传途径，大力提高活动宣传力度。因此，宣传工作是提高团组织和团员之间、团员与活动之间联系的重要桥梁。宇航学院团委带领新闻中心对团组织活动进行大力宣传。在党团建设方面，新闻中心积极发挥宇航学院宣传阵地作用，2020年新闻中心共推出党建、团建相关推送35篇，总阅读量12927次，内容涵盖学习日活动、党支部活动、党员政治生日会等，新闻中心已成为宇航党团建设的对外窗口。

同时，团委从宇航学院本身的专业特色出发，将团组织活动与航天文化结合。宣传方面力求第一时间发布大家感兴趣的航天新闻，如航天动态的年度综述、空间站核心舱发射、天问一号成功着陆等，从第一现场的报道，到航天器的科普、幕后工作的解密，新闻中心努力挖掘第一手资讯以及和宇航师生最相关的信息，保证了新闻的广泛性、时效性和严谨性，同时向大众科普了航天知识、传播了航天情怀的种子，更展现了宇航学院的独特风格以及浓厚的航天情怀。例如，在学习日通过公众号发布观看航天发射直播活动报名通道，为全校同学提供了观看航天活动的渠道。

（四）鼓励基层团组织工作新形式

创新团的组织生活，首先是团组织生活形式的创新，团组织生活要新颖丰富。在宇航学院团委的带领下，学生会举办了多项活动，如校庆嘉年华、师生运动会、航天文化节等。为响应共青团的号召，积极进行校园文化建设，从而为学校共青团工作的开展奠定良好基础，学生会在各项活动的策划上，均进行了多方面的考虑。在活动形式上，为提高活动的吸引力以及同学们参与活动的积极性，在活动策划伊始，学生会便反复商讨，最终从多个方案中决定最终策划案。从活动现场的人员分工到秩序维持，都会进行详尽具体的安排，确保活动的顺利进行。同时，充分考虑到当今文化建设的重要性，在策划活动时，会结合党史内容，通过答题、画图等游戏，进行红色知识的普及传播，为校园红色文化建设做出自己的贡献。

其次是团组织生活参与人员的创新，尽量改变小范围内开展团组织活动的措施，在符合组织活动开展的条件下，增加活动的开放度，使活动面向更多的团员。除了日常开展以小班为单位的团日活动外，团委鼓励各小班之间联合活动，成立以学生组织为依托的学生会的团支部，争取构建一些更有凝聚力的基层团支部，从而扩大团组织的影响力。例如，在党史学习方面，宇航学院学生会对内开展多次党史学习教育培训，并且设有签到制度，确保全员到会、全员听课、全员理解。对外，学生会积极策划相关活动，把书本上的知识融入丰富多彩的游戏之中。在2020年宇航学院师生运动会中，便设置有若干趣味项目，其出处多取自飞夺泸定桥、万里长征等红色经典故事，将红色知识、党史以及马列主义、毛泽东思想、邓小平理论、科学发展观、习近平新时代中国特色社会主义思想等先进思想与丰富多彩的游戏相互结合，从而在大范围内起到了党史知识普及的效果。

三、构建志愿服务模式

（一）明确时代特色，弘扬志愿文化

习近平总书记指出：“中国青年志愿者事业，是我们党领导的共青团在新的历史条件下创新工作领域、服务社会需求的一大创举。”新的历史条件，可以看作中国特色社会主义的新时代，是提出社会主义核心价值观的新时代，是实现中华民族伟大复兴之路的新时代。青年人，是社会中最积极、最活跃、最有生气的一部分力量，中国一代又一代青年具有铁肩担道义的光荣传统，在中国近现代史上谱写了壮丽的青春史诗。新时代的青年人，是以大学生为主要群体的一群人，也是建设社会主义的伟大力量。这样一个朝气蓬勃的群体，遇上了建党百年这样一个璀璨的时代，必将创造更耀眼的辉煌。

志愿精神是众多优秀品质中的重要组成部分，是人们迈向美好人生的重要支撑信念。志愿服务是指社会各主体自觉贡献时间与精力，且不受物质报酬等因素诱导，在推动人类发展和社会进步方面所提供的服务内容。志愿服务是以我国改革开放为背景产生的，它的出现，不仅对时代和社会发展以及价值追求起到了一定的引领作用，而且也是当代大学生获得能力培养和综合素质提升的重要途径。我校共青团高度意识到这一点，更是以“奉献、友爱、互助、进步”为核心将志愿服务作为引导青年学子全面发展、健康成长的重要载体，将志愿服务列入学生必修内容，有力地促进了青年志愿活动的普及。无论哪一个群体，都需要正确、有力的领导，而我们新时代青年人的领导就是共青团。将青年和志愿联系在一起的青年志愿者工作已经成为共青团的一块“金字招牌”。这不仅充分肯定了共青团的工作，而且也充分肯定了青年志愿者行动。 青年志愿服务具有很强的社会功能。共青团作为青年志愿服务的发起和牵头组织，牢牢把握新时代做好青年志愿服务事业的新形势和新机遇，找准定位、认清角色，转变观念、练就本领，准确把握青年志愿服务的本质属性和青年工作的基本规律，推动青年志愿服务事业取得新发展。

基于对志愿服务精神的深刻理解，宇航学院志愿实践部举办了诸如为国夺冠观影活动、“青春诗会”线下志愿活动、“激情飞扬红五月 青春言志中国梦”线下志愿活动、“建党百年正青春 跟党奋进新时代”线下志愿活动等一系列以爱国为主题的志愿活动，弘扬了爱国主义情怀，同时激励了青年团员拼搏的动力。宇航学院也十分重视活动安全方面，较好地普及健康志愿文化，垃圾分类线上宣讲、“保护母亲河 节水护水”线上志愿活动、“同享一片蓝天 共享美好家园”线上志愿活动、“建绿色家园 树绿色理想”线上志愿活动、成人心肺复苏、成人与婴儿硬物梗阻救治、“为健康口腔而自豪”线上志愿活动、常见安全隐患排查与案例分析、“消防安全 守护生命”线上讲座、“携手防范网络诈骗 平安共筑心连心”线上讲座、“抵制艾滋 你我共参与”线上讲座、“防骗谨记心 平安每一天”线上讲座等的志愿活动应运而生。文化方面，宇航学院也举办了“老北京火绘葫芦”非遗技艺体验活动、内画鼻烟壶线下志愿活动、“感恩母亲 魅力提升”线上志愿等活动，起到了传承和宣扬文化的积极作用。

（二）落实志愿服务，明晰先锋责任

正值建党100周年之际，宇航学院志愿实践部积极开展各项志愿活动，于2020年10月初完成了北京航空航天大学志愿服务团体注册申请，为宇航学院学子开展志愿活动提供保障，随后完成了海淀团区委关于2020年海淀区“树人助学基金”申报的相关文件，冬奥会及冬残奥会赛会志愿者报名工作，推荐2020年首都学雷锋志愿服务“五个100”先进典型，针对“最美志愿者”“最佳志愿服务组织”“最佳志愿服务项目”三项典型进行甄选，推荐最佳志愿服务组织——北航彩虹明天公益社、最佳志愿服务项目——爱地老人颐养中心志愿参与评选。

随着经济社会的深刻变革，人的思想更加多元、多样、多变，加强精神文明建设面临许多新挑战。志愿服务根据青年喜欢的沟通、交流、联络和聚集的新方式，尊重了青年意愿，把握了青年需求，成

为传承中华民族传统文化的重要载体，弘扬了传统文化讲仁爱、守诚信、崇正义的时代价值，也抓住了青年内心追求时尚的精神需求，创造了当代青年所喜爱和接受的精神时尚，更体现了自觉为他人和社会服务的“友善”，在精神文明建设中树起了培育和践行社会主义核心价值观的鲜明旗帜，以生动新颖、潜移默化的方式，润物无声地引导人、培养人、凝聚人。

总的来说，宇航学院的志愿项目涉及范围广泛，活动涵盖种类全面，学生参与态度积极。2020年全年累计举办51次志愿活动，累计960人次参与。在这些志愿活动中，有关于爱国、健康、文化、安全等各个方面的，全面提升宇航学院志愿者的服务水平。同时，宇航学院也注重志愿活动的广泛性和有效性，关注需要青年志愿者的地方，努力将志愿的脚步印在每一处希望的原野。宇航学院的学生与北川擂鼓八一中学的中学生联合举办的 “声声不息”书信交流活动，给他们带来别样的关怀。

志愿服务工作，可以锻炼学生的综合实践能力，让学生可以在实践中接受良好的教育，提升自身思想认识。学生可以把自己所学习到的知识与技能运用到服务中，获得自我成就感，为自身未来发展奠定基础。

（三）扎根社会实践，谱写空天华章

遥想一百年前，也是青年们聚集在一起，完成了一项伟大的历史使命——中国共产党的建立。今天的青年们，也将会为社会做出自己的实践，发挥自己的作用。宇航学院的同学们对于实践，拥有自己的看法。他们能够结合自身专业，将社会实践与航空航天相结合，在实践中更好地掌握所学知识，用所学知识更好地服务社会。

在大学生社会实践教育中，需要组织与学生专业相关的活动，在落实服务社会原则的基础上解决学生在工作中可能碰到的问题，把活动和勤工助学结合在一起，制定适合的社会实践机制，鼓励学生们多多参与社会实践，在社会实践中真正做出实事。宇航学院的学生积极

投身社会实践，2021年寒假，有辰兴光火实践队、红色空天实践队等13支实践队51人参与社会实践；2021年暑假，共有6支实践队（11支实践支队）累计113位来自不同学院的同学参与暑期实践活动，收获颇多。宇航学院举行的社会实践内容丰富，在实践中也是屡创佳绩，多次获得“理纯杯”以及“社会实践先进工作单位”称号。其中，“川航e家”实践队获校级实践一等奖；“心系北川”暑期实践队获得校级实践二等奖；“航越武乡”寒假实践队获得校级实践三等奖；“彩虹之桥”实践队获得校级实践三等奖。

宇航学院团委始终重视社会实践，每年寒暑假社会实践立项之前都要举办动员会和经验分享沙龙，积极鼓励同学们利用假期时间进行社会实践，了解社会现实，便于更好地服务社会。对于实践活动的宣传也十分到位，将实践成果展现出来，呼吁更多青年学生投身于实践活动，跟随共青团的指引，做好新时代下的社会实践，发光发热，更好地认识到自己的历史使命和责任，提升社会价值和自身能力，谱写空天华章。

四、打造科技创新布局

开展大学生课外科技创新活动，有效提升学生科研实践能力，是高校实施科教兴国战略，培养具有创新精神和实践能力的高素质人才的重要方针，也是当前培育创新型和应用型人才的重要举措。为培养宇航学院学生的科技创新意识和实践动手能力，团委科技实践部依托专业优势，结合学院实际，充分发挥学科育人优势，积极进行学院科技创新建设。

（一）营造学术氛围

大学生科技创新的氛围直接影响着大学生创新意识的高低。科研氛围浓否，也直接决定着提高学生科技创新能力的困难程度。为营造良好的学术研究氛围，宇航学院团委大力开展科技宣传工作，就我校第三十一届“冯如杯”开展立项答辩、终期答辩、末期答辩、参赛论文有效性勘察、入围项目答辩等多项工作。赛事开始前，进行动员大会，邀请竞赛经验丰富的优秀学长分享参与“冯如杯”的经验。在参赛过程中，举行“冯如杯”评审会，组织以本学院学科知名教授为成员的评审团，为“冯如杯”制作项目提供意见，同时激励学生积极参与大学生课外科技创新活动。最后，为了保证同学们的项目顺利参赛，参赛资料提交至学校前夕，科技实践部对所有参赛论文进行了不少于三次的有效性勘察。

此外，科技实践部完成了第十三届全国大学生创新创业训练计划的总结工作，包括收集与整理5个参赛组次的结题报告以及大创日记。组织完成了我院2021年大创年会项目申报、第七届中国国际“互联网+”大学生创新创业大赛及第十三届“挑战杯”创业计划竞赛的报名参赛工作。开启了第十四届全国大学生创新创业训练计划的组织及报销工作，包括组织开展中期及提前结题答辩。

（二）加强基地建设

调动学生科技创新的主动性，引导学生将创新兴趣转变为创新实践，建设大学生创新基地，有助于激发学生的参与热情，发掘学生创新的潜能，最终达到人才培养的目的。宇航学院依托科研、实验室等资源，充分发挥师资优势，进一步加强学院科技创新教育的基础建设。建设国实科技活动室，并由科技实践部制订使用方法与规范，进行日常管理。学期初大学生科创中心实验室采用线上预约线下登记的形式，正式对外开放，并为“冯如杯”“启先杯”等多个赛事的参赛小组提供实验场地与实验器材。推出梦拓实验活动，鼓励大二的学生带领动大一新生来到实验室参与基础实验，培养动手能力与严谨的实验风格。

（三）加强科技类社团建设

社团活动以观赏科技作品、图片、录像、练习、创新为手段，激发学生对科技制作的兴趣；以动手制作为主要途径，发展学生的想象力、动手实践能力，培养学生的空间想象力，丰富学生的课余生活内容，促进科技教育活动的普及与发展。同时寓教于乐，学生在愉悦的氛围中了解航天文化精神，使校园充满协调的科学文化氛围，浓郁的人文色彩。在团委的带领下，宇航协会培养学生的动手和实践能力，锻炼学生的想象和创造能力的目标，例如在科技文化节开幕式上，现场发射由协会成员亲手制作的模型火箭，充分调动了学生们的动手能力和对于航天知识的兴趣。同时鼓励社团成员结合学科专业特点，积极参与学校大学生创新创业训练计划项目的申报和研究，从选题、申报、研究到最后结题中全面锻炼社团成员的科研能力，提高实践动手能力。

五、结论

宇航学院团委按照团十八大确定的各项工作部署，坚持落实好团员思想引领、志愿实践、社会实践、科技实践等日常工作。继续深化青年引领工作，狠抓思想政治教育。落实从严治团要求，坚持开展团干部培训会议，全方位提升团干部服务能力。着力建设科技类社团，普及航天知识，宣传航天文化，形成了具有学院特色的团工作格局。

（宇航学院分团委供稿）

高水平艺术团对理工类高校人才培养的重要意义

——以北京航空航天大学为例

随着时代的发展，当下高素质人才在世界各国综合实力的竞争中起着越来越重要的作用。高等院校作为高素质人才培养的重要力量，全面开展素质教育、促进学校教育体系全面发展，是提高高等院校教育质量的重要举措。

艺术教育对于全面推进素质教育起着至关重要的作用。教育部《全国艺术教育发展规划（2001—2010年）》明确指出普通高等学校艺术教育的主要任务："通过艺术类课程和开展丰富多彩的课外文化艺术活动，培养和提高学生的审美能力和文化素养。"在教育部《体育卫生与艺术教育司2013年工作要点》中，也提出要"全面推进学生艺术教育，开展丰富多彩的学生艺术活动"。加强艺术教育是全面推进素质教育，促进学校全面发展，培养高素质人才的重要举措。大学生艺术团是学校推进艺术教育的重要载体之一，是提升学生的艺术水平、展现其艺术表现能力和艺术创新能力的实践平台，是校园文化的重要组成部分。学生通过参与艺术团活动，能够培养与发展兴趣爱好，在艺术教育中提升个人综合素质，保持身心健康，获得受益终身的成长与感悟。

一、加强艺术教育，促进全面发展

（一）艺术教育的重要作用

《教育部关于推进学校艺术教育发展的若干意见》中指出，艺术教育对于立德树人具有独特而重要的作用。学校艺术教育是实施美育的最主要的途径和内容。艺术教育能够培养学生感受美、表现美、鉴赏美、创造美的能力，引领学生树立正确的审美观念，陶冶高尚的道德情操，培养深厚的民族情感，激发想象力和创新意识，促进学生的全面发展和健康成长。落实立德树人的根本任务，实现改进美育教学，提高学生审美和人文素养的目标，学校艺术教育承担着重要的使命和责任，必须充分发挥自身应有的作用和功能。

对理工类高校而言，由于学习自然科学的复杂性与数理基础要求的严格性，学生日常的课业普遍繁重且主要集中在数理科学与专业理论领域。即使是推行通识教育的高校，理工类学院在通识教育期间也鲜少开设艺术教育课程。艺术教育不同于主要基于理论和实践史实进行的思政教育，是注重身心感受和亲身参与的艺术实践的。

艺术实践是培育对象通过全部感官认知美育包含元素的过程。这一过程具备多维度、多向性、多视角的特点，更多是以感性思维为主导的接触感受。在艺术教育中，采用体验美的方式引导培育对象关注艺术文化中蕴含的美感，其关注焦点转向为追求美好事物方向的概率将会大幅度提升。尽管体验美的这一阶段仅是通过美感形式对培育对象产生表层吸引，但在吸引过程中发挥了美育机制的启发与引导作用，同时给予了培育对象自身意愿充分的尊重感受。

在艺术实践的过程中，音乐和舞蹈能够使学生放松身心、缓解压力，有益身心的健康发育，话剧和曲艺能够使学生身临其境地产生对剧目内容的直观感受，从而获得更加深入的理解和基于个人内心的感性体悟。

由于艺术实践形式的丰富性和独特性，学生比单纯地学习理论更能对古典文化、文学艺术乃至某一种抽象的精神或理念产生更深刻的印象，这也对人文思政类教育和传统文化的传承起到积极的辅助作用。就思政课而言，在我国战争年代以及中华人民共和国建设时期涌现的大批优秀文艺作品，皆是在特定的时代条件下，以历史事件为原型而创作。欣赏此类文艺作品，能够促使学生增强民族认同感、归属感和责任感，树立民族自信心和远大理想，缅怀革命先辈，传承并发扬中华儿女的宝贵精神财富，并将其投入未来建设祖国的奋斗中。

要实现以美育人、以美化人、以美培元，培养德智体美劳全面发展的社会主义建设者和接班人，就要大力推行艺术教育，重视艺术教育对学生促进身心健康、提高综合素质和思想水平的重要作用，将艺术教育与专业教育相结合，在素质教育中推动学生德智体美劳全面发展。

（二）高水平艺术团是高质量艺术教育的载体

北航学生艺术团创办初衷是为了将现代艺术教育理念融入学校整体办学之中，探索艺术育人机制体制的创新发展，落实立德树人的根本任务。建校之初，仅有军乐队、合唱队、舞蹈队等少数几个艺术团体，现如今已经成功打造包括舞蹈团、管乐团、交响乐团、行进管乐团、民乐团、合唱团、曲艺团、主持团、话剧团、踢踏舞团在内的一批优秀的学生艺术团体，并形成了一套行之有效的学生艺术教育工作机制。

艺术团在校内有专用的排练场地，配备齐全的乐器，并且定期在具有专业设备的音乐厅举办演出。通过选拔进入艺术团的学生会在老师的指导下制订有针对性的练习计划，通过严格的训练与考核以及表演实践来提高艺术素养和技能水平。在长期的教学与训练下，艺术团成员的各方面艺术素养都会有较大的进步。

艺术团配备了高素质的教师团队。每个艺术团至少有一位在行业内具有权威的教授担任指导老师，其中不乏国家一级指挥级别的艺术家。例如，北航民乐团1996年恢复之初至2001年之间的排练聘请陈宝君老师担任指挥。从2002年起至今聘请我国著名的二胡演奏家、国家一级演奏员、中国民族管弦乐学会常务理事、北航兼职教授高扬老师担任艺术指导和排练工作。高扬老师毕业于上海音乐学院、北京大学艺术学院研究生班，师从著名二胡演奏家、教育家马友德、项祖英、陈耀星，同时经常跟民乐大师甘涛先生学习江南丝竹的演奏手法，对民乐的教学有着独到而深刻的见解。他在排练过程中打破传统的民乐表演模式，培养同学们在艺术实践中的创新能力，使乐团在新民乐表演的道路上独树一帜。

此外，北航踢踏舞团的指导老师朱海峰老师是中国第一代踢踏舞王、美国IAA国际艺术认证协会中国地区首席代表，曾多次受邀参加央视节目录制以及各大踢踏舞赛事，有着丰富的舞台表演经验和踢踏舞教学经验。在朱老师的带领下，北航踢踏舞团斩获多种奖项。在2013年与2014年“我们的中国梦——五月的鲜花”比赛中荣获两次全国第一名，2017年参加北京市大学生舞蹈节并且获得金奖。2008年以节目《马踏飞燕》亮相中日友好交流年闭幕式，为国务院总理温家宝与日本首相福田康夫表演，将中国大学生蓬勃向上的精神风貌展示得淋漓尽致，获得外国友人的好评。

二、建设校园文化，丰富课余生活

校园文化是学校在发展过程中产生的丰富历史信息的积累与传承，不仅体现了学校的人文精神、历史传统、专业特色、教育理念等，也是一所学校群体意识、价值观念和行为规范的反映。校园文化对学生的人生观、价值观产生着潜移默化的深远影响，而这种影响往往是任何课程所无法替代的。健康、向上、丰富的校园文化对学生性格品质的形成具有渗透性、持久性和选择性，对于提高学生的人文道德素养，拓宽同学们的视野，培养高素质人才具有深远意义。健康的校园文化，可以陶冶学生的情操、启迪学生心智，促进学生的全面发展。

（一）引领建设校园文化，承载校园精神氛围

大学生作为校园文化建设的中坚力量，发挥着丰富校园文化生活的主体作用。由于互联网普及、艺术教育推行等原因，近年来文艺类兴趣爱好逐渐成为学生生活中不可分割的一部分，学生通过校园文化艺术节、文艺会演、话剧展演、音乐会等文艺活动参与到校园文化建

设中的积极性与日俱增。相比部分艺术类社团举办的活动，高校艺术团举办或参与的活动在组织性、专业性和活动内容及质量方面都有着更高的保证，因而具有更强大的辐射力和感染力。

以在校团委和北航话剧团支持下推出的“北航脊梁”系列校园大师剧为例。该系列舞台剧讲述创校元老故事、歌颂科学家精神、弘扬北航正能量，打造了一个个广受师生喜爱的校园文化艺术精品。

2012年11月25日“航空报国英模”罗阳同志在执行辽宁舰任务时不幸逝世，习近平总书记等国家领导人做出重要批示，号召广大党员、干部学习罗阳同志的优秀品质和可贵精神。为了更好地继承发扬罗阳的空天报国精神，讲好英雄故事，引导广大青年学子树立航空情怀，学校筹划创作了《罗阳》音乐剧。剧目以“校友演校友”的表现形式，以罗阳的大学时代作为切入点，选取了罗阳生前学习、工作、生活等方面的典型事例，全面反映罗阳生平事迹，着重体现罗阳身上信念的力量、大爱的胸怀、忘我的精神、进取的锐气，演绎罗阳献身国防的平凡而伟大的一生，弘扬了以罗阳为代表的北航人无私奉献的空天报国精神。

自2013年11月25日首演以来，《罗阳》音乐剧已在全国范围内成功演出37场，覆盖观众17万余人。自2014年起，《罗阳》音乐剧正式成为北航新生入学教育的重要组成部分，在广大新生中宣传和弘扬罗阳精神和空天报国精神，引导同学们“爱祖国，爱航空，爱航天，爱北航”，牢固树立为中华民族伟大复兴贡献而奋斗的理想信念。

“空天报国，敢为人先，把毕业论文写在祖国的大地上”是每一位北航学子都铭记于心的一句话。这句简洁朴实而又铿锵有力的话是北航校园文化内核的直观体现。“北航脊梁”系列校园大师剧在校内的演出每年都是场场爆满，每一部舞台剧都值得反复观看和品味，乃至一次又一次地激荡内心、洒下热泪。除舞台剧外，舞团的原创作品《飞天》《追梦者的足迹》《筑梦苍穹》《我心中的红》等，也都深深体现出了北航特有的空天报国的情怀。

舞台剧和舞蹈所讲述的每一个故事、每一位先辈都曾真实而鲜活地展现着中华儿女为国家和民族奉献青春和生命的赤子之心，这样崇高而真挚的情感通过舞台的刻画嵌入北航的校园文化，为精神文化建设和理想信念塑造添上浓墨重彩的一笔。

（二）充实课余生活，给予人生启迪

艺术团是校园文化的载体之一，开展的文艺活动作为学生课余生活的重要组成部分，给校园文化带来了更加丰富多彩的内容。部分活动在学校的发展中逐渐成为传统，构成了学生对母校共同的美好记忆。这对于形成人文艺术氛围，活跃校园文化生活，促进校园文化的精神建设具有重大意义。学生在参与艺术团活动的过程中，不仅能够提高艺术素养、培养兴趣爱好，更能收获人生感悟，乃至受益终身。

例如，2008级北航校友孙思辰在接受采访时表示，在管乐团期间的经历给他带来了很多思想上的启发，而在行动上养成的一些好习惯保留至今，为他的工作和生活提供了诸多便利。孙思辰毕业于北航外国语学院，2017年参加中央电视台《一起说奥运》解说员大赛，获足球组第一名，现于中央电视台体育频道任主持人，负责足球、篮球、斯诺克等项目的解说、评论工作。在校期间，他任管乐团团长达5年，从普通团员一路成长为团长。据他回忆，大一时初次来到管乐团的排练场地，他就为墙上所挂着的一张张合照和奖状所震撼，从而对这个集体产生了最初的憧憬。在与当时的团长接触后，他明白了学生组织的管理者并非处于一个领导者的地位，反而更像是服务者和联结者，充当组织和学校沟通的桥梁，从而带领组织发展得更好。集体文化和老团长带来的影响贯穿了他的整个大学生涯。任职团长期间，他注重向新团员普及团的荣誉和历史，积极为管乐团争取发展的空间和更多的权益。在他的带领下，管乐团成为一个极富凝聚力和创造力的艺术团。这一段时间也是他逐渐转变观念、提前适应社会的重要时期。他表示，跟随艺术团一起成长、奋斗的经历使他不断地开阔眼界、升华思想境界、培养格局和气质，这使他在后来的工作中，即使是面临如冬奥会、欧洲杯这样盛大而又庄严的赛事，也能够沉着冷静地发挥长

处、展现风采。

三、拓宽眼界视野，成就精彩人生

（一）在国际交流中开拓视野

艺术是全世界通行的语言，是世界各国互通的窗口，艺术的流动性使国际传播成为可能。推动中华文化走出去，展现中华文化的独特魅力，是促进各国文化交流互鉴、维护人类文明多样性的客观需求。各国艺术在世界舞台上碰撞，在相互欣赏中实现借鉴经验、优势互补。

中国舞台艺术走出去的同时将中国文化传播到世界各地，扩大了中国文化的影响力，提高了国家文化软实力。而艺术走出国门的过程并不仅仅是文化单向传播的过程，中外艺术与文化的碰撞也是交流中值得关注的一部分。近年来，北航艺术团多次跟随北航代表团到国外访问，或是参加国际赛事。艺术团成员走出国门，欣赏世界文化大花园中各有千秋的文明成果，在文化的交流与碰撞中获得灵感的迸发或人生的启迪，无疑可以促进眼界的开阔和格局的升华。与此同时，怀着民族自信心、自豪感为外国友人演出，也更能增强学生将中华文化发扬光大、为祖国建设与民族复兴贡献力量的责任感和使命感。由中华民族近代以来饱受屈辱和压迫的血泪史，到今天国家综合实力、国际影响力提升，走向世界舞台，学生通过亲身实地的体验和感受，也能深深理解如今局面的来之不易，树立努力提高个人素质、刻苦学习科学文化知识、成长为国家栋梁之材的远大理想信念。

北航民乐团自成立以来，多次代表学校出访。2004年8月代表北航访问了马来西亚、中国香港等地；2007年，民乐团随同北航代表团出访日本九州大学、东京工学院大学，并与日本华乐团进行了交流演出；2010年2月，民乐团应邀访问了美国华盛顿大学和斯坦福大学，与美国当地的学生和北航的校友代表进行了友好而亲切的交流，并进行了三场精彩的演出；2010年11月随北航代表团访问了法国马赛中央理工大学、里昂中央理工大学、巴黎中央理工大学并演出；2011年11月跟随北航代表团访问了澳大利亚墨尔本、格林菲斯等大学，乐团在悉尼的演出带去了中国传统民乐与现代流行元素激情碰撞的精彩表演，开展文化交流活动，足迹遍布美国、法国、澳大利亚、日本、新西兰等多个国家，受到当地民众及华人朋友的热烈欢迎。

本着让民族艺术融入校园、让师生享受民族艺术的宗旨，北航民乐团在校园内通过民乐科普沙龙等形式让北航师生了解民乐，感受民乐的独特魅力，也将中华民族传统文化的魅力展现在外国友人的眼前，扩大了中国文化的影响力。

（二）在热爱艺术中创造精彩

艺术教育有利于培养大学生健全的人格，在专业学科的学习中起到积极的促进作用，帮助大学生顺利融入社会生活，在职场中取得更可观的成绩。

随着人们物质生活水平的大大提高，人们越来越重视追求幸福的感受，人们的两大心智能力之一的感性智力内容来源于艺术。艺术美化了人们的生活，让人们对生活的幸福感体验得到提升。在人们的感性和理性发生冲突的时候，艺术可以平衡两者之间的关系，帮助人们减轻压力。

当今社会加速运行的大环境下，大学生之间的竞争也日益激烈。繁重的课业压力和严格的期末考核使得取得良好的成绩本就要付出巨大的努力，再加上同学之间的竞争导致成绩“良好”的标准变得越来越高。与此同时，学生工作、党政教育也填充着学生大量的时间，也就使得放松身心、陶冶情操的活动慢慢远离了大部分学生的日常生活。中国疾病控制中心精神卫生中心公布的一项调查显示，10%~25.4%的大学生有焦虑不安、恐惧、强迫症、抑郁症等心理障碍。而艺术正是能够帮助学生排解压力和烦恼，获得幸福体验，促进身心健康发展的重要手段。

此外，艺术教育也在培养学生的综合素质、提升个人能力方面发挥着积极作用。不同种类的艺术教育能够培养学生不同的能力。音乐教育不仅可以培养学生的专注力、想象力、毅力，还可以提高思维能力，陶冶情操，增强记忆力等。美术教育可以激发学生的创造、创新能力和意识，增强学生的形象思维。舞蹈教育可以优化学生的体形气质，协调身体的平衡能力，激发学生的想象力，培养学生对美的感知力，还能以具有趣味性、丰富性的形式来提高学生的身体素质。

不仅如此，艺术教育能够让受教育者在艺术的学习与实践中学会形象思维和形象感知，并在对美的感受、感知中形成自身完善的人格，进而能够更好地判断、比较、创造和联想，更好地表现和表达自己，适应将来的工作和生活。因此，这也被称为艺术教育最具意义的作用之一。

北航2004级毕业生王冰汝是凤凰卫视华盛顿记者站的一名记者。在提到大学期间加入民乐团的经历时，她表示："加入民乐团，是我大学四年做过的最正确的决定。"在大学本科期间，王冰汝凭借精湛的古筝琴艺和多年来坚持不懈的刻苦练习，在民乐团指挥老师和团委老师的支持下举办了一场个人古筝独奏会。在2008年奥运期间，她跟随民乐团成员以民乐的形式，到内蒙古、青海、新疆维吾尔自治区等多个省份进行了奥运知识普及。她经常讲给后辈的经验是，在大学期间加入艺术团并热爱艺术团，给她带来了四年生活中最精彩的回忆，以及一次次美好回忆背后个人素质的成长与人生境界的飞跃。民乐的熏陶使她性格细腻而温婉，对待生活积极向上，乐观地对即将到来的每一天都充满希望。作为一名新闻工作者，细腻而丰富的感知维度使得她捕捉新闻、呈现新闻的视角都更加出色。而积极乐观、勇往直前的性格也使得她在美国宣布击毙头号恐怖分子本·拉登时，毫不犹豫地接受单位派发的任务，前往直播连线的"战场"进行报道。

北航2003级毕业生梁笑辰本科期间在管乐团度过了很多课余时间，由普通团员成长为团长，陪伴管乐团度过的是从建立之初到发展壮大的时期。对于他来说，管乐团带给他的除了在音乐中逐渐变得富有情调的性格，更多的是在管理能力和协调能力方面的锻炼。2004年，管乐团与德国森吉大学交响乐团在北航体育馆合作举行了专场音乐会。2006年，管乐团在国家图书馆音乐厅举行“专场音乐会暨五周年团庆”。大大小小的活动和管理乐团的日常工作使他在实践锻炼中逐渐从能够完成分内的工作到能够独当一面，成为团队凝聚力的核心所在。梁笑辰现于中国金茂控股集团有限公司担任发展部总经理，已经成家立业的他坚持让自己的女儿也接受艺术教育，这足以见得艺术教育在他的心目中占有多么重要的地位。

四、总结

高校艺术团是学校全面推进素质教育、以美育促德育的重要途径，是满足学生对专业化、系统化艺术教育需求的最佳选择。在校园文化建设和人文氛围创造中，艺术团担当着排头兵的角色，为高质量校园文化载体的打造做出巨大贡献，逐渐成为丰富学生课余文化生活的主力军。参加艺术团的活动，能够塑造学生健全的人格，培养学生的优秀品质，提高学生的想象力、创造力、感知力和审美素养，使缺乏人文类课程学习的理工类院校学生也能够富有人文关怀和感性智力，帮助学生调节情绪、促进身心健康发展。

（校团委供稿）

“以美育人，以文化人”的书院制浸润式美育机制探索实践

随着时代的发展，当下高素质人才在世界各国综合实力的竞争中占据重要地位，培养德智体美劳全面发展的社会主义建设者和接班人，是教育工作的根本任务。习近平总书记在给中央美术学院老教授的回信中强调:“加强美育工作，很有必要。做好美育工作，要坚持立德树人，扎根时代生活，遵循美育特点，弘扬中华美育精神，让祖国青年一代身心都健康成长。”美育作为五育的重要组成，服务于建设社会主义精神文明和培养学生德智体美劳全面发展，在立德树人过程中具有重要意义。

2015年国务院办公厅印发《关于全面加强和改进学校美育工作的意见》提出“以美育人、以文化人”。2019年3月，教育部印发《关于切实加强新时代高等学校美育工作的意见》。2020年10月，中共中央办公厅、国务院办公厅联合印发《关于全面加强和改进新时代学校美育工作的意见》。在我国高等教育向高质量内涵式发展转型过程中，随着一系列文件相继出台，五育中相对薄弱的美育环节，提升到了新高度。

相比于传统的专业学院美育模式，书院制美育在资源协同、社区育人和“全人教育”方面具有鲜明的特征和显著的优势。将党和国家关于高校美育工作的指导意见融会贯通到实际工作中，把握书院自身特点，发挥书院载体优势，创新美育育人形式，探索“以美育人、以文化人”书院浸润式美育机制，全面促进大学生美育工作质量的提升。

一、现代美育的思想内涵

美是纯洁道德、丰富精神的重要源泉。“美育”（Asthetische

Erziehung），是审美教育，又是情操教育和心灵教育，也是丰富想象力和培养创新意识的教育，能够提升审美素养、温润心灵、陶冶情操、激发创新创造活力。

（一）现代美育的历史演进

美育是一个历史概念，美育思想在我国自古有之，最早可以追溯到先秦时代。我国传统儒家文化往往从仁、义、善出发，讨论艺术教育的重要作用。《论语·泰伯》中“兴于诗，立于礼，成于乐”阐述了“乐教”、“礼教”和“诗教”相结合的育人策略，强调艺术教育对于情感陶冶与行为规范的积极意义，目标指向个体道德人格的养成。这为我国现代美学和美育思想的发展奠定了基础。

随着资本主义生产力和生产方式的发展繁荣，不合理的制度体制下滋生的贫富差距和阶级分化，新的社会矛盾产生使得审美教育更为迫切。在这种情况下，德国著名诗人、哲学家席勒于1973年在《美育书简》中首次提出了美育的概念，将美育作为感性和理性沟通的桥梁，主张培养“全面发展的人”，缓和社会冲突。

20世纪初，由梁启超、王国维、蔡元培和朱光潜等将美育与美学的概念一并引入我国，并采用西方近代哲学中通用的“心理三分法”，把个体心智划分为智、情、意三个方面，从而建立起智育、美育和德育的概念，连同体育一并纳入“全面教育”的整体之中。1999年6月，《中共中央国务院关于深化教育改革，全面推进素质教育的决定》中首次将美育正式写入国家教育方针，并明确了德智体美共同作为素质教育的重要组成部分。2018年9月，全国教育大会将劳动教育纳入其中，至此形成了现在的五育并举的育人方针。

（二）美育教育的观念类型

现代美育概念正式引入我国的一个世纪以来，美育作为跨美学和教育学的交叉性学科，在中西方文化碰撞融合的过程中，呈现出多元化发展趋势，逐步形成了主体性美育、人生美育和生态美育三种类型的美育观念。

主体性美育起源于康德和席勒的美育思想。李泽厚作为主体性美学的代表性人物，在全面推介西方美育理论的基础上，构建了主体性美育，提出了人类学本体论的美育观，认为美育的主要任务在于塑造与外在物质文化相适应的人类内在精神文明，走向教化的美育和美学是当代哲学发展的必然趋势。

人生美育不局限于某一特定的美育形态，既包括外化于社会环境的方面，也包括内化于情感、人格、生命的方面，是一种泛美育的形态。代表人物朱光潜是我国当代兼通古今中西的杰出美学家，他基于“有机创造论”的哲学观，将“人生艺术化”贯穿其中，坚持将美育定位于“主观与客观统一”的关系之上，通过美感教育造就“全人”。

生态美育以曾繁仁、腾守尧为代表人物，主张用生态美学观点培育生态审美素养，帮助民众学会以审美的态度对待自然、关爱生命、保护地球。生态审美教育以整体生态观为哲学基础，将“人类中心主义”与“生态中心主义”加以折中调和，倡导“生态人文主义”。

各种美育观念类型的共性在于人的思想引导与构建。在以知识经济与大众文化为标志的后现代社会中，美育迎来了新的发展变革，呈现出大众化美育、美育商品化、日常生活审美化等趋势。根据当代社会和高等教育特征，与时俱进开展美育育人工作，是人才培养工作的必经之途。

二、书院制美育机制的探索

西方国家现代书院制起源于15世纪的英国，牛津大学和剑桥大学最早形成了以导师制为中心的书院模式。20世纪30年代开始，哈佛大学和耶鲁大学借鉴英国的书院制模式，逐步形成了具有自身特点的美国书院制，而后在西方国家逐步推广开来。

书院是我国传统的教育形态，始于唐代，在宋代和明代逐步兴盛，在清代普及开来并更名为学堂。随着我国素质教育的普及和通识教育的广泛实施，自20世纪80年代起，我国高校寻求改革创新之路，陆续建立现代书院，推行了基于书院平台的通识教育本科生培养模式。

书院制打破了传统的行政班级和专业界限，彰显出学科交叉、相互融合的育人功能，实现了通识教育和专业教育相结合，体现了书院重思想、重心智和重人文的特色。书院协同多方资源育人，秉承“全人教育”理念，强化社区浸润式美育教育。书院的组织形式和育人特色，使得书院的育人观念与美育育人思想内涵不谋而合，在育人观念上为书院美育工作提供了土壤。

（一）以美育人的立德树人观

王国维在《论教育之宗旨》中说：“美育者一面使人感情发达，以达完美之域；一面又为德育与智育之手段，此又教育者所不可不留意也。”20世纪30年代，普林斯顿大学校长威尔逊（Wilson）和哈佛大学校长洛威尔（Lowell）等人基于对传统和现实的双重反思，提出了培养“全人”的全新高等教育理念。美育的意义在于，它不仅是人类认识世界、改造世界的重要方式，更是人类实现自身美化、塑造完美人格的重要途径。

高校以立德树人为根本任务，培育爱国主义情怀，加强敬业奉献精神，着力培养学生诚信高尚的品德，提高友善待人能力。在培养人方面，更加注重大学生身心健康发展。我国学校美育工作是立德树人的重要载体，要坚持弘扬社会主义核心价值观，强化中华优秀传统文化、革命文化、社会主义先进文化教育，引领学生树立正确的历史观、民族观、国家观、文化观，陶冶高尚情操，塑造美好心灵，增强文化自信。

与传统的专业学院制模式下教师主导形式不同，书院秉承以学生为中心的“全人教育”理念，坚持学生中心地位，关注全体同学的全面发展和每位同学的个性化成长，激发学生自我管理意识，引导学生自觉、主动地爱党爱国，培育具有过硬的思想政治素养、扎实基础知识和优秀创新意识的领军领导人才。

因而在以美育人层面，书院制平台下的美育工作，将育人属性作为重要的特征属性，侧重于发挥学生自身的主观能动性，培育爱国主义精神和使命担当，提升学生综合素养和思想政治意识，助力“全人教育”工作开展。

（二）通识美育的课程思政观

近年来，我国高校大力开展通识教育。2015年，由清华大学、北京大学、复旦大学等高校共同发起创建了“大学通识教育联盟”，共同探讨通识教育方向，通识教育和专业教育在“双一流”大学建设中应当“两条腿”走路成了普遍共识。书院实行不区分专业的大类通识教育人才培养模式，在抓好大类核心课程的基础上，同时着眼于通识类课程建设，美育类课程是其中的重要组成部分。书院制模式下的通识教育平台为美育工作提供了良好环境。

习近平总书记在全国高校思想政治工作会议上指出，所有课堂都有育人功能，各门课程都要守好一段渠、种好责任田。要把做人做事的基本道理、社会主义核心价值观的要求、实现民族复兴的理想和责任融入各类课程教学之中，推进高校课程体系和教育教学创新。

推进教学与课程改革是高校美育建设的重点环节。美育不是一门具体的课程，而是相对独立的教育体系。在课程建设方面分为两个层次：第一层次是美学和美育的基础理论课程；第二层次是文化艺术课程，涵盖美术、音乐、影视、戏剧、舞蹈和园林建筑等丰富内容。在美育课程体系建设中，在课程内容设置和课程教学方法设计方面融入思政教育元素，开展课程思政工作，是开展审美教育的理想着力点。

虽然美育育人成效具有“潜伏性”，但是系统化建设美育通识课程体系可以优化大学生知识结构，提高综合素养，提升精神境界，完善人生修为，以美育课程传播正能量和主旋律，让美育教育成为通识教育的深化内涵，不断基于书院平台探索建设美育通识课程的育人模式，切实发挥出美育课程的育人功效。

（三）以文化人的浸润美育观

学校美育工作应当遵循美育特点和学生成长规律，以美育人，以文化人。应当引导学生完善人格修养，强化学生的文化主体意识和文化创新意识，增强学生传承弘扬中华优秀文化艺术的责任感和使命感。把中华优秀传统文化教育作为学校美育培根铸魂的基础，弘扬中华美育精神，要在传统文化艺术的提炼、转化、融合上下功夫。在高校美育的顶层设计中，不能把美育局限在公共艺术教育和通识教育之中，要经过专门规划设计，形成课堂教学、校园文化、课外实践的育人合力，建立起全面而综合的审美教育体系。

作为大学生文化情怀培育的第一扇大门，书院在以文化人方面承担着重要使命。书院围绕学校文化、学院或书院文化、建校元老精神等主题开展校园文化建设，通过组织新生校情校史教育、邀请校园文化报告、排演学校文化主题话剧等典型美育工作方法，将大学新生浸润在校园文化环境中，影响学生思想认知，熏陶学生爱党爱国爱校情怀。

在开展传统美育教育的基础上，书院制育人模式将通识教育、行为教育及思想政治教育等进行融合，集中国古代书院与西方高校住宿社区理念为一体，倡导以学生住宿社区为中心，常态化浸润式开展美育教育。当代高校书院提倡在构建全面综合的美育体系方面持续发力，突出“以人为本”的教育理念，调动学生自身热情，以社区为载体，帮助学生自发建设形成美育社团、美育实践、美育展览、文艺演出等相互交融的高校浸润式美育教育环境，在社区美育育人过程中传达文化思想。

三、书院制美育机制的实践

截至2017年3月，我国大陆共有37所高校建立了114个书院。各高校以书院为载体，不断探索美育工作新途径和新方法，取得了显著成效，在高校立德树人过程中发挥了重要作用。

书院制美育强调发挥书院优势建设有书院特色的美育机制，以立德树人观、课程思政观、浸润美育观为依托，通过对书院制美育教育关键机制的把握，实现书院制美育教育的育人功能。

（一）书院制美育教育的宗旨要义

蔡元培先生指出："美育者，应用美学之理论于教育，以陶养情感为目的者也。"钱学森强调"科学家不是工匠，科学家的知识结构中应该有艺术，因为科学里面有美学"。高校美育育人既是陶冶情操的育人途径，也是优化思维模式的创新灵感来源。

书院美育兼具人格塑造功能，文化浸润功能，情操陶冶功能，智力开发功能，服务社会功能等诸多作用。在这些基本功能的基础之上，书院制美育育人宗旨要义主要在于提升品德素养、强化爱国情怀、激发报国热情等方面。

在我国近代美育发展历程中，美育在爱国主义思想启蒙和教育传播过程中，一直占据重要地位，推动了社会发展进步和历史车轮进程。美育概念引入我国初期，美育就作为启蒙话语而存在。近代知识分子借思想文化作为解决问题的途径，并追溯到先秦儒家经典，从乐教和诗教引发出以"情"为本的命题，形成了感性的审美启蒙思路。在抗日战争年代，毛泽东同志指出："我们要文武两方面都来。要从文的方面去说服那些不愿停止内战者，从文的方面去宣传教育全国民众团结抗日。"《义勇军进行曲》《黄河大合唱》《游击队之歌》等歌曲极大地鼓舞了中华民族夺取抗日战争伟大胜利的坚定信念。毛泽东主席的《在延安文艺座谈会上的讲话》，系统阐述了文艺工作的思想理论体系，促进了马克思主义文艺思想的发展。文艺工作者利用文学作品、电影戏剧等文艺形式进行渗透，通过年画开展宣传工作，广泛传播马克思主义理论，涌现了《上甘岭》《龙须沟》《林海雪原》等大批优秀作品。

现代大学书院开展美育工作，继承了美育的传统优势，从爱国主义情怀培育和民族文化认同感浸润的角度出发，积极服务国家重大战略需求，服务社会发展需要，发挥书院制模式在低年级本科生教育方面的优势，创新书院美育工作形式，在拔节孕穗期抓好美育育人。北京工业大学鼓励学生以十九大主题海报、国庆阅兵彩车设计方案等艺术作品形式服务国家重大需求和首都建设，帮助学生深切体会祖国的繁荣富强。北京航空航天大学通过排演《罗阳》主题音乐剧的形式展示英雄事迹，实施脊梁工程鼓励院系创作《守锷百年》《永恒》《腾飞》等爱国主义戏剧作品，面向师生和社会开放航空航天博物馆宣传空天报国精神。河北大学将微电影美育教育模式引入思想政治理论课教学，以美立德，着力塑造学生健全人格，激发了大学生的爱国情感，提高了品德修养。各高校充分挖掘美育工作的爱国主义教育潜质，大力开展美育工作。

（二）书院制美育的关键机制

书院制美育能够在潜移默化中达到浸润式教育效果，与书院自身特色有着密切关系。在教育对象上，书院主要针对低年级本科生开展美育工作；在培养模式上，书院实行大类培养的通识教育模式；在育人理念上，书院主张以学生为本的“全人教育”。

一是资源协同机制。书院通识教育的特征，决定了其资源需求旺盛。各学科任课教师行政编制通常在专业学院，因而书院在运行机制上，需要汇聚各学院精锐师资力量，协同专业学院开展通识课程教学、专业认知教育、本科生导师制、实践教育等工作。在美育课程和美育实践平台建设时，书院的美育师资力量储备往往不足，因而需要进一步协同校内外资源，和学校机关、专业学院合作开展美育工作，通过跨校资源协同的形式，实现优质美育资源共享。资源协同机制成为高校书院制美育工作的核心机制之一。

世界著名书院制高校一直重视资源协同调度，广泛动员校内外优质资源，将特色美育课程纳入通识教育体系，形成了以哈佛大学为代表的核心课程型、以芝加哥大学为代表的经典名著型的通识课程体系。香港中文大学作为海峡两岸最早推行书院制的高校，其“大学通识+书院通识”课程模式，也将美育类课程作为重要组成部分纳入了育人体系中。

二是全时浸润机制。书院制教育模式倡导以社区为育人载体，强调以人为本思想和学生主体地位，主张将学生全时段地浸润在校园文化氛围和社育人环境中。在空间维度，以社区育人为龙头辐射至全覆盖的空间场所维度；在时间维度，以浸润式思想为导向实行全时段美育教育。书院制育人模式，实现了全时段、全空间的美育育人工作，有效地将思想政治工作融入学生日常学习生活中，优化了美育工作方法，提升了工作效果。

以社区育人为特色的浸润式美育育人模式，在全球高校普遍采用。哈佛大学模仿英国剑桥大学与牛津大学的住宿制，将校舍作为学生的学习中心与生活场所，通过各种展览、电影与表演等社区美育活动，提升学生思想素养。我国西安交通大学、汕头大学、复旦大学等高校围绕住宿书院模式，积极推行以宿舍为载体的教育组织模式变革，在浸润式美育教育方面进行了初步探索实践。

三是素养评价机制。书院制美育工作在理念上强调学生自我管理的学生主体思路，积极挖掘学生自身发展潜力，重点培养具有专业特长的通识型一专多能、全面发展人才，注重包括思想政治素养在内的学生综合素养评价，从全面发展维度构建学生综合素养评价机制。例如，北京航空航天大学将学生综合素养进行量化，纳入第一课堂，以学分形式加以激励，通过博雅课程的组织模式，将学生美育素质量化为具体指标纳入课程评价体系，激励学生主动参与美育教育。

（三）书院制美育工作的典型案例

北京航空航天大学守锷书院秉承“学生为本、通专融合、创新协同、全面发展”的育人理念，发挥书院优势，挖掘书院特色，创新美育育人形式，系统化构建了“课堂+课外+社区”的浸润式美育教育模式。

在课堂美育维度，汇聚优质师资，构建课程教学平台。书院组建了集教学、服务、研究、监督于一体，有名师、有传承、有思考、有服务的美育课程团队，悉心构建打造了内容丰富、中西合璧的美育课程体系，解决了书院美育师资力量薄弱，美育课程建设难的问题。

在课外美育维度，秉承“全人教育”理念，构建成果展示平台。

书院组织排演建校元老为人物原型的主题话剧，建设学生美育社团，搭建美育活动舞台，用通俗易懂的方式建设多元化美育成果展示平台，通过多角度渗透在各类活动中融入美育元素。

在社区美育维度，体验式抓美育，构建美育文化浸润平台。以书院制社区育人为基础，以体验式美育活动为途径，将美育教育融入日常学习生活中，将学生置于全时段全空间的美育氛围中，实现了由刻意美育教育，向浸润式美育的转变，有效提高了学生参与度。

守锷书院浸润式美育教育模式，契合了党和国家相关文件精神，经过2017—2020级四届本科生的试点实践，取得了较好成效。该模式充分整合了校内外美育优势师资力量，根植了空天报国情怀，服务了首都文化建设，提升了学生综合素养，实现了书院美育工作系统化，提高了大学生工作质量，探索出了一条航空航天特色书院的美育育人之路，是现代大学书院制美育的典型案例。

（守锷书院分团委供稿）

政治效能感对大学生志愿服务参与行为的影响路径探究

——以志愿组织的管理规范度为调节变量

引言

志愿服务是现代社会文明进步的重要标志，是实现国家治理体系和治理能力现代化的重要一环。“治理”意味着权力主体从国家公权力机关拓展到广泛的其他社会主体，它强调社会与政府的互动、协调、共治，从而实现公共利益的最大化。而在社会层面中，志愿服务组织凭借其天然的社会性、合作性、公益性，正逐渐成为社会治理中的重要力量。首先，在公民培养方面，志愿组织被许多国外学者视为“民主学校”，不仅为民众参与公共事务提供了渠道，也为培养公民责任感、锻炼公民政治参与能力提供了场所。其次，在社会融合方面，志愿服务既是密集的社会网络的产物，又是公民合作的助推剂。公民间频繁的互动、互惠以及由此产生的社会资本都将有助于社会治理效率的提高。此外，在价值取向方面，志愿服务及其组织“追求公益”这一核心目的与社会治理的最终追求可谓毫无二致。可见，志愿服务及志愿服务组织对社会治理的重要性非同小可。

不仅如此，志愿服务作为一种非传统的体验式学习方式，其在立德树人方面的作用也不可小觑。在内在道德方面，志愿服务为参与者提供了有效的情感体验及较好道德氛围，使其在帮助他人的过程中潜移默化地形成博爱、宽容等优秀品质。在外在能力方面，志愿服务强调实干与合作，打破了纸上谈兵式的经验传授，有助于切实提高个人的实践能力。

在我国当前的志愿者服务体系中，大学生已成为一股不可或缺的力量，但大学生志愿服务的发展仍不够充分：组织管理质量参差不齐，参与意愿与参与行为也缺少稳定性。

鉴于志愿服务的重要性以及其当前大学生志愿服务发展中存在的薄弱环节，本研究将在前人的研究基础上，以计划行为理论为分析框架，以志愿组织管理规范度为调节变量，从政治效能感的视角出发，探究影响大学生志愿服务参与行为的因素。

本研究所讨论的“大学生志愿服务”指在高校共青团领导下，学生不以物质报酬为目的，自愿地通过一定的组织形式为社会他人提供服务的行为。

本研究的独特之处在于将“大学生志愿服务参与”视为一种“准政治参与”，并试图从政治文化的视角解释大学生志愿服务参与行为。本研究关注到了志愿服务的组织与管理因素对个体参与行为的影响，将以往孤立的志愿者组织研究与志愿服务参与行为研究有机结合在一起，以此探究更好的志愿服务发展方式，为鼓励志愿服务参与、培养积极公民提供新思路。

一、文献综述与研究假设

（一）政治效能感

1．政治效能感的定义及发展

有关政治效能感的研究最早见于坎贝尔（Angus Campbell）等学者在20世纪50年代开展的一项关于美国选民选举行为的研究。该研究发现：在群体压力之外，个人动机作为一种更重要的心理变量影响着选民行为。而这种个人动机被坎贝尔等人定义为“政治效能感”——个体关于自身政治行为对政治过程带来的实际的或预期的影响的感知。

但此时的政治效能感只涉及个人对自己政治影响力的内部感知这一单向维度。直至赖恩（Lane Robert E）提出新的理论，政治效能感才被清晰地划分为双向维度，即：内部政治效能感和外部政治效能感。

前者与传统的政治效能感的定义相似，意为个体对自己有能力理解且能有效参与政治的信念。后者则侧重强调公民对国家回应性的感知，意为公民对政府和国家机构有效回应公民需求的信念。而这一定义也成为学界后来研究政治效能的分析维度与定义基础。

伊斯顿在此基础上，对政治效能感表现形式的进一步解释，使得政治效能感突破了纯粹的心理感知范畴，开始与实际的政治行为交织在了一起。他从规范认识、能力感知、实际行为三个递进的层次解构了政治效能感的表现形式。首先，社会成员应该形成一种规范性认识，即“个体应该在政治领域中发挥作用”与“政府应该回应社会关切”。其次，个体对自己的政治影响力以及对政府的回应性有所感知和肯定。最后，无论是规范性的认识还是能力的感知都必须通过实际的政治行为才能对政治系统产生影响，而这就是行为意义上的政治效能感。由此，政治效能感的研究基础基本奠定。

2．政治效能感与政治参与

随着学界对政治效能感的研究不断地深入，政治效能感对于政治参与的预测作用也越发得到重视。但目前的大多数研究只是检验了政治效能感对公民政治参与的作用方向或影响程度，鲜有研究系统地阐明政治效能感对政治参与的具体作用机制。现有研究大致有如下两类：一类是笼统地讨论政治效能感与政治参与的关系；另一类是将政治效能感按维度进行区分，探讨不同维度的政治效能感对公民政治参与带来的差异性影响。如池上新的研究就证实了城市移民的外部政治效能感与其政治参与行为之间存在着正向关系；李蓉蓉发现内在政治效能感对于农民的政治参与行为有更强的解释效力。也有学者试图更加具体地分析政治效能感对公民政治参与的影响形式，如石瑛从强度、归因方式、行为选择等三方面探讨了二者的关系。

但殊途同归，这些研究所做的，只是在“政治效能感”和“政治参与”之间建起了一座桥梁。但如何才能从桥梁的一段走到另一端？政治效能感通过何种方式才能实现对政治参与的影响？目前仍缺少系统的解释。尽管如此，我们仍试图从现有研究中寻得碎片，发现政治效能感对政治参与的影响主要通过以下三种途径产生。

首先，政治效能感将增强个人的政治参与义务感。正如伊斯顿所强调的，公民对政治效能感形成应然性认识是政治效能感的表现形式之一。具有高度政治效能感的公民往往更能将参与政治视为自己的责任，他们认为包括自己在内的每一个公民都应当在政治领域中发挥作用。政治义务感的产生，有赖于个体对外部政治体系的主动认可，以及基于这种认可产生的自愿参与公共事务的意向。这两者恰是政治效能感的两个维度。目前的研究也证实了政治义务感对政治参与的影响。如日本著名学者蒲岛郁夫在关于日本国民政治参与的研究中，强调了政治义务感作为一种重要的政治介入心理对民众的政治参与发挥的作用。由此，我们可以认为，政治效能感通过影响个人的政治义务感，进而对政治参与行为产生影响。

其次，政治效能感也提高了个体对于政治参与过程的可控制感。政治效能感高的个体通常会认为自己对政治系统的了解较多，对自己的政治参与能力也有较高的评价。而正是这种较高的自我评价成为个体参与政治的重要心理基础。当个体认为政治参与的流程和结果是自己能够适应、可以控制的时候，便减少了旁观冷漠的犬儒思想。取而代之的是，更加主动地参与，甚至积极地丰富自己的知识和技能，以期待在参与公共事务的过程中有更加出色的表现。龙健关于贵州城市社区居民的政治效能感的研究就证实了上述观点：社区居民对于自己熟悉的社区事务往往会有更高的自信，因此他们也更加频繁地参与社区事务。李燕，朱春奎等人对重庆等三地的网民使用政府网站的影响因素的研究也得出相似结论：当民众对自身参与能力越肯定时，其在政府网站上和政府的互动也就越多。但是，当民众对于政治参与的程序缺乏了解时，参与意愿就会被抑制。徐雯等人在调查农村住户参与农地整治的影响因素时发现：由于信息不对称，农民缺乏对于农地整治的流程及资讯的了解，其内部效能感低，因而参与意愿也不高。综上所述，我们可以认为：政治效能感通过影响个体对自身参与能力的评价，进而影响个人对参与过程的可控制感的感知，最终影响个人的政治参与行为。

最后，政治效能感增强了个体对于参与结果的期待。政治效能感高的公民更相信自己的参与会为公共事务带来有利影响，同时也坚信政府会对其做出公正且有效率的回应，他们对参与结果持有乐观的态度。裴志军针对农村居民参与公共协商的研究表明：有更强的外部政治效能感的村民，会更相信上级政府作出的决策是符合自己利益诉求的，而正是这种信任也推动着其更加积极地参与到公共协商中。相反，当个人政治效能感较低时，他对政治参与的结果期待也会降低。徐雯的研究表明：政治效能感低的农民往往认为自己的参与对于公共事务的改变无济于事，且担忧自己的投票会得罪人，因此其政治参与水平也较低。正如芬克尔（Finkel）所言："政治参与本质上是对政治环境的态度的外化。"当个体对相信政治环境会做出有利于自己的回应时，便会更加积极地参与到公共事务中来。由此可推测，政治效能感通过提高个体对参与结果的积极期待，进而促进其政治参与。

3．政治效能感与志愿服务参与

在阐释政治效能感与志愿服务参与的关系之前，我们需要先厘清大学生志愿服务参与和政治参与之间的关系。

关于"政治参与"的判断标准，众说纷纭。但所有的标准都有共同的内核，即政治参与是公民试图影响政府决策的行为。由此看来，大学生志愿服务参与并非严格意义上的政治参与，因为前者不以影响政府决策为目的。

然而，与西方社会中自发结社的志愿服务不同，国内的大学生志愿服务也并非纯粹的社会参与，后者具有一定政治意义。从发起者和领导者看，我国的大学生志愿服务是在共青团的领导下开展的，本质上属于党领导下的青年团组织活动。从服务内容上看，大学生志愿服务开展的活动与党和国家的大政方针高度契合。大型的志愿项目如西部计划、研究生支教团；小型的志愿项目如"桶前值守"（垃圾分类志愿者）、城市文明志愿者等，这些都是响应于党和国家的政治号召以及国家或城市发展需求而产生的。从服务功能上看，大学生志愿服务被予以了政治期待。最为典型的是一些具有政治价值的大型赛会，如国庆70周年庆祝活动，其中的志愿者大部分都来自大学生，所提供的志愿服务对于保障政治活动的顺利完成有着至关重要的作用。这类志愿服务虽不以影响社会价值的权威分配为直接目的，但其结果是服务于国家的政治形象建设，有助于政治系统的稳定与良性运转。或者，从一定程度上讲，维持国家政治稳定与助力政治体系建设本身就是大学生志愿服务的出发点之一。所以，大学生的志愿活动参与虽不能被明确地归类于政治参与，但因其具体承担的事项及由此带来的结果或影响对于国家的政治稳定与发展具有重要意义，因此，依据Joakim的定义，我们可以将它视为一种“潜在的政治参与”或“准政治参与”。

鉴于“大学生志愿服务参与”同“政治参与”的相似性，以及政治效能感对政治参与的影响机制，本研究试图考察政治效能感与大学生志愿服务参与行为之间的关联。前文中提到，政治效能感通过增强个人的参与义务感、控制感，以及对参与结果的期待进而影响政治参与。因此，本研究认为，政治效能感同样可以影响个人志愿参与的义务感、控制感，以及对志愿参与的结果期待。在此本研究提出假设：

H1a：政治效能感正向影响志愿参与义务感；

H2a：政治效能感正向影响志愿参与控制感；

H3a：政治效能感正向影响个人对志愿参与结果的期待。

（二）志愿服务参与行为的影响因素

1. 志愿服务动机

学界在探究个人参与志愿服务的原因时，最常用的便是动机分析。关于志愿服务参与动机对个人参与行为的影响，目前的研究主要有四种理论解释途径：志愿服务功能理论、志愿服务驱动力理论、功能理论和驱动力理论的综合，以及人格特质说。

志愿服务功能理论的核心思想在于：将志愿服务对个人目标的满足视为个人参与志愿服务的动因。这种理论与社会交换理论相似，即志愿者的行为是基于收益最大化原则作出的理性选择。如：当个人认为参与志愿服务能够满足自己的学习需求时，他便会参与其中；同样，如果其将帮助他人视为自己的目标，那么当他认为志愿服务能够满足这一目标时，他也会参与其中。但这一理论只考虑到了个人对目标实现的感知，而忽视了影响个人作出决策的其他因素，例如个人的效能感，外部环境对个人的约束等。

志愿服务驱动力理论则是将个体的参与动机进一步划分为不同类型，其本质上是对志愿服务功能理论的延展：在志愿服务功能理论提到的六种动机的基础上，增加了其他动机。如吴俊峰将爱国与荣誉动机、情绪调节动机纳入大学生参与志愿服务的动机中。龙涛在研究大型节庆、赛事中的志愿者参与动机时则增加公民责任这一动机。由于不同学者的划分标准不一，且动机类别重叠交叉，因此这一理论对于志愿服务参与行为的解释缺乏系统性，解释力度不足。

邓国胜教授整合了志愿服务功能理论和志愿服务驱动力理论，发展出一套基于我国志愿服务实践的动机理论。他将参与的动机按照“参与功能”（服务对象是自己还是他人）、“参与驱动力”（动力是源自外部还是源自自身）划分为四个象限，分别是：内生利己、外生利己、内生利他、外生利他。这一模型将志愿服务参与动机和实际的行为有机地联系在一起，类型划分较为简洁清晰。但是即使是在这种类型划分之下，也存在交叉的情况：例如“外生利他”中的社会环境因素和“内生利他”中的从众心理具有相似性，两者都是通过外部因素对个人心理造成影响，因此这一模型中的部分动机类型之间区别度和互斥性较弱。

“人格特质说”则是将志愿服务参与归因于某一类人格特质。这种解释途径只是以旁观者的视角去分析个体内部的主观因素，却忽视了外部环境的影响；并且这种固定型的分析思维，忽视了行为的易变性和人格特质稳定性之间的矛盾，因此这种解释途径是否有利于志愿服务良性发展还有待考证。

总而言之，上述理论对于志愿服务参与动机的解释较为笼统、繁复，亦未说明动机是如何对行为产生影响的。因此从纯粹的动机视角出发去分析志愿服务参与行为的这一研究思路还有待完善。

2．基于TPB理论的志愿服务参与行为研究

计划行为理论（Theory of Planned Behavior，TPB）作为当前应用最广泛、最权威的解释个体行为的理论之一，其核心内涵是：个体的行为意向由行为态度、主观规范、知觉行为控制三个核心因素决定。

澳大利亚学者Greenslade的研究证明：与志愿服务功能理论对比，TPB理论能够好地解释个体的志愿服务参与行为。而后，国内也有学者开始尝试以TPB理论为基础，分析影响个体参与志愿服务的因素，但现有研究成果可谓是凤毛麟角。

首先，严谨的实证性的文章较少：部分文章只局限于理论层面的讨论，或论文中的研究设计及数据分析过程都不够严谨，且缺少深入的讨论，结果难以令人信服。其次，现有文献的研究对象多为专门领域的志愿服务，如旅游志愿服务、体育赛事志愿服务，鲜有以大学生志愿服务为研究对象的研究。再次，现有研究得出的研究结论也不尽相同：王高洁对厦门市122名大学生的调研结果表明，知觉行为控制和志愿服务参与行为之间并无明显关联；而刘茜在厦门大学进行的研究却得出相反的结论；周媛的研究又发现源自外部社会压力的主观规范对志愿服务意愿并没有显著影响。可见，以TPB理论解释志愿服务参与行为的研究还有待深化。

因此，本文将以TPB理论为参考，结合前文关于政治效能感、政治参与以及志愿服务参与的讨论，在政治效能感与志愿服务参与中搭起桥梁，并阐明政治效能感对志愿服务参与的作用机制。本研究认为：政治效能感将通过志愿参与义务感、志愿参与控制感以及志愿参与结果期待，进而影响大学生的志愿服务参与行为。其中，志愿参与义务感代表大学生的主观规范，志愿参与控制感代表大学生的知觉行为控制，志愿参与结果期待代表大学生的行为态度。

（1）志愿参与义务感与志愿服务参与行为。志愿参与义务感是指：大学生将志愿服务视为一种强制性的应尽责任的程度。本研究将用其代表TPB理论中的“主观规范”这一概念，以反映个体在判断是否

采取志愿行为时感受到的外部压力。

尽管在传统意义上，志愿服务只包括自愿性这一层含义，但在中国的特殊语境下，志愿服务还包括义务性的色彩。尤其是志愿服务被纳入高校学分管理体系后，“志愿服务的义务性”得到了更多的关注。张晓红认为：处于社会中的人是相互依赖的，互帮互助才能得以生存，因此参与志愿服务本身是我们每个人的社会责任，有了这种责任感才会更主动地投身于志愿服务。同时，志愿服务义务化能有效弥补参与热情的不稳定性，维持参与行为的可持续性。因此本研究提出假设：

H1b：志愿参与义务感正向影响志愿服务参与行为；

H1：政治效能感通过志愿参与义务感对志愿服务参与行为产生中介效应。

（2）志愿参与控制感与志愿服务参与行为。志愿参与控制感是指：大学生从自身的能力以及对志愿服务内容的熟悉程度出发，判断从事志愿服务的难易程度。对个体而言，该活动难度越大，则他的志愿参与控制感越低。在本研究中，用志愿参与控制感代表TPB理论中的“知觉行为控制”，以反映个体在做出行为决策时对自己参与能力的主观评价。

目前，已有大量的研究证明知觉行为控制能有效地预测行为的发生。如周玲强教授通过分析旅游者对环境的负责行为发现：个体的知觉行为控制感与其对环境的负责行为之间存在显著的正向关系。因此，我们可以认为，如果大学生的志愿参与控制感越高，在志愿服务过程中越娴熟自得，那么他的志愿服务参与行为也就越多。在此，提出假设：

H2b：志愿参与控制感正向影响志愿服务参与行为；

H2：政治效能感通过志愿参与控制感对志愿服务参与行为产生中介效应。

（3）志愿参与结果期待与志愿服务参与行为。志愿参与结果期待是指：大学生对志愿服务活动带来的后果或影响的主观预期。在本研究中，其代表TPB理论中的“行为态度”这一概念，以反映个人对志愿服务行为所持有的积极的或消极的看法。

社会心理学认为：态度是行为的一个重要预测变量。因为态度是个体在潜移默化之中形成的，具有相对稳定性，因此在个体进行决策时会产生暗示或影响。这种态度是正向的，那么便会促进行为的产生。所以，本研究认为，如果大学生对志愿服务结果持有乐观的态度和更高的期待，那么他的对志愿服务的参与也更加积极。因此，本研究提出假设：

H3b：参与结果的积极期待正向影响志愿服务参与行为；

H3：政治效能感通过志愿参与结果期待对志愿服务参与行为产生中介效应。

（三）志愿者组织

志愿者组织是志愿活动开展的基本单位，也是参与者获得团体支持和物质保障的重要来源。不同的志愿者组织对于志愿项目以及志愿者的管理不尽相同，但其管理的规范程度却会影响志愿者的归属感与参与热情，进而影响志愿者的持续参与行为。

但目前，大学生志愿组织尚未形成制度化体系，其管理呈现粗放化、临时化等特征。且在国内的研究中，鲜有学者注意到志愿者组织因素对于志愿者参与行为的影响。目前，有关志愿组织的研究大多集中在特定的领域，进行针对性的讨论，如图书馆志愿者组织、大型赛会中的志愿者组织等。在研究内容方面，现有研究主要以人力资源管理理论以及外国志愿者组织管理经验为基础，对志愿者组织管理过程梳理。其主要过程包括：岗位分析规划、招募与选拔、培训与指导、监督与考核，以及激励机制。

总体而言，目前学界对志愿者组织管理流程的研究较为深入，但也是孤立的：研究者大多数都忽视了组织管理与志愿服务参与之间的联系，没有将组织管理因素纳入影响志愿服务参与的因素中。因此，为弥补这一不足，本研究将考察志愿组织管理的规范度在三个中介变量与个体参与行为之间的关系的调节作用，在此提出假设（如图1所示）：

H1c：志愿组织的规范度正向调节志愿参与义务感与志愿服务参与行为之间的关系；

H2c：志愿组织的规范度正向调节志愿参与控制感与志愿服务参与行为之间的关系；

H3c：志愿组织的规范度正向调节志愿参与结果期待与志愿服务参与行为之间的关系。

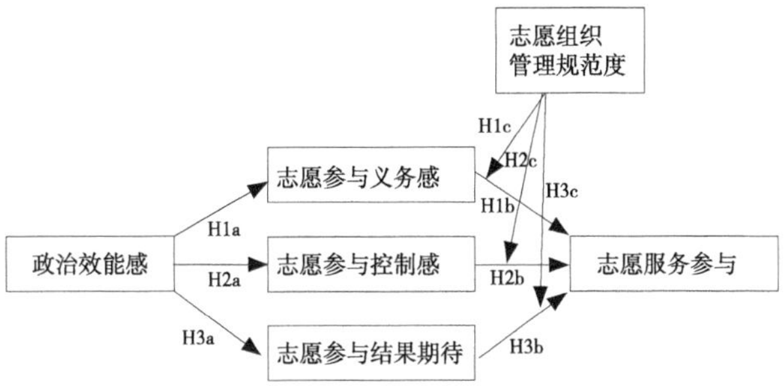

图 1 研究模型

二、研究方法

（一）研究样本与数据收集

本项目选择了北京航空航天大学的大学生作为调查总体。其原因是：首先，北航的志愿服务经历了20年的发展，志愿服务体系较为成熟；且全校志愿服务类型多样，在校学生几乎都有过志愿服务体验。其次，北航学生多次参与首都重大活动的志愿服务工作，接触过更周密、完备的志愿者组织，这样的样本有利于本研究探究志愿组织管理规范程度对于志愿服务参与行为的影响。

本研究以方便抽样的方式，通过在各院系通知群内发放在线问卷的形式收集数据。共发放问卷1025份，剔除：①填写时长小于1分钟答卷；②所有选项均一致的答卷。有效问卷共计873份，有效率为

85.17%，且样本数据满足正态分布假设。样本的人口统计信息详见表1。

表1 样本人口统计特征

项目	特征	百分比
性别	男	61.56%
	女	38.44%
政治面貌	共青团员	76.98%
	中共党员（含预备党员）	20.49%
	群众	2.44%
	民主党派	0.10%
专业	理工类	83.56%
	人文类	12.81%
	其他	3.63%
年龄	< 18 岁	1.17%
	18 岁至 19 岁	52.29%
	20 岁至 22 岁	36.29%
	23 岁至 25 岁	7.71%
	> 25 岁	2.24%
年级	大一	28.51%
	大二	26.93%
	大三	25.46%
	大四	11.67%
	研究生及以上	7.43%

（二）变量测量

本项目所使用的问卷主要包括人口学统计信息以及测量部分。人口学统计所涉及的题项详见表1，测量部分主要包括政治效能感、志愿参与义务感、控制感、结果期待、志愿组织的管理规范度，以及志愿服务参与行为的量表。本研究在参考前人所使用的量表的基础上，结合研究对象的特征对部分题项进行了语言调整，从而形成本项目所使用的量表。为使测量更加精确，除“志愿服务参与行为”用连续数字测量，其余题项的测量指标均采用里克特七点式量表。在政治效能感和三个中介变量的量表中，1至7分依次表示对题项陈述认可态度的增强；在志愿者组织管理规范度的量表中，1至7分依次表示题干中提及特征的出现频率的增多。

对于政治效能感的测量，本研究参考了Niemi和Craig等人提出的政治效能感测量量表，这一量表被视为测量政治效能感的最佳量表。且国内大量学者对其进行了跨文化检验，并将其运用在多个领域中，研究结果也证明这一量表具有很好的信度和效度。因此，本研究以国内学者对该量表的改良版为基础，选择了运用较广泛的4个题项，从内部和外部两个维度测量政治效能感。

对于志愿参与义务感、志愿参与控制感、志愿参与结果期待这三个潜变量的测量，目前尚无完整的量表。本研究在参考周媛测量旅游志愿服务意愿影响因素的量表以及邓国胜关于志愿动机研究的量表的基础上，最终形成了10个题项。

志愿者组织管理规范度是指：志愿者基于自己的志愿参与经历，对接触过的志愿者组织的管理规范程度做出的整体性评价。不涉及对某一具体的志愿组织的评价，而只关注志愿者对志愿者组织管理规范程度的宏观性认识。由于志愿组织的管理规范程度通过志愿项目的管理规范程度体现，因此对于这一潜变量的测量，主要从志愿项目活动方案、岗位职责、招募程序、培训、评价反馈、物资保障等方面进行，共有7个题项，主要参考党秀云、刘冬林等人的论文形成。

在考察大学生志愿服务参与行为时，考虑到让大学生在短时间内回忆志愿服务总时长难度较大。为减少误差，本研究选择询问：“您每学期参与志愿服务的平均次数？”“您每次志愿服务的平均时长？”并将两个问题的答案的乘积作为衡量志愿服务参与行为最终指标。

本研究最终采用的测量题项详见表2。

表 2 潜变量及观测变量题项

潜变量		观测变量	题项	参考文献
政治效能感(PE)	内部效能感	参与能力 (pe1)	我认为我具备参与政治的能力。	Niemi& Craig 范柏乃 刘伟 裴志军 胡荣
		政策理解力 (pe2)	我认为我能很好地理解我们国家面临的重要的政治问题。	
	外部效能感	政府回应性 (pe3)	我认为政府官员们很关心我们普通人的态度和想法。	
		政府能力 (pe4)	我认为政府会为我们谋求福利，并带领祖国走向繁荣。	
志愿组织管理规范度(ORG)		活动方案 (org1)	您参与的志愿项目的活动方案是否明确？	党秀云 刘冬林 许美荣 曾雅丽 缪建红 张田吉
		岗位职责 (org2)	您参与的志愿项目有无明确的岗位职责说明？	
		招募程序 (org3)	您参与过的志愿项目的招募程序是否合理？	
		培训质量 (org4)	您参与过的志愿项目的培训质量如何？	
		评价反馈 (org5)	志愿服务项目结束后，您是否会得到评价反馈？	
		物资保障 (org6)	您在志愿服务过程中是否得到了物资保障？	
志愿参与义务感（M1）		身份要求 (inf1)	我作为党员（积极分子 / 团员），志愿服务是我的被考核内容之一。	周媛 邓国胜 唐杰 王兴华
		考核要求 (inf2)	我参与志愿服务是因为学校（单位）有志愿服务时长要求。	
		奖励优惠（剔除）	参与志愿服务可以获得证书 / 奖励 / 保研优惠，这是我参与志愿服务的原因之一。	
志愿参与控制感（M2）		知识储备 (inf3)	我认为我有一定的知识或能力储备支持我完成志愿服务。	
		经验储备 (inf4)	我有较丰富的志愿服务经验。	
		时间储备（剔除）	我能参与志愿服务的时间非常充裕。	
志愿参与结果期待（M3）		能力提升 (inf5)	我认为参与志愿活动能够提高我的综合能力。	
		拓展人脉 (inf6)	我想通过志愿活动认识更多的朋友。	
		活动成功 (inf7)	我的志愿参与，可以让活动更好地举办。	
		改善社会（inf8）	我的志愿服务会给周围带来一些好的变化。	
志愿服务参与行为（Time）		时间	您每学期参与志愿服务的平均次数？	张冰 尚俊颖
		次数	您每次参与志愿服务的平均时长？	

三、模型分析与结果

（一）测量模型检验

1. 收敛效度

为检验测量模型的合理性，本研究利用最大似然法（Maximum Likelihood，ML）对模型进行估计。

在进行第一次测量模型检验时，本研究将量表中所有题项都纳入了测量模型，但部分观测变量的标准化因子载荷小于0.5。因此在参考Mplus软件给出的修改意见的基础上，结合理论和实践，从模型中剔除了部分维度的观测变量。如在志愿服务义务感这一维度中，剔除了“参与志愿服务可以获得证书/奖励/保研优惠，这是我参与志愿服务的原因之一”；在志愿参与控制感这一维度剔除了“我能参与志愿服务的时间非常充裕”。在剔除完题项后，部分维度仅有两个观测变量，但根据前人研究经验，仍可构建结构方程模型。

剔除完题项后，量表整体的Cronbach's α系数为0.893，各维度的Cronbach's α系数及因子载荷与组成信度如表3所示。所有观测变量的标准化因子载荷介于0.601~0.892，均大于0.50，且在双尾检验下P值小于0.01。各维度对应的Cronbach's α系数介于0.627 ~ 0.896，均高于0.60，处于可信的范围。各维度的组成信度介于0.665 ~ 0.894，均高于最低临界值.0.60；平均方差提取量介于0.501 ~ 0.679，均高于最低临界0.50。上述分析结果表明各维度具有较好的内部一致性。

表 3　测量模型收敛效度检验结果

潜变量	观测指标	题目信度			Cronbach's α	收敛效度	
		标准化因子载荷	多元相关平方（SMC）	P 值		组成信度（C.R.）	平均方差提取量 (AVE)
政治效能感（PE）	pe2	0.892	0.796	***	0.896	0.894	0.679
	pe1	0.833	0.694	***			
	pe4	0.817	0.667	***			
	pe3	0.748	0.560	***			

（续表）

潜变量	观测指标	题目信度			Cronbach's α	收敛效度	
		标准化因子载荷	多元相关平方（SMC）	P 值		组成信度（C.R.）	平均方差提取量 (AVE)
志愿参与义务感（M1）	inf2	0.776	0.602	***	0.627	0.665	0.501
	inf1	0.632	0.399	***			
志愿参与控制感（M2）	inf3	0.843	0.711	***	0.674	0.692	0.536
	inf4	0.601	0.361	***			
志愿参与效果期待（M3）	inf8	0.892	0.796	***	0.889	0.886	0.661
	inf7	0.871	0.759	***			
	inf5	0.758	0.575	***			
	inf6	0.719	0.517	***			
志愿项目组织管理（ORG）	org3	0.776	0.602	***	0.830	0.877	0.543
	org2	0.769	0.591	***			
	org4	0.764	0.584	***			
	org1	0.733	0.537	***			
	org6	0.696	0.484	***			
	org5	0.678	0.46	***			

注：*** 意为在双尾检验下 P<0.01。

2．区别效度

本研究通过比较各维度AVE值的平方根及该维度和其他维度之间的相关系数大小，来判断不同维度之间的差异性，以此衡量模型的区别效度。测量模型的区别效度检验结果如表4所示。每个维度的AVE值

表 4　测量模型区别效度检验结果

	AVE	政治效能感	志愿参与义务感	志愿参与控制感	志愿参与结果期待	组织管理规范度
政治效能感	0.679	0.824				
志愿参与义务感	0.501	0.394	0.708			
志愿参与控制感	0.536	0.758	0.464	0.732		
志愿参与结果期待	0.661	0.673	0.398	0.634	0.813	
志愿组织管理规范度	0.543	0.468	0.210	0.490	0.468	0.737

的平方根均大于该维度与其他各维度的相关系数，结果表明各维度之间具有明显差异，能够相互区分。

（二）结构模型分析

1. 结构模型路径分析

本研究利用最大似然法对修正后的模型进行拟合度检验。模型拟合度指标分别为：$\chi 2/df=8.43$;RMSEA=0.084<0.1；SRMR=0.062<0.08；CFI=0.905>0.90;TLI=0.891>0.80。由于卡方自由度比在大样本时对模型拟合度的评价的可信性较低，并且其他观测指标都在可接受范围内，因此仍可以认为本研究使用的模型拟合度良好。

结构模型的回归分析结果详见表5。政治效能感对志愿参与义务感（路径系数0.172，P=0.002）、志愿参与控制感(路径系数0.748，P<0.001)、志愿参与结果期待(路径系数0.673，P<0.001)均有显著的正向影响。上述结果验证了假设H1a、H2a、H3a。

志愿参与义务感对志愿服务参与行为有着显著的负向影响（路径系数-0.118，P<0.001），H1b的假设不成立。志愿参与控制感（路径系数0.302，P<0.001）与志愿参与结果期待（路径系数0.247，P<0.001）均对志愿服务参与行为存在显著的正向影响。假设H2b、H3b均得到验证。

表 5　结构方程模型的回归分析结果

因变量	自变量	标准化路径系数	P 值	假设检验结果
志愿参与义务感	政治效能感	0.172	***	H1a 成立
志愿参与控制感	政治效能感	0.748	***	H2a 成立
志愿参与结果期待	政治效能感	0.673	***	H3a 成立
志愿服务参与行为	志愿参与义务感	-0.118	***	H1b 不成立
	志愿参与控制感	0.302	***	H2b 成立
	志愿参与结果期待	0.247	***	H3b 成立

注：*** 意为在双尾检验下 P<0.01。

2．中介效应分析

本研究运用Bootstrap法检验中介效应模型的路径系数，具体结果如表6所示。“政治效能感→志愿服务参与行为”的总间接效应为0.432，置信区间不包括0（0.390～0.577），表明总间接效应显著。“政治效能感→志愿参与义务感→志愿服务参与行为”的间接效应值为-0.020，置信区间不包括0（-0.026～-0.020），表明存在遮掩效应，H1不成立。“政治效能感→志愿参与控制感→志愿服务参与行为”的间接效应值为0.286，置信区间不包括0（0.037～0.302），表明中介效应存在，H2成立：政治效能感通过志愿参与控制感对志愿服务参与行为产生中介效应。“政治效能感→志愿参与结果期待→志愿服务参与行为”的间接效应值为0.166，置信区间不包括0（0.143～0.186），表明中介效应存在，H3成立：政治效能感通过志愿服务结果期待对志愿服务参与行为产生中介效应。

表6　中介效应模型的路径系数结果

项目	潜变量效应	标准化路径系数	系数乘积		Bootstrap2000次置信区间95%		假设结果检验
			标准误差	P值	下限	上限	
总间接效应	政治效能感→志愿服务参与行为	0.432	0.083	***	0.390	0.577	
间接效应	政治效能感→志愿参与义务感→志愿服务参与行为	-0.020	0.008	**	-0.026	-0.020	H1不成立
	政治效能感→志愿参与控制感→志愿服务参与行为	0.286	0.078	***	0.037	0.302	H2成立
	政治效能感→志愿参与结果期待→志愿服务参与行为	0.166	0.015	***	0.143	0.186	H3成立

注：*** 意为在双尾检验下 P<0.01，** 意为在双尾检验下 P<0.05。

3．调节效应分析

本研究借助多群组结构方程模型对“志愿组织的管理规范度（ORG）”的调节作用进行检验。首先，将“志愿组织的管理规范度”

划分为二分类变量：计算每一位被试在“志愿组织的管理规范度”这一维度下获得的总分，并求得总分的平均值（28.79）；将每一位被试的总分与平均值进行比较，若小于平均值则属于“志愿组织的管理规范度高”组；反之则属于“志愿组织的管理规范度低”组。而后，运用Mplus软件比较不同群组的结构方程模型路径系数的差异，分析结果如表7所示。

表7　基于路径系数的调节效应检验

路径	组织管理规范度高	组织管理规范度低	调节效应的显著性	假设检验结果
志愿参与义务感→志愿服务参与行为	-0.131***	-0.128***	0.332	H1c 不成立
志愿参与控制感→志愿服务参与行为	0.478***	-0.100***	0.000***	H2c 成立
志愿参与结果期待→志愿服务参与行为	0.372***	0.157***	0.000***	H3c 成立

注：*** 表示在 1% 的统计水平上显著。

结果表明：在志愿组织管理规范度到高分组和低分组（以下简称为“规范度高组”和“规范度低组”）中，大学生志愿参与义务感对志愿服务参与行为的路径系数分别为-0.131和-0.128，两组的路径系数无显著差异。可推测：无论志愿组织的管理规范度如何，大学生志愿参与义务感对大学生的志愿服务参与行为始终是负向的影响，并且这种影响程度大致相同。

大学生志愿参与控制感对其志愿服务参与行为的路径系数在规范度高组和规范度低组分别为0.478和-0.100，两组的路径系数差异显著（$P<0.001$），表明志愿组织的管理规范度能调节志愿参与控制感和志愿服务参与行为之间的关系。由结果可知，志愿组织的管理规范度越高，大学生的志愿参与控制感对其志愿服务参与行为的正向影响越为明显；若志愿组织的管理规范度越低，大学生的志愿参与控制感越强其志愿服务参与行为就越少。

大学生志愿参与结果期待对其志愿服务参与行为的路径系数在规

范度高组和规范度低组分别为0.372和0.157，且两组的路径系数差异显著（$P<0.001$），表明志愿组织的管理规范度能调节志愿参与结果期待和志愿服务参与行为之间的关系。由此可知，无论是规范度高组还是规范度低组，大学生对志愿参与的结果期待越高，其志愿服务参与行为就越多。但是，与规范度低组相比，规范度高组的大学生们对于志愿参与的结果期待会更大程度地促进志愿服务参与行为的产生。

四、结论与讨论

（一）研究结论

1. 政治效能感通过志愿参与控制感（自我效能感）、志愿参与结果期待（态度）的中介作用对大学生志愿服务参与行为产生显著的正向影响。政治效能感强的大学生往往对自己的参与能力有更强的自信，对参与行为的态度也更加积极。当其相信自己的能力足以支持自己完成志愿服务时，或相信外部的回馈足以满足自己对结果的期待时，其参与志愿服务的可能性也随之增加。

2. 政治效能感通过志愿参与义务感对志愿服务参与行为产生掩饰效应。尽管政治义务感是促成政治参与的重要因素；但在志愿参与方面，如果大学生在抉择是否参与志愿服务时受到的社会压力过大、将志愿服务视为强制性义务时，那么其志愿行为可能会减少。

3. 志愿组织的管理规范度对志愿参与控制感与志愿服务参与行为之间的关系发挥着调节作用。其原因可能在于：志愿参与控制感强的大学生通常认为自己能够轻松胜任志愿服务，对自己的能力充满自信；但如果对志愿组织的管理规范度评价较低，则很可能认为目前的志愿组织无法作为自己施展才华的平台，因此参与积极性下降。相反，如果大学生对志愿组织的管理规范度的评价较高，则意味着志愿组织满足了个人的心理预期，其对志愿团体的归属感也由此增强。同时志愿组织规范化的管理也会让个人觉得志愿服务的过程是有一定程序可以依循的，以此进一步增强个人的自我效能感，强化了志愿参与控制感对个人参与行为的正向影响。

4. 志愿组织的管理规范度能调节大学生志愿参与结果期待和志愿参与行为之间的关系。对志愿组织管理规范度评价更高的大学生，他们对志愿参与的结果期待更能促进志愿行为的产生。其原因或在于：人们往往将更规范的组织管理和更高的效率联系在一起。若大学生认为志愿项目的组织管理流程是较为规范的，他们便更相信：在这样规范的管理下，志愿活动也能够创造更大的价值。因此，对志愿组织的管理规范度评价更高的大学生，会更相信志愿参与能满足自己对于志愿服务的结果期待。所以，他们对志愿服务的结果期待便能够更有效地促进志愿参与。

（二）研究启示

1. 推进志愿组织的管理规范化发展。研究结果表明，规范化的组织管理更有益于激发大学生的参与行为。而高校作为大学生开展、组织志愿项目的重要场域，其志愿项目的组织与管理工作更应向着制度化、体系化发展。从活动开始前的筹备规划到活动结束后的反馈总结，每一个流程都需要有一定的标准。通过降低志愿项目开展盲目性以及志愿项目管理的随意性来实现志愿组织管理的规范化，以此增强大学生对志愿服务的认可以及对志愿组织的信任，从而带动更多的学生参与其中。

2. “激励为主，强制为辅”，鼓励大学生自愿参与志愿服务。如果大学生将志愿参与视为一种强制性的义务，那么其很可能产生逆反心理，参与志愿服务的积极性也会有所下降。因此，学校在将志愿服务纳入学分管理体系的同时，也应该不断宣扬志愿服务的功能，将参与志愿服务与实现个人价值相关联。其次，高校应尝试营造“全员志愿”的氛围，让学生潜移默化之中感受志愿服务的魅力，使其自觉地参与到其中。若一味采用强制性手段要求学生参与自愿性的志愿服务，这既与志愿服务精神相违，也不符合循循善诱的育人理念。

3. 重视培养学生能力，提升学生自我效能感。自我效能感的提高有助于志愿参与行为的产生。因此，高校发展志愿服务时不能只将注意力放在志愿活动本身上，而应该同样重视对学生的能力培养。首先是专业能力方面，夯实学科专业基础，将志愿开展与学科知识相结合，鼓励学生在自己擅长的领域提供出色的服务。其次是志愿经验方面，高校志愿者工作的主管部门可以通过定期组织志愿服务经验分享会、培训会，为志愿者提供学习交流志愿经验的平台，让志愿者能够高效地获得关于志愿服务的经验与知识。

然而，本研究仍存在不足，如在衡量志愿组织的管理规范度时，本研究采用的是被试者的主观评价，而非第三方的客观衡量；由于不同被试的判断标准不同，以及记忆模糊等问题，因此可能存在测量误差。

（校团委供稿）

基于数学学科特色的高校志愿服务项目探索

——北航数学学院“数海领航”志愿服务项目研究

一、项目背景

习近平总书记指出，志愿服务是社会文明进步的重要标志。党的十九大报告提出，加强思想道德建设，要提高人民思想觉悟、道德水准、文明素养，提高全社会文明程度。志愿服务是“人民有信仰，国家有力量，民族有希望”的生动体现。这鼓励当代大学生作为社会最具青春力量的团体，更要积极主动作为，奉献青春力量，积极加入志愿服务的队伍中来。高校作为大学生培养的主要阵地，对大学生的思想道德建设发挥着重要作用，而本着“奉献、友爱、互助、进步”精神的志愿服务活动，则是高校加强思想道德建设的重要手段之一。积极主动参加志愿服务活动，有利于提高当代大学生思想道德水平，坚定理想信念，巩固文明素养，促进大学生文明成长。同时，志愿服务“向上向善”“追求美好”的独特风格能够引导大学生积极乐观地面对生活，大学生积极参与志愿服务活动有助于丰富他们的校园文化生活，远离各种消极情绪的困扰，促使其积极参与人际互动，健康、阳光、快乐地成长。

北航数学科学学院坚持以党的创新理论武装头脑、指导实践，积极探索能够发挥学院数学学科特色的高校志愿服务新思路新方法，致力于建设一项立足于青年学生志愿者服务全校同学数学学业的大型志愿服务项目——“数海领航”。在学校和学院的指导支持下，项目自

2014年启动建设并不断探索完善。“数海领航”成立的初衷是针对全校学生在本科都要学习的一些数学课程，由于大学数学与高中数学差别较大，对数学系统思维和逻辑思维有更高的要求，大学数学课程对很多同学来讲内容比较抽象，理解比较困难。“数海领航”项目全体志愿者发挥专业优势，针对全校同学的数学学习，给予学业辅导和经验分享。命名为“数海领航”是希望帮助同学们渡过数学难关，更是希望能帮助广大学子在我航领跑，成长为“两领人才”。

二、工作方法探索

（一）探索建设精神塑造为先的全员参与志愿平台

1. 重视精神塑造。北航提倡“四爱”——爱祖国、爱航空、爱航天、爱北航；对于数学学院的学生，还要加上爱数学，这是加强学风建设、专业建设非常重要的一部分。参与“数海领航”的数学学院学生志愿者，用自己的专业知识和服务精神热心帮助其他同学，把自己良好的习惯和学习经验推己及人，传递正能量，让广大学生感受到志愿者无私奉献的温暖，这正是践行社会主义核心价值观的直观表现。“数海领航”的工作培养了志愿者的责任感、助人精神、服务意识，让他们得到锻炼的同时，也让全校同学在数学课程的学习上得到帮助。在“数海领航”，提供答疑辅导的同学们可以发挥自己的特长，相互协作、优势互补，提升人际交往能力，培养团队精神。

2. 动员全员参与。学院每年将“数海领航”纳入学院工作整体规划，作为思政教育的重要内容进行统筹，认真组织推进，广泛动员鼓励全员参与，学院基本所有的本科生、研究生党团支部全部参与其中，并且在榜样引领下，越来越多的志愿者主动加入队伍。

3. 搭建志愿平台。“数海领航”成立以来，每年能够提供志愿服务岗位900余个，与此同时，搭建了与“志愿北京”结合的志愿平台，为每位参与到其中的学生志愿者记录服务时长，200余名志愿者平均每年的服务时长可达5000余小时。

4. 保障专用场地。为广大同学提供舒适的学习辅导环境是很重要的，数学学院在北航沙河校区四号教学楼装修了专用场地作为服务站，用数学文化风格进行装饰，如创意的数字挂钟和墙饰等，营造了良好的数学学习和文化氛围。

（二）探索全方位立体化的学业辅导运行模式

根据学生的需求，“数海领航”开展以日常答疑、网络答疑、考前特训为主要形式的全方位立体化辅导模式。

1. 日常答疑。这是“数海领航”的主要工作内容，每天晚上在服务站安排志愿者为同学们答疑，答疑内容涵盖数学分析、线性代数、解析几何、概率统计等数学课程，基本实现了数学重点科目的全覆盖。为满足广大学生需求、提升答疑效果和辅导质量，数学学院自2016年起动员学院教学团队将自身教学答疑环节融入“数海领航”的答疑工作中；同时通过辅导员邀请低年级的各科“学霸”作为志愿者加入答疑团队。现阶段的答疑团队已经全面成型，结合了教学团队的教师及助教、高年级志愿者及低年级“学霸”志愿者，形成了囊括各方各面人才的答疑团队，解决了广大学生对各个科目的答疑需求。

2. 网络答疑。为实现线上线下联动的立体式辅导，“数海领航”探索建立微信平台开展网络答疑。同学们可以随时随地提出问题，“数海领航”团队会在一天之内给予回复，为同学们提供更加方便、快捷的答疑方式。在常态化疫情防控背景下，“数海领航”团队努力探索工作新方法，在拓宽线上答疑模式的同时创新数学知识分享模式，通过数海领航公众号，分专业收集近期重难知识点或经典例题。

3. 考前特训。每学期期中和期末，“数海领航”都会举办考前特训。教师亲临答疑现场，硕士生博士生志愿者齐上阵，为同学们进行知识点梳理。每学期举办5~6场，场场爆满，每年有上千人次的同学在考前串讲中获益，已成为学生信赖的品牌活动。

（三）探索构筑载体丰富的数学文化交流平台

1. 数海沙龙。为小规模的沙龙交流，每次由1~2名分享人带领15~20名学生进行互动式交流。“数海领航”团队积极邀请校内外名师、知名校友和学习优异的在校学生与同学们进行互动和交流，主题涵盖数学文化、学习技巧、大学生涯规划、社会实践、科技实践、创新创业等多个方面。“数海沙龙”在北航两校区教学的背景下，为学生提供了与老师、学长学姐面对面交流的宝贵机会，已成为学生感兴趣、老师肯投入的重要活动之一。

2. 建模培训。“数海领航”团队与北航数学建模社深入合作，共同打造北航数学建模培训平台，所有参与建模培训的师生探索创立了“指导教师+数学建模社+竞赛领队”的分工协作模式，形成了以学生理事竞赛联盟为核心的协同工作创新机制。而且开创了建模名师线下讲座、拓展线上直播、丰富兴趣模式、增进导学互动相结合的工作模式，全面助力北航学子数学建模能力和成绩的不断提升。

3. 数海书角。“数海领航”为了鼓励同学们广泛阅读数学书籍，拓宽数学视野，培养数学学习兴趣，专门为同学们在服务站建立了数学图书角。“数海书角”在学院的支持下购置了很多数学知识和文化相关书籍，包括数学学习参考书、数学类科普书籍、数学人物传记、经典数学著作等，图书种类充实且丰富，在平时和假期均为同学们开放借阅。同时，书角不断进行图书更新，通过公众号等形式广泛征集同学们对各类数学书籍的需求，按需添置。

4. 微信平台。“数海领航”微信公众号自2014年10月创建以来，目前关注人数已达3796人，共制作推送208期，推文超过400篇。推送包括数学文章推荐、数学趣题分享、数学人物介绍、每周答疑安排等等众多板块，经过多次改版，不断贴近同学们的生活，将数学魅力分享给更多的人，充分调动同学们数学学习的积极性和趣味性，享受数学学习的过程。

5. 数学文化节。“数海领航”本着“弘扬数之美，播撒数之爱”的理念，在学校每年举办全校层面的大型活动“数学文化节”。文化节通过邀请知名院士、学者进行主题学术报告，组织趣味建模比赛、数独比赛、数学知识竞答、数学电影展演等系列活动宣传和推广数学文化，进一步激发北航学子对数学的学习动力和热爱。

6. 数学大师剧。“数海领航”团队与北航学生话剧社大力合作，在校党委宣传部和校团委的指导和支持下，精心制作数学大师剧《正·无穷》，旨在纪念华罗庚诞辰110周年、北航华罗庚班开班10周年，并为中国共产党建党100周年献礼。勉励当代北航学子传承和弘扬华罗庚精神，热爱伟大祖国，为强国复兴求真学问、练真本领。话剧于2020年成功首演，并邀请到了华罗庚先生之子作为特邀嘉宾到校出席。话剧演出后在学校反响强烈，获得师生高度认可。

三、项目成效和未来展望

北航数学学院“数海领航”志愿服务项目自成立以来不断发展完善并取得显著成效。首先，参与项目的数学学院志愿者能够充分发挥自己的数学学科优势来帮助广大同学的学业进步，教学相长，更加深刻地体悟并践行“奉献、友爱、互助、进步”的志愿精神，展现“在数学、言数学、爱数学”的精神风貌。而且，在学习辅导及学业指导的大力支持下，近年来北航广大学子数学相关竞赛的成绩上取得很大提升，具体在全国大学生数学竞赛、全国大学生数学建模竞赛及美国大学生数学建模竞赛中，无论参赛人数和获奖人数均逐年显著提升，目前成绩均位于全国第一梯队。同时，项目通过组织载体丰富的数学文化交流和宣传活动，在学校逐渐掀起数学学习热潮，校园的数学文化氛围日渐浓厚。

“数海领航”将持续践行志愿服务精神，与时俱进，充分利用学校和学院相关资源，在不断探索中创新和完善学业辅导和文化交流的新模式。未来，随着广大北航学子对数学学习及数学文化不同层面的需求逐渐增强，强化核心、做好做精、精准施策、推陈出新是“数海领航”向前发展的主要方向。

1. 针对部分学业困难学生进一步精准施策。学校有较多少数民族学生由于数学基础相对薄弱，大学数学学习对他们来讲更加困难，学习跟不上的情况普遍存在，“数海领航”计划成立专门的帮扶小组，为其定期开展专项答疑和辅导服务，同时，邀请学院教师为少数民族学生专门编写中学大学衔接的针对性辅导材料。多措并举，努力帮助少数民族学生摆脱数学学业困境。

2. 加强疫情防控常态化背景下信息化建设。在疫情防控常态化的大背景下，服务平台信息化建设的重要性更加凸显，“数海领航”计划在现有资源基础上，努力打造特色的信息化学业支持平台，具体将涵盖线上答疑、直播串讲、科普微课录制等多个模块，同时将做好电子学习资源的储备，建立完整的学习资料库，按年级、科目、专业分类梳理汇总，通过师生分享和总结归纳等形式进行资料实时更新，充分满足各年级学生的学习参考需求。

3. 着力打造专业覆盖面广的志愿服务团队。“数海领航”计划在全校范围内广泛动员更多非数学专业的学生积极参与进来，扩大团队规模，增大专业覆盖面，以更好地适应理、工、文各专业学生对数学学习的不同需求。同时项目将注重加强日常运行骨干力量的培养，进一步强化服务意识，细化职能分工，努力打造高效的运行团队。

“数海领航”志愿服务项目全体成员将不忘“立德树人”之初心，牢记“培养具有高度的国家使命感和社会责任感，理想高远、学识一流、胸怀寰宇、致真唯实的领军领导人才”的使命，始终坚持“以学生为本”，持续深入落实思想引领、成长服务的理念，进一步提升专业化、科学化水平，为广大北航学子的成长成才提供扎实兼具个性化的指导和服务，努力推进学校人才培养中心工作，为北航“双一流”建设添砖加瓦、贡献力量。

（数学学院分团委供稿）

着力推进高校从严治团
聚力打造坚强育人阵地

习近平总书记在同团中央新一届领导班子成员集体谈话时强调，共青团要切实落实从严治团要求。深入推进从严治团，是落实全面从严治党的必然要求和有效延伸，是共青团面向未来改革发展的重要举措。适逢党的二十大和建团百年，共青团十八届六中全会对全面从严治团工作进行进一步的系统部署，恰逢其势、正当其时。新形势下深化推进全面从严治团，是做好高校共青团工作的根本保证。

一、坚定党的领导是高校从严治团的逻辑起点

党有号召，团有行动；党旗所指，团旗所向。这是共青团工作的形象写照，也生动揭示了中国共产党和共青团的特殊政治关系。作为党领导的青年组织，坚定不移听党话、跟党走是共青团百年不渝的初心，也是团的事业蓬勃向前的根本保证。要把全面从严治团落到实处，首先就是要始终坚持党的领导，守好这个初心、擦亮这个初心。

一是旗帜鲜明讲政治，涉及根本，关乎大局。中华民族的伟大事业必须由党来领导，党和国家事业发展对优秀人才的需求，比以往任何时候都更为迫切。高等教育改革发展面临新挑战、肩负新使命，高等教育的基础性、先导性、全局性地位愈加凸显，必须切实强化党对高校的全面领导。高校共青团必须在高校党委的坚强领导下，坚定不移团结带领广大青年坚定不移跟党走，让党的旗帜始终在高校青年工作阵地上高高飘扬。

二是持续加强理论学习，学懂弄通，细照笃行。高校共青团要把

学习习近平新时代中国特色社会主义思想作为首要政治任务，探索团内政治理论学习制度，提升各级团学组织学习实效，建立健全“第一议题”学习机制，及时系统跟进学习习近平总书记的重要讲话文章、指示要求、回信贺信等，进一步带动高校团员青年提升提高政治判断力、政治领悟力、政治执行力。

三是推动理论宣讲制度，持续用力，久久为功。探索高校共青团干部上讲台上网络、讲党课讲团课常态化运行机制，通过多元化培训交流提高团干部理论宣讲能力，搭建团干部线上线下理论宣讲平台，理想旗帜举得高、守得住，才能在广大团员青年中形成持之以恒的号召力。充分学习和发挥中央团校对地方团校的示范带动作用机制，加强校院两级团校建设，创新办学体制机制，打造融合学校特色的“青马工程”。

二、聚焦立德树人是高校从严治团的核心要点

百年大计，教育为本。高校是培养青年人才是重要基地，高校共青团工作要始终把握高校青年群体的特殊性，旗帜鲜明地把人才培养作为中心工作，主动融入思想政治工作的“大格局”，主动融入人才培养的“大体系”，以团教协同为抓手,发挥共青团体系优势，进一步提升共青团平台育人贡献度，在立德树人中增添共青团的亮丽底色。

一是坚定服务高校立德树人根本任务的工作主线。“培养什么人、怎样培养人”是事关党和国家前途命运的重大问题，也是我国社会主义教育事业发展必须解决好的根本问题。共青团作为高校组织架构的组成部分之一，实际工作必须从立德树人根本任务出发，从匹配和服务学校人才培养目标出发，从服务学生青年大学生成长成才角度出发，为共青团组织提供创造性开展工作的条件和机会。

二是明确提升团学工作体系育人价值的工作实践。高校共青团服务人才培养的使命责任，就是要通过系统推进思想育人、组织育人、文化育人、科创育人和实践育人来实现。高校共青团要在带领青年大学生奋勇建功新时代的生动实践中，主动引导青年树立坚定的理想信

念和正确的社会主义核心价值观，培养健康成熟的人格，培育扎实的专业基础和创新能力，使之成为合格的社会主义建设者和接班人。

三是探索联合社会组织助力人才培养的工作路径。共青团具有独特的体系优势，高校共青团可以探索加强与属地团组织、行业团组织、青年社会团队等的交流联动，联合校内教学部门，共同设计开展面向青年大学生群体的订单式人才培养、共建创新实验室、校内外课程置换、建设实习实训基地等项目合作，推动校企合作、产教融合的落地实施，在有的放矢地培养学生实践动手能力的基础上，不断靠前提升学生就业能力，缓解高校毕业生就业难的现实困境。

三、强化制度落实是高校从严治团的突破重点

根深叶茂，纲举目张。团内各项制度的建立健全和严格落实是全面从严治团的保障。高校共青团要坚持以党章为根本遵循、以团章和团内各项制度为根本依据，充分尊重青年大学生的群体性特点，系统总结高校青年工作规律，强化各项制度执行落实。

一是充分认识制度建设的重要性。共青团的制度建设具有根本性、全局性和长期性，是思想建设、组织建设、作风建设的基础和保障。高校共青团的从严治党，必须要坚持常规工作与制度治团紧密结合，逐步推进工作由建章立制向制度治理的转向升级。高校共青团的工作群体主要是青年大学生，更需要在高标准、严要求、硬约束下开展工作，真正做到先进组织一样干事创业，努力使团的各项工作走在前列、成为标杆。

二是不断优化规章制度的合理性。高校共青团的制度建设，首先要遵循上级团组织的顶层设计，同时要充分考虑工作环境和对象的特殊性。高校共青团规章制度建设，可以尝试整体谋划与急用先行相结合，着眼提升科学性和规范性，本着要求明确、流程清晰、简便务实的原则，注重与党规党纪、法规法纪和校内管理制度的相互衔接和彼此呼应，系统构建覆盖团员、团干部、团组织的团内制度体系。

三是推进基层组织生活的规范性。高校基层团组织，是团的制度建设的核心载体。高校共青团要坚持大抓基层，在巩固传统基层团组织建设成果的基础上，大力推进班团一体化、本研协同化建设，继续拓展区域化团建、行业团建工作内容，扩展共青团工作覆盖面。继续推进基层团组织规范化建设“对标定级”，加强和整顿软弱涣散的团组织，促进团组织建设与学习工作实际相融合。

四、加强队伍建设是高校从严治团的体系支点

子帅以正，孰敢不正。团干部是共青团工作的“领头雁”，高校共青团的各项工作都要抓住这些“关键少数”。团干部群体的道德水平和学识阅历对青年大学生的价值取向、行为方式、思维模式具有重要影响，其言行举止也是社会大众高度关注的对象。高校全面从严治团，必须将团干部作为团学体系的核心群体建好抓实。

一是从严提升团干部队伍的思想认识水平。团干部的思想认识水平，是全面从严治团的基本政治保障。必须把从严治团要求融入高校团干部的选任培养，全过程向全面从严治党的高标准看齐，关键是要做到对党忠诚。高校共青团要配合高校党委从严管好团干部队伍，引导团干部树立正确的政绩观、事业观，不做“花瓶”，当好“尖兵”，始终保持蓬勃朝气，展现清风正气，让团干部真正成为青年大学生群体的朋友和青年工作的行家里手。

二是从严加强团干部队伍的合理化建设。从优选配高校共青团干部，严格专职干部选拔任用程序，完善班子挂兼职成员的选配管理机制，真正把知青年、懂青年、爱青年工作的人吸纳到高校团学队伍中来。改革考核评价机制，突出政治标准，配合学校组织部门建立优化高校团干部考核机制和履职评价制度，既“压担子”，也“搭梯子”，将过程性评价与总结性评价、自评与他评结合起来，引导干部聚焦主责主业、主动担当作为。

三是从严改进团干部队伍的工作作风。高校共青团干部普遍年龄

偏低，从根源上祛除“官本位”思想和克服形式主义、官僚主义倾向的需求更加迫切。高校共青团可以探索建立团干部工作目标责任制，健全团干部问责和监督执纪机制，对履职不力、作风漂浮的干部，采取约谈、提醒、通报或组织处理、纪律处分等方式进行追责。面向基层一线深入实施团干部密切联系青年机制，注重提升工作实效，着力解决工作难点、遗留难题，推动工作风气不断向好。

坚定不移跟党走就是我们的横亘百年历史初心，为党和人民不懈奋斗就是我们的跨越百年的历史使命，带领广大青年当好党的助手和后备军是我们的延续百年的历史责任。通过全面从严治团，要让高校共青团深刻认识自身肩负的政治职责，更加自觉而坚定地为党育人、为国育才。通过全面从严治团，要进一步塑造高校共青团应有的形象气质和精神风貌，让共青团真正成为有信仰、有情怀、始终站在理想信念制高点上引领青年的政治组织。通过全面从严治团，要进一步优化和彰显高校共青团的育人价值，做优做强品牌项目，推进共青团工作与高校中心工作的完美契合。

装点此关山，今朝更好看。站在新的百年历史起点上，高校共青团要以“改革再出发”的精神气概，牢记建团初心、赓续光荣传统，在新百年勇担新责任，展现新作为，再获新成绩，继续团结引领广大团员青年在实现中华民族伟大复兴中国梦的历史进程中建功立业！

（校团委供稿）

构建志愿服务与法律公益双向融合机制 以志愿精神助力青年成长成才

一、工作背景介绍

北航法学院团学工作队伍以引导青年成长成才、培养政治可靠、素质过硬的合格建设者和接班人作为开展志愿服务工作的遵循。通过指导学生公益服务实践，凝聚青年力量，积极响应国家建设和社会发展的需要。为此，分团委聚焦共青团主责主业，坚持以服务人才培养为中心，积极开展各类志愿服务活动，强调让学生真正成为志愿服务活动的主角，不断创新工作机制，提升志愿服务工作的能力水平。通过志愿服务工作，引领学生思想进步，支持学科发展建设，传承北航空天报国精神。相关工作主要围绕以下问题开展。

（一）如何在志愿服务中传承北航空天报国精神

分团委扎根北航开展志愿服务工作，传承空天报国精神，立足新时代，与国家社会发展需求联动。学院志愿服务的开展注重把握北航学生的新特点，体现北航学子的精神风貌和思想特质，拓宽视野，凝聚合力，服务大局。通过志愿服务开展，在学生中弘扬北航空天报国精神，加强理念引领，形成思想共识。基于志愿北京、蓝天志愿者协会、学生法律援助中心等校、院志愿平台，鼓励引导学生广泛参与到服务群众、服务社会、服务国家的公益实践之中。

（二）如何让志愿精神在青年学生中成为引领

立德树人是新时代中国特色社会主义教育事业的根本任务。法学院志愿服务工作必须深刻把握立德树人的本质内涵，明确人才培养的正确定位，支撑北航培养德才兼备、德智体美劳全面发展的新时代一流人才。

分团委注重志愿服务工作创新，在基础制度和模范引领两个层面做好联动。基础制度层面需要关注机制设计，突出社会实践需要，融合公益服务需求，鼓励学生自主探索、总结经验，以基础制度改革推动志愿服务品牌建设，增强组织凝聚力吸引力；模范引领层面则要加强典型宣传，形成模范引领，发挥优秀志愿者的先锋作用。法学院的志愿服务工作始终着眼于人才培养，经过不断探索，形成多方联动、共同推进的工作模式，在服务引领青年学生方面取得重要成效。

（三）如何实现志愿服务与专业学习的双向融合与相互促进

分团委注重开展具有专业特色的法律公益活动，使学生志愿服务的过程成为锻炼专业能力的实践过程。法学院鼓励学生参与公益法律援助，通过学生法律援助中心让学生参与公益服务和法律实践，汇聚青年之力服务法律公益事业。结合“12・4”国家宪法日和学校“法律文化节”等活动，组织志愿者开展现场宣传和网络普法等特色活动等，讲好宪法故事、普及宪法精神。法学院学生宣讲团充分发挥专业优势，创新宣讲形式，依托丰富的活动载体，开展习近平法治思想、民法典等专题宣讲活动，营造良好的学法守法用法氛围，讲好新时代法治故事。志愿者在宣讲过程中提升自身法律素养，做好法治精神的传播者、践行者。通过构建特色志愿平台，丰富志愿服务活动内容，注重学生法律职业能力的提高和人格品德的培养，推动志愿服务常态化、专业化。

总结近年来法学院志愿服务工作开展经验，重点在于积极响应上级党组织、团组织的号召，服务国家和社会需求，注重志愿服务与学科特点结合，创新志愿者服务平台，形成学院青年学生志愿服务与法律公益双向融合机制。以此为基础，激发航法学子的青年力量，充分挖掘学科资源优势，服务社会公益目标，助力能力一流、品德高尚的卓越法治人才培养。

二、主要做法

为把握新时代做好青年志愿服务事业的新形势与新机遇，培养德智体美劳全面发展的航法青年，北航法学院分团委对标习近平总书记系列重要讲话精神、中央党的群团工作会议精神以及《高校共青团改革实施方案》《学联学生会组织改革方案》《北京航空航天大学共青团改革实施方案》等重要文件要求，结合北航法学院教学育人实际，在支持青年成长成才、服务学校人才培养和学科建设发展、融入国家治理需求、发挥专业资源优势等方面探寻并构建了志愿服务与法律公益双向融合的特色机制。

（一）支持青年成长成才

志愿服务工作提供了支持青年成长成才的有效途径。在功能定位上，高校共青团的任务是创设各种条件和环境，构建各种发展平台和运作机制，最大限度地激发青年发展的内在动力，最大限度地满足青年发展的内在需求。服务青年学生成长成才是共青团的重要使命，是团学工作的核心职责，也是志愿服务工作的重要导向。

分团委通过精心组织设计，着眼提高航法学子的思想政治素质，让青年在服务人民、奉献基层中得到充分锻炼，让学生们提升自身对于国情的认知、磨砺意志品质和能力才干，为国家建设贡献航法学子的青春力量。

多年来，北航法学院分团委积极动员学院全体本科生、研究生在“志愿北京”平台注册成为志愿者，促进学生在服务中成长、在实践中进步。航法青年广泛响应号召，踊跃注册成为志愿者，在为人民服务的一线锤炼自我、传递爱心，用行动诠释着“奉献、友爱、互助、进步”的志愿精神。目前，北航法学院现有“志愿北京”平台实名注册志愿者超过300人，其中共产党员超过100人，真正实现了志愿服务全覆盖、党员先锋走在前、广大青年齐参与的工作格局。

北航法学院以法律援助品牌建设引领志愿服务新风尚。北航公益法律服务中心由北航法学院在国内高校中率先设立，是一所为社会公众提供无偿法律服务的专业性公益机构，同时也是首批中央专项资金法律援助项目示范单位。北航公益法律服务中心在北航法学院分团委的指导下，弘扬“乐于奉献、扶困济弱”之精神，践行北航“德才兼备、知行合一”之校训，捍卫法治“公平正义”之理念，为广大群众特别是社会弱势群体答疑解惑，排忧解难，尽己之力贡献于公益事业。近三年来，北航法学院招募并培训200余名在校本科生和研究生作为法治宣传志愿者，实施100余次的法治宣传活动，受益人群达到近万人。航法学子发挥专业优势，用所学捍卫法律正义，以热心传播温暖真情，在法律援助、普法宣传的实践中为祖国建设奉献法治力量。

此外，北航法学院分团委已累计动员500余名青年志愿者参与庆祝中华人民共和国成立70周年大会、庆祝中国共产党成立100周年大会、法律援助、“青春船长”、宪法日宣传等类型多样、意义重大的志愿服务项目。航法志愿者们用无私付出与辛勤奉献，彰显了当代青年的价值追求和使命担当。志愿服务已经成为北航法学院学生社会实践的大舞台、成长成才的公开课。

（二）服务学校中心工作和学科建设发展

团学工作不能脱离学校和学科的育人土壤，必须结合学校人才培养需要和学科发展需求来开展志愿服务。国务院在《统筹推进世界一流大学和一流学科建设实施办法（暂行）》中提出：“以中国特色、世界一流为核心，落实立德树人根本任务，以一流为目标、以学科为基础、以绩效为杠杆、以改革为动力，推动一批高水平大学和学科进入世界一流行列或前列。”在一流大学与一流学科的建设过程中，分团委以习近平新时代中国特色社会主义思想为指导，深入学习贯彻党的十九大和十九届二中、三中、四中、五中、六中全会精神，深入贯彻落实全国教育大会精神、全国高校思想政治工作会精神，深入贯彻

2021年北京航空航天大学人才培养大会系列部署，始终把围绕中心、服务大局作为工作主线，以志愿服务与法律公益双向融合机制，精准对接北航全员全过程全方位培养一流人才的中心工作，切实助力法学学科建设的高效与有序发展。

分团委在北航党委、校团委、法学院党委的领导下，紧紧聚焦学校中心工作，扎实开展志愿服务等团学工作。在“校庆嘉年华”“冯如杯”“迎新接站”等学校活动中积极参与，营造大爱氛围、传承北航温度。在第十六届“挑战杯”全国大学生系列科技学术竞赛中，20余名志愿者直接参与到各项筹备和服务工作中，提供了优秀的赛事服务，给参赛选手和嘉宾留下了美好的北航印象。

北航法学院作为国内知名法学院，高度重视培养德法兼修的卓越法治人才，以探索和构建“扎根中国大地、面向科技未来”的法学思政教育体系为己任，致力于推动新时代法学学科发展迈上新台阶。

由北航法学院与台湾政治大学法学院联合举办的“两岸民商法前沿论坛”已成功举办九届，同时也是航法学子参与度极高的学院内志愿服务项目。两岸民商法前沿论坛搭建起了海峡两岸学者共同推动民商法理论与制度进步的良好沟通平台，论坛的学术成果也被理论学界和实务部门广泛吸收，使得论坛已经成为两岸法学界影响力最强、参与度最广、学术性最浓的学术活动之一。为了引导与支持航法学子参与到两岸民商法前沿论坛的志愿服务工作中，分团委认真开展会前志愿者招募与培训、会中组织协调与沟通、会后的评估与反馈。广大航法学子积极参与论坛的会议支持和学术服务工作，在亲身感悟学术交流的魅力的同时，在志愿服务中收获与成长，展现青春风采。

（三）融入新时代国家社会发展需求

习近平总书记指出，新时代青年必须“立大志、明大德、成大才、担大任”，开展志愿工作，高站位、大格局；十九届四中全会指出，要在实践中推进国家治理体系和治理能力现代化。一流大学法学院的青年学生，需要发挥青年担当，将自身成长融入国家发展需求。

其一，在重大活动中彰显青年使命担当。在庆祝中华人民共和国成立70周年活动中，53名学生参与活动，5人获校“先进个人”表彰。在建党百年之际，引导学生积极参与《伟大征程》文艺会演，用青春之力量献上建党百年的生日贺礼。其二，在大型志愿服务中当仁不让。参与“中国国际服务贸易交易会”的志愿者招募工作，为大型峰会输送优秀志愿者；在北京冬奥会的筹备期间，参加“相约北京”冬奥测试活动，为迎接冬奥会顺利举办做好全方位服务保障。此外，学院还组织学生参与了亚洲文明大会、“一带一路”高峰论坛、第十六届挑战杯等其他大型志愿服务工作。青年学子不仅在志愿服务中锻炼了过硬的服务本领，更亲身和时代同频共振，进一步增强爱国荣校情怀。其三，助力边远基层点燃梦想。航法学子积极利用寒暑假前往贵州、山西等地的乡村小学、中学开展短期支教，将语文、科学、英语等传统学科教学与兴趣课程、趣味运动会等相结合，用知识和热情为山区孩子们点燃教育的梦想。其四，在大灾大疫面前冲锋在前。在抗击新冠肺炎疫情和抗洪救灾期间，航法学生在家乡社区积极参与志愿服务，继承和发扬担当精神，身体力行支持国家战疫、抗灾行动，展现了新时代青年的责任担当。

（四）结合法学学科特点，发挥专业资源优势

分团委坚持将法学知识和法治精神运用到志愿服务工作中，与各层次志愿服务对接，发扬志愿服务精神。其一，以专业为助力为志愿活动提供资源要素。北航法学院作为第一批“青春船长”普法活动单位，实施法制宣传活动30余次，先后在北京市商务管理学校远大路校区、北京宏志中学、北京市第五十四中学、北京市汇文第一小学、北京市第一七一中学等多所中小学、职校开展精彩生动的禁毒宣传活动，引导师生增强远离毒品、健康生活的意识。青春船长的“北航经验”获北京市司法局、市教委等主管部门认可，在全市推广。其二，以专业为抓手构建公益普法阵地。北航法学院已举办连续多届宪法宣传周活动，聚焦生活中的宪法、法律知识，开展普法沙龙、校园普法

宣传、宪法晨读等一系列内涵丰富、受众广泛、主体鲜明、形式多样的主题活动，宣传法律文化；连续14年打造校园法律文化节，以知识竞赛、辩论赛、模拟法庭、法律话剧等多样形式面向北航师生普及法律知识、弘扬法治精神，形成北航校园法治宣传和普法工作的“金字招牌”； 2020年，以民法典颁布为重要契机，成立“航法民法典宣讲团”，将民法典的立法精神、体系逻辑、法条释义学深悟透。面向全校党支部、班级、团支部、实验室等开放预约宣讲，将书本上、法典中的法律知识与生活实际相结合，从合同、婚姻、人格权、物权、侵权等多个角度向广大师生展示了这部“社会生活百科全书”，服务全校师生在趣味中学法、在案例中懂法、在生活中用法。其三，以专业为武器促进社会公益。北京航空航天大学法律援助中心成立于2009年，通过校园法律援助平台和海淀法院公益援助服务中心积极开展法律援助服务，依托北航法学院丰富的师资、学术和学生资源，为社会公众无偿提供法律服务，致力于农民工、老年人、残疾人权益保护等社会公益目标实现。

三、工作成效

法学院分团委着力构建志愿服务与法律公益双向融合机制，鼓励青年学生积极参与到志愿服务活动中来，在志愿服务实践中更新知识、了解社会、锻炼能力、综合发展。分团委在其中发挥团学组织桥梁纽带作用，将志愿服务工作融入复合型法律人才培养过程中，取得丰厚服务成果，显著提升学科影响力。自成立以来，公益法律服务中心年均代理案件30余件，在普及法律知识、解答当事人法律问题、减轻法院诉讼负担、服务广大群众等方面做出突出贡献。学院一直积极参与并开展“青春船长”宣传教育志愿活动，在“七五”期间共组织普法活动30余次，本科生、研究生志愿者参与人数达到200余人。并与多所市内中小学开展合作，就当前青少年关注的法律问题开展普法活动，展现志愿普法青年风采。承担北航每年“12·4”国家宪法日宣传活动，法学院志愿者利用自己的专业知识，通过讲座活动、外场宣传、线上传播等多种形式，推动弘扬宪法法律精神。其中，面向大一新生开展的“大学法治第一课”活动取得良好社会影响；组织拍摄的“我与宪法”宣传片获得2019年全国普法办优秀奖。

法学院分团委坚持促进学生成长进步，积极推动广大青年学生参与新时代志愿服务活动。学生在其中收获奉献社会的乐趣，实现个人能力和素质的提升，领悟志愿服务的价值和真谛。涌现一批先进志愿典型，在学生团体中形成显著带动效应。2019—2021年，共计3名同学获评北航十佳志愿者，17名同学获评北航优秀志愿者，8人获志愿公益奖学金，2人获评中国国际服务贸易交易会优秀志愿者，1人获评首都志愿项目大赛银奖（成员）。分团委通过“北航法宝”和“BUAA法研”等微信公众号，宣传和表彰志愿工作典型人物和事迹，激发榜样力量，带动更多同学以实际行动参与到新时代志愿服务工作中来。

四、工作启示

法学院分团委始终坚持政治思想引领的核心任务，围绕学院卓越法治人才培养的中心工作，从实际出发，创新机制，拓展思路，构建志愿服务与法律公益的双向融合机制，既提升了志愿服务活动的参与度和吸引力，又促进青年学生在实践中锻炼专业能力，推动学生的全面发展，探索以志愿服务工作促进人才培养的新思路、新方法。

1. 志愿服务工作应聚焦服务青年成长成才。青年是党的助手和后备军，团学工作要引领青年学生成长为新时代的党的伟大事业接班人。将志愿服务工作与育人工作相结合，提升学生在志愿服务过程中的参与感、获得感、责任感，以志愿服务为纽带，建设更具创造力和凝聚力的团组织。

2. 分团委志愿服务工作需结合专业特质。利用好学科平台资源，发挥专业优势，既能够丰富志愿服务的形式、内容，搭建多层次的志愿服务平台，又能将学科的公益实践融入志愿服务的工作架构，实现志愿服务工作形式内容的创新。

3. 分团委志愿服务工作要围绕基层团建核心，形成思想政治引领。要充分了解学生心声，想方设法为青年发展赋能，真正成为青年思想的引导者，青年成长的引路人，青年成才的引航员。以志愿服务精神凝心聚力，引领青年学生传承北航红色基因，将空天报国精神的根基扎牢植正。

（法学院分团委供稿）

第三章 实践创新

创新创业教育背景下高校专业教育与通识教育融合路径探究

随着我国经济社会高速发展和高等教育的持续大众化，高校的人才培养模式面临着新的机遇和挑战。长期以来，我国高等教育主要依赖具有丰富实践经验的专业教育模式，培养了大量专业技术人才，为国家经济社会发展和科技创新能力提升做出了重要贡献。但由于教学内容和培养方向过于单一，专业教育在一定程度上忽视了对大学生可持续发展能力的培养。为全面满足社会发展需求，培养创新型、高素质、复合型人才，通识教育逐步兴起，成为高校本科教育改革的重要方向。

实现专业教育与通识教育的融合已成为高校本科教育的必然趋势，也是推动高校毕业生适应国家社会发展需求的必然途径。由于国内通识教育发展时间较短，专业教育模式过于固定，两种教育形式尚未实现有效融合，一定程度上影响了人才培养质量和专业化水平。与此同时，创新创业教育得到了国家和社会的高度重视，在高校本科人才培养中不断深入，已成为高等教育的重要理念。现阶段，全覆盖、分层次、全过程的创新创业教育模式正逐步构建，这为专业教育与通识教育的有效融合提供了参考路径。

一、创新创业教育与专业教育、通识教育的内在联系

（一）我国创新创业教育的现状

近年来，以培养创新精神、创业意识和创新创业能力为目标，覆盖全体学生的创新创业教育体系正逐步确立。从政策角度看，2012年

教育部明确提出“把创新创业教育贯穿人才培养的全过程”，要将创新创业教育融入高校人才培养体系，更好地推动高等教育改革，提升教育教学质量。

从培养目标角度来看，创新创业教育聚焦大学生的专业创新能力，注重培养个体的综合素质与职业素养，强调判断思维能力与前瞻意识。近年来，国家和社会对高校大学生创新创业教育的关注点，已从盈利收益转向技术创新，生存创业不再是重点方向，专业技术创新已成为创新创业教育的新导向。从实践角度来看，2010年教育部提出“把创新创业教育有效纳入专业教育和文化素质教育教学计划和学分体系”，高校已普遍通过建立创新创业学院、举办创新创业竞赛、设定创新创业学分等途径，将创新创业教育纳入学生培养方案，并开展相关评估评价工作。

（二）创新创业教育与专业教育、通识教育的内在联系

创新是专业教育与通识教育的共同关注点之一。专业教育侧重于学生在具备系统专业知识结构的基础上，通过大量专业实践探索形成的创新能力；通识教育则侧重于学生在跨专业体系中，基于综合能力的提升而形成的创新思维。两者分别与不同时期国家和社会对高校大学生创新能力的需求相适应。创新创业教育注重学生基于专业知识背景的创新能力，同时兼顾学生跨学科学习能力和个人综合素质的发展。

目前，我国高等教育在本质上仍属于专业教育，以培养基础知识扎实、创新实践能力强的复合型人才为目标。而创新创业教育需要以专业教育为基础，强调团队和项目的原始创新性，通过多种形式引导学生关注专业领域的发展、进步和变革，优化学生的能力结构。这与专业教育在人才培养最终目标上相契合。同时，创新创业教育注重覆盖面，聚焦学生的综合素质和思维方式的培养，在本质上属于跨学科教育，初期淡化专业氛围，积极营造跨专业、跨学科的教育情境，大幅提升训练营、沙龙、竞赛等实践教学比重。这又与通识教育的内涵

相一致。可以说，创新创业教育与两者相互联系、相互依存，这为专业教育与通识教育的融合提供了参考方向。

二、专业教育与通识教育融合的理论基础

人才培养模式的定义是以教育理念为导向，依托稳定的教学内容和课程体系，实现高校人才培养目标和人才培养规格的教育过程的总和。专业教育与通识教育在课程设置、教学内容等方面不尽相同，但两者并非对立关系。专业教育的发展需要以通识教育为基础；通识教育也不能脱离专业教育而独立存在。

（一）专业教育与通识教育的目标一致性

提升大学生的核心竞争力是众多高等教育模式的共同目标之一。核心竞争力是指“在大学生能力系统中起主导作用，能使大学生在就业市场竞争中取得竞争优势并可持续发展的、独特的并不易被人模仿的一种综合性能力”。这就要求大学生必须具备过硬的专业基础、广泛的知识体系和较高的综合素质，能够开展跨领域、跨学科、跨专业的紧密合作。

专业教育与通识教育属于公共教育领域，教育活动对象均为高校本科学生。从本质上来说，两者是人们对于社会需求背景下不同教育理念和教育教学方法的归纳，其本身并没有明显界限。从发展历程来看，专业教育经过长期实践，已成为高等教育的一种基本组织形式，承载的是传统的知识生产模式；通识教育并不是要取代专业教育，而是努力构建跨专业学习和知识生产模式转型的新趋势。从教育目标来看，两者都服务于高校人才培养的总目标，聚焦学生全面整体的发展、综合素质的培养和高校人才培养质量的提升。可以认为，专业教育与通识教育都是现阶段高校人才培养和知识传播的必要过程，两者的有效融合是中国特色一流本科人才培养的必然选择，也是适应经济社会人才需求变化与发展的有效途径。

（二）专业教育与通识教育的定位明确性

从现阶段国家和社会需求来说，我国本科阶段教育的核心仍然是专业教育，短期内其主导地位不会因为通识教育的兴起而动摇。通识教育虽然理念很新，举措繁多，但重视程度参差不齐。形式以相对非系统性的知识传播方式和灵活松散的活动为主，未形成统一的体系化教学模式。这就意味着通识教育目前尚无法在我国高等教育培养模式中占据主体地位，必然成为专业教育的辅助。专业教育虽然实践经验丰富，也需要通识教育对长期以来基于学科开展教育的模式进行修正和变革。

近年来，国内高校在通识教育领域进行了初步探索，已逐渐形成了以通识教育为基础的专业教育培养模式，两者在本科培养阶段按年级划分呈现衔接关系：低年级加强通识教育，之后进行专业分流，开展专业学习，构建了以“通识教育+宽口径专业教育”为核心的培养模式。

（三）专业教育与通识教育的共生互补性

专业教育与通识教育分别侧重知识学习的深度和广度，两者都是为了培养具有创新能力、创新意识、专业知识和综合素质的高水平人才，是相互补充、互相促进的关系，共同构成新时期高校教育教学体系。

专业教育更加关注外部需求，需求决定论是专业教育形成和发展的逻辑。作为现阶段高等教育的核心，专业教育为通识教育指明了发展目标和导向。全面发展的创新人才只有在专业技术领域深入开展科学研究，才有可能取得有价值的科研成果。这是教育深度在教育广度中的体现。通识教育着眼于学生的长远发展和个人成长，鼓励学生突破学科和专业限制，实现知识领域的交叉融合，为自己开拓发展空间，在后期的专业学习中创新和创造知识。这是教育广度对教育深度的提升和完善。可以说，专业教育是通识教育的目标和载体，通识教育是专业教育长足发展的前提和必要补充。将两者与高校专业特色和校园文化相结合，将教育的深度和广度相结合，将行业知识的共性需求与社会需求的个性特点相结合，是专业教育与通识教育有效融合的基础和保障。

三、专业教育与通识教育融合的影响因素分析

我国高校在专业教育与通识教育的融合探索中已取得了部分成效，但在教育理念、管理机制、课程设置、考核举措等方面仍存在一定不匹配，没有完全实现内在知识层面和外在实践层面的“双融合”。厘清其影响因素有助于明确工作着力点，推动两者有效融合。

（一）教育理念的认知水平

经过国内外高校的多年探索，通识教育理念已获得业内认可，也成为我国高等教育的重要内容之一。但在实际操作中，高校对通识教育的理解不到位、改革不完备，存在着弱化、虚化、流于形式等问题，一定程度上窄化了通识教育的内涵。通识教育和专业教育在学分设置、课程数量、教学空间上存在竞争，甚至与实践环节脱节。部分高校和教师在教学中仍然坚持传统观点，以“就业为导向”开展本科教育，重短期专业技能带来的就业率，轻学生的长远可持续发展。通识教育的有效性不足，也客观上形成了学生创新意识薄弱、缺乏主动性、协同合作层次低、实践经历不足等问题，学生未在低年级建立起明确的专业选择意向，对系统性专业知识的理解和应用明显不足。

（二）管理体制和机制

近年来，国内大学陆续施行大类招生。部分高校已实现书院制管理模式，将学生教育教学和日常管理分开，但以院系为单位的内部专业划分痕迹依然明显。书院、学院之间的责任不清，从管理机制上分裂了专业教育与通识教育。院系将工作集中在吸引更多的书院学生，将学生选择数量作为政绩标准，对教师深入书院开展通识教育缺乏政策支持，忽略了通识课程的重要性，缺少对本科低年级学生的专业内在喜好和基本科研能力的塑造。

由于教育资源所限，并非所有高校都能实现本科低年级学生完全

自主选择专业，操作中多以学习成绩作为主要参考依据。学生在选择通识教育课程时，未必侧重自己的兴趣和职业生涯发展需求，可能是从容易获得学分和高成绩的角度出发。学生更加关注如何选择自己理想的专业，将更多时间投入课程学习中，忽略了需要时间累积的能力培养，如社会工作能力、语言表达能力、科技创新能力等。结果是将大学低年级生活变为高中学习的延续，这与通识教育的初衷和本质有所出入。

（三）课程体系设置

多样化的课程和实践平台是通识教育有效实施的基本保障，但实际操作中由于理念的差异和管理机制的不同，通识课程体系缺乏科学性与系统性。部分高校虽然开设大量通识教育课程，在实际执行中多为专业概论性课程，甚至由于时间所限，知识水平仅相当于科普课程。学生仅能了解专业所学概况，游离于专业教育体系之外，无法形成对专业知识结构的整体认知，与专业教育的能力需求不匹配，客观上增加了学生升入高年级后的专业学习负担，不利于专业教育的后续发力，也无法实现通识教育跨学科培养的目标。教学部门大量设置以课堂授课、讲座、参观为主的非参与式教学，探究式、参与式、讨论式的教学方式少，更多注重学生参与数量，政绩工程痕迹明显。造成学生在低年级缺少接触科研的机会，远离专业实验室，缺乏对专业领域最新成果的了解，无法形成由专业兴趣带来的内生动力，对学生的综合素质和专业认知提升十分有限。

（四）审核评估机制

科学有效的审核评估是促进高等教育高效运行的重要手段。通识教育的目标之一是培养全面发展的大学生，这就要求在评价学生时，应参考学生在课程学习、科研活动、文艺体育、志愿服务等多方面的综合表现。现阶段，我国高校对不同专业的能力需求尚不明晰，对学生综合评价的科学性不足，暂时无法实现学生综合素质表现和专业需求的完全匹配，以考分代替综合评价的现象突出。由于高校师资配备所限，无法大量配置具有通识教育经验的教师，专业教师依然是开展通识教育的主要群体。但学院对于教师开展通识教育的考核和激励政策不够完善，考核内容主要集中在科研成果，导致专业教师缺少对于本科低年级学生的指导和培养动力，靠专业教师个人兴趣和教学爱好无法实现可持续性发展。

四、创新创业教育背景下专业教育与通识教育的融合路径

由于高校教育资源和时间限制，专业教育与通识教育的融合不应是简单相加，而应是统一的人才培养目标下基于共同的认知体系和思维方式的整体设计。基于现行的创新创业教育模式，从专业教育与通识教育的目标和内涵出发，要实现双赢的融合效果，需要聚焦本科低年级学生群体，构建“通识课程学习+专业科研实践”的双导向模式，遵从普遍性、实践性、体系化原则。

首先，面向全体学生，突出覆盖面，同时兼顾具有专业研究特长的学生，将大众化培养和个性化培养相结合。其次，充分调动和发挥师生双方主动性，高校人才培养的主体依然是教师和学生，这适用于任何时代的社会背景和教育模式。教师和学生都能够主动参与教学，教学效果就能得到保障。再次，尊重专业教育模式的主体地位，发挥创新创业教育的平台优势，避免高校现有教育教学模式的过度调整，浪费教学资源。高校结合自身专业特点和文化氛围，可从以下五个方面设计专业教育与通识教育的融合路径。

（一）搭建面向本科低年级学生的科研训练平台

鼓励学生参与并完成简单的科学研究任务，在基本环节中重视提出研究问题、确定研究视角、选择研究方法、发表研究成果等科研过程。充分发掘学生潜能，培养学生独立思考问题、解决问题的能力。客观上促进对专业的深入了解，将学生多元化的兴趣、爱好与专业特

点相结合。引导学生关注新兴行业，特别是在人工智能、网络安全等新兴跨学科领域，开展研究性学习。淡化结果考核，加强、鼓励不同学科背景的学生共同组队研究，以学习兴趣和求知欲望为先导，提升学生参与科研的主动性，将专业学习从填鸭式变成学生主动获取式，引导大学生自我觉醒、自我设计、自我成长。

（二）构建基于专业的创新团队培养模式

学生创新能力和综合素质的提升，本质上还是在创新实践中实现的。高校可根据自身学科优势，探索建立以专业技术为核心、以实际项目为载体的创新团队。在航模、赛车、机器人等具有专业特色的领域，吸引导师、研究生、本科生共同参与，形成从本科低年级学生到博士生的培养梯队。鼓励学生深入参与实际项目，将理论与实践相结合，提升基础科研能力，实现创新创业教育与专业教育的紧密融合。构建成果总结机制，将团队成果凝练提升，参加各级各类创新创业竞赛，如“挑战杯”“互联网+”等国内顶级竞赛；也可以参加专业类赛事，如方程式赛车大赛、国际航空设计大赛等。在国内外同类创新团队的比拼中，树立学生的专业自信和民族自信。引导团队发挥社会科普功能，面向社会特别是中小学开展基于专业的科普教育，在提升大学生服务意识和沟通能力的同时，促使其成为具有社会责任感的现代化人才，这也客观上促进了通识教育培养目标的实现。

（三）鼓励教师发挥专业教育功能

导师制已成为高校本科低年级学生的普遍教育方式之一，但实际效果多停留在讲座、谈心谈话等环节。高校要做实做强专业教师导师制，鼓励有精力的专业教师设计符合本科低年级学生能力要求的科研项目，尝试将原有的专业基础课程变为选修课，为学有余力的学生提供平台。在校内树立师生共创的氛围导向，结合教师的专业研究，吸纳一批具有创新思维和动手能力的本科低年级学生开展持续的前沿性研究，形成重大创新成果，构建“在知识学习中培养人才，在培养人才中创造知识”的本科教育新模式。

现阶段慕课十分流行，但教师与学生互动所产生的情感交流以及教师的人格对学生产生的感染效果是慕课无法做到的。引导专业教师提升讲课艺术，除专业知识外，提升心理学和教育学的储备。注重启发式、讨论式、参与式教学，推动教师将国际前沿学术发展、最新科研成果和成功经验引入课堂教学。运用富有启发性的教学方式，营造积极活跃的课堂氛围，引导学生独立思考并形成批判性思维，进一步提升教学质量。

（四）发挥其他社会教育主体功能

我国高等教育管理体制规范了政府、高校和企业在创新创业教育过程中承担的责任与义务。现阶段人才培养模式的新要求，迫切需要建立以高校为主体，政府、企业、行业协会等为辅助的多元培养格局，为本科生的专业教育和通识教育提供社会力量，形成良好互动的新时代人才培养的教育生态系统。

积极整合其他教育主体资源，面向所有学生开展普适性专业教育，积极推进分层、分类教育培训。加强校企合作，鼓励高校与企业设立专业联合实验室、创新创业基地，引导学生主动接触行业信息和发展前景，选拔企业技术人才参与到学生科研教学辅导中。吸引校友企业开展基于社会热点和技术痛点的创新创业活动。拓宽教师来源，发挥校外导师在把握行业需求方面的优势，鼓励校外导师和校内教师共同设计实践和教学体验环节，形成高校教育的外源性动力支撑。

（五）建立有效的师生激励机制

合理的激励政策要充分关注受众群体的实际情况，才能成为政策实施的有效保障。高校可根据自身实际，设置评价、激励机制，激发师生的内在动力，推动专业教育与通识教育的长期持续高效融合。高校可以创新创业学分为导向，鼓励学生在低年级参与创新创业和科学研究活动，激发学生的创新意识和创新行为。探索制订综合考评方式，将学生专业学习、科研训练的成果科学量化，作为专业选择的参考依据，推动学生和专业双向自主选择。鼓励专业教师深度参与通识教育，在专业技术职务评聘、绩效考核、课时认定等方面，明确专业教师的通识教育责任、义务和相关利益，激发其参与通识教育的积极性和主动性 。

（校团委供稿）

关于创新创业教育向纵深发展的工作思考

1999年首届“挑战杯”中国大学生创业计划竞赛的举办，拉开了我国创新创业教育的序幕。经过二十多年的发展，通过一系列的政策引导和科学探索，我国逐渐建立起具有中国特色、适合中国国情、符合高校实际的双创教育体系。共青团作为较早涉及大学生创新创业领域的组织，一直在高校创新创业教育体系中发挥着重要作用。随着社会发展和科技进步，创新创业教育的培养目标和实践形式也在发生变化，高校共青团如何发挥自身优势，推进创新创业教育向纵深发展，值得我们思考。

一、高校共青团在创新创业教育中的作用

（一）高校创新创业教育的现状

根据上级工作要求，2015年前后，大多数高校成立了创新创业学院，其中部分设立了具有人员编制的实体运行机构。但无论运行机制如何，创新创业教育的核心在于人才和项目，高校共青团负责竞赛组织、项目选拔等环节，能够第一时间接触和掌握相关信息，这是创新创业教育工作中不可或缺的重要环节。

总体来看，高校共青团推进创新创业教育主要以第二课堂的形式开展，聚焦学生实践能力的培养和提升，具体操作大致划分为三个层面。一是组织竞赛，以“挑战杯”课外学术作品竞赛和创业计划竞赛为代表的创新创业竞赛层出不穷，优秀人才和项目的选拔参赛要求

巨大，校内竞赛的组织频率、赛制形式、覆盖面也“水涨船高”，参赛成绩也已逐渐成为高校共青团的指标性考核内容之一；二是举办活动，为配合创新创业成果的培育过程，不断线地邀请校内外师生专家，举办创新创业相关的讲座、报告会、路演等活动，开展以创新创业为核心的相关社会实践活动；三是参与教学环节，承担部分创新创业课程的课堂教学和实践教学任务，负责创新创业学分的活动设计和成果认定，参与相关孵化基地、科创中心的建设和管理。

（二）高校共青团在创新创业教育中的优势

具有平台优势。一般来说，大学生最初都以竞赛为牵引开展创新创业实践。目前各级各类竞赛众多，社会氛围浓郁，参与创新创业的学生越来越多。以北航2016级本科毕业生为例，四年来参加校内创新创业竞赛“冯如杯”的比例已达到94.2%。高校共青团负责组织校内创新创业竞赛，为大学生提供了最初的展示平台和创业支持。

具有组织优势。高校共青团体系完善、覆盖面广、密切联系青年学生，从校团委、学院分委到团支部，每一层级的团组织都有着完善的体系框架，工作内容也覆盖大学生日常学习生活的各个领域。这种组织形式便于深入了解和掌握大学生的创业意愿和创业需求，能够有效引领、组织和带动更多大学生主动参与创新创业教育和实践活动，从而更好地彰显共青团组织服务大学生创新创业教育的作用与职能。

具有资源优势。共青团拥有广泛的社会基础，与政府机关、地方社区、企事业单位等联系密切。共青团组织可以充分挖掘一切可以利用的力量，形成多方参与的创新创业服务体系。同时，可以搭建多种平台，为有意愿的学生提供实习、实训、实践的机会，帮助其积累创业经验，提高创新创业能力，推动高校创新创业教育的有效开展。

（三）目前高校创新创业教育的不足

目前来看，高校创新创业教育取得了一定成效，但在实践中也存在一些不足。第一，创新创业教育缺乏牵头部门。目前的相关部门一般包括团委、教务处、学生处、部分学院等，虽然设立创新创业学院，由于涉及面广，需要多个部门协同联动。但各部门在教育工作中如何分工，各自职责是什么，很多高校没有明确，一定程度上造成了创新创业人才培养和项目培育过程出现“空档期”，容易出现人才流失和项目遗失，没有形成育人合力。第二，教育模式的系统性不足，目前教育体系更多是各部门独立完成上级任务或自主设计的活动，这些活动设计没有基于完善的教学体系，只是简单的累积，没有科学规划，无法有效提升学生创新创业能力。第三，缺少价值观的引领，目前创新创业项目更多依赖学生自主选题、自主设计和研发，对于社会实际需求关注点少，项目创新点和社会痛点衔接不足，在出口方面，缺少稳定的机制推动学生项目与社会资源对接，虽有沟通联系，但不够紧密，无法充分调动和整合校外资源服务校内的创新创业教育。

二、深入推进创新创业教育的途径

随着科技水平的不断提升，社会对高校人才培养的需求也不断提升。这就促使高校创新创业教育要不断深化改革，逐步提升人才培养水平和学生综合素质。高校共青团组织要善于发挥自身优势，加强价值引领、统筹教育体系、践行社会价值，在发挥共青团育人功能的同时，继续加强共青团在学校人才培养工作中的重要地位。

（一）注重引领，将价值观教育深度融入双创教育

思想引领是高校共青团的“看家本领”，在创新创业教育中要注重将爱国、诚信、友善等价值观作为学生在选题、研究和转化过程的核心主线，让创新创业成为价值观教育，特别是爱国主义教育的重要平台。

一是教育和引导学生明确社会责任和历史使命，将创新创业梦与中国梦紧密结合、将个人理想与国家社会发展紧密结合、将爱国主义信念与生活学习紧密结合，形成具有创业导向的积极价值观，以实

际行动为创新型国家发展贡献自己的力量。二是将思想政治教育与创新创业教育有效融合，努力造就理想信念坚定、专业基础扎实的高素质综合性人才，努力为学生搭建国际展示机会，引导学生在与国际大学生的同场竞技中，树立中国特色社会主义的道路自信、理论自信、制度自信、文化自信和为中国特色社会主义共同理想而奋斗的信念和决心。三是培养学生树立正确的创业动机。要合理辩证地看待创业教育对于学生综合素质能力提升和竞赛获奖、毕业创业率等数据指标的关系。要真正根据学生发展现状和实际需求，制定合理有效的激励政策，调动学生创新创业积极性。特别是疫情防控时期，高校学生创新创业的压力增大，却也可成为推动爱国主义精神转化为报国自觉行动的现实载体。

（二）靠前站位，牵头设计创新创业的全流程教育

任何教育都是以人为本，团委要紧紧抓住青年学生这个关键，联系和带动各个部门统筹推进创新创业教育体系建设，将提升创新创业能力贯穿人才培养全过程，建立创新创业优秀人才和项目成果“留得住、干得好、长得快”的长效机制。

一是以双创竞赛为牵引，引导中低年级学生参与创新创业实践。降低参赛门槛值，推动竞赛从选拔性向参与性转变，扩大师生交流范围，丰富师生交流形式，让更多学生参与创新创业实践，从而更好地激发学生的创新精神和创业意识。二是改进项目选拔模式，将“靠天吃饭”的项目来源形式，转化为“科学播种”的有规划的培育模式，将学生“自主原创” 转化为“师生共创+自主原创”，让科研教师发挥在培养创新创业人才中发挥突出作用，让学校的科研资源服务于创新创业人才培养，进一步打通教师的科学研究和学校的人才培养通路。三是探索项目制的中长期人才培养模式。组建具有高端学术水平和专业前沿认知的导师团队，面向低年级学生选拔成立创新团队，师生共同开展2~3年的长周期研究，探索将研究成果认定为本科毕业设计，有效衔接第一课堂和第二课堂。

（三）主动作为，引导创新创业成果实现社会责任

大学生创新创业离开社会实际，即如无本之木、无源之水，今年“挑战杯”创业计划竞赛的重要变化之一，就是丰富竞赛考核形式，增加了社会实践的相关内容，这是促进创新创业与社会实践深度融合的明确导向，有助于丰富实践形式、提升实践效果时，从而开拓创新创业成果应用的新领域。

一是引导学生关注社会需求，特别是民生方面的需求。经过近年来的发展，一些传统行业诸如教育、健康、养老等已经逐步成为创新创业的新兴领域，要引导学生充分发挥自身专业优势，在民生领域的堵点难点痛点开展创新研究和创业转化，将解决民生的“小事”作为开展创新创业实践的第一步。二是聚焦脱贫攻坚，巩固脱贫成绩，进一步推进乡村振兴。在引导学生关注产业扶贫、乡村建设、环境整治等方面的同时，也要将已经成熟的项目成果在贫困地区试用推广，甚至可以将村民作为创新创业教育对象，引导其开展自主创业。三是将创新创业教育与中小学科普教育相结合。推进大学生创新创业成果以科普教育资源的形式向中小学倾斜，特别是面向科普教育欠发达地区开展，丰富以支教为代表的知识扶贫类实践项目内涵，提升社会实践的成效和科普教育的意义，这也将有效提升和丰富项目成果的应用场景，实现双向互利、共生共赢。

（校团委供稿）

共青团引导青年学生投身科技创新的载体机制研究

——以北京航空航天大学电子信息工程学院为例

一、共青团引导青年学生投身科技创新的重要性

科技是国家强盛之基，创新是民族进步之魂。党的十九大强调，创新是引领发展的第一动力，是建设现代化经济体系的战略支撑。习近平总书记指出："当今世界，谁牵住了科技创新这个'牛鼻子'，谁走好了科技创新这步先手棋，谁就能占领先机、赢得优势。"

近年来，大众创业、万众创新的政策持续向更大范围、更高层次和更深程度推进。创新创业与经济社会发展深度融合，对推动经济产业结构升级、扩大就业和改善民生、实现机会公平和社会纵向流动发挥了重要作用。因此，在国家综合实力迅速提升的今天，加强科技创新，培养创新型人才，建设创新型高校，才能加固我国科技创新的基础，弥补我国创新水平与世界先进水平的差距。

培养造就具有国际水平的科技创新型人才，离不开当对代大学生的培养与指导。科技创新教育为引导和激励大学生开展科技创新的重要形式。对推动中国大学生的科技创新能力训练、促进高等教育育人水平的全面提升有重要作用。

共青团作为中国共产党领导的先进青年群众组织，有着组织青年、引导青年、服务青年、维护青年权益的重要功能，也在高校科技创新教育工作的舞台上始终保持着活跃的身影。作为中国最大的青年群众性组织，共青团整体呈现三个重要特点。第一，人员知识素质突

出，政治性普遍强于班级、社团等其他青年团体，覆盖面广，规模效应明显。第二，共青团组织健全，在高校中的体系更显完备，汇聚了从教师到学生骨干等一批优秀的青年干部，影响力大，组织力与联动力强。第三，作为党和青年间的桥梁纽带，共青团服务青年成长成才需求；同时引导青年牢记为党的奋斗目标而努力的使命，有利于在目标行动上同频共振，调动激活团员主观能动性，在高校科技创新教育工作中发挥不可替代的桥梁纽带作用。

习近平总书记就青年和青年问题多次发表重要讲话，从党和国家持续发展的高度，重视青年、关怀青年、信任青年，始终坚持把青年作为党和国家事业发展的生力军；同时以凝聚青年、服务青年为导向，强调团的工作要把握住根本任务、政治责任和工作主线三个根本性问题，明确提出共青团组织要把握青年时代脉搏，增强组织吸引力和凝聚力、延伸工作手臂，扩大团的工作覆盖面的具体工作要求。

高校科技创新教育无法离开共青团。共青团作为培养高校学生科学精神与创新意识的关键一环，必须顺应时代需求和青年呼声，把紧紧围绕高校科技创新教育，不断创新方式方法，促进大学生创新创业作为服务党政工作大局，以及服务国家改革发展、服务青年成长成才的重要工作内容，并持之以恒。这既是共青团本质属性所决定，也来自我国高校德育工作的切实需求。

二、青年学生参与科技创新活动的现状

为促进青年学生参与科创活动，长期以来，共青团中央、各高校团干部以及相关学者做出了许多探索与研究，在理论和实践层面形成了一些行之有效的方法论。

共青团中央曾就高校共青团积极促进大学生创业工作提出了宝贵意见，强调“在党中央、国务院关于大力促进大学生创业工作有关精神的指引下，坚持育人为本，坚持协同推进，充分发挥高校共青团在组织动员、资源整合、载体搭建、氛围营造等方面的工作优势”。在创业意识培养、创业能力提升、创业实践锻炼方面，提出普遍开设创

业讲堂和课程、培训相关社团协会、完善竞赛体系、组建导师团队、树立典型，帮助高校在建立健全高校共青团促进大学生创业工作体系上拓宽思路、明确目标；提出联合政府等多方社会资源打造创业集体、争取资金支持等，体现了共青团联系各方力量的桥梁纽带作用。

“挑战杯”全国大学生课外学术科技作品竞赛作为共青团三十多年的创新创业赛道，已成为服务国家创新驱动发展战略实施、服务高等教育立德树人根本任务、落实和创新人才培养的典型赛事；同时也集中显现大学生参加创新创业活动的典型问题。文献分析了历届竞赛特点与现存问题，针对科创功利化问题，建议明确创新创业的核心功能定位，从高校、教师、学生三个主体入手，改变制式武器，回归培养锻炼学生专业素质与综合创新能力的正确道路上；针对科创竞赛运行机制问题，建议丰富形式，通过论坛讲座、参观考察、技能培训、网上模拟等扩大创业竞赛的覆盖范围，提升创业竞赛的普及程度，汇聚更多的社会资源参与融入竞赛的组织评选、项目孵化、成果转化等关键环节中；针对科创竞赛评价机制，建议以创新性、操作性、实用性为原则健全评价体系和指标体系，以科学和多元的原则建立权威的评审团队，以项目培训、资源支持、软硬件平台保障等丰富激励机制。

除了以共青团为组织主体的科创竞赛活动外，许多高校也在探索新举措、新方法。文献围绕电子信息类专业创新人才培养，形成“电子信息类大学生创新生态理念”，打造“分层递进创新能力培训体系”与各级大学生创新创业竞赛、高水平创新项目孵化体系相结合的运行模式，并完善了政策、经费支持和质量监控等五重保障体系。文献以清华大学为例，探究了青年学生创新创业能力影响因素，指出学校推动第一课堂与第二课堂有机结合、建立校企合作机制、推动产学研一体化建设，能显著提升服务学生创新创业事业的水平。

当前，青年学生投入科创活动的途径一般有三种，分别是参加各类科创竞赛、参加各类创新创业培训和讲座、参与科创类社团或活动中心的建设。这些途径能在一定程度上满足青年学生对创新创业教育与活动的需求，但也存在着亟待解决的问题。

第一，青年学生群体对科技创新认识有一定偏差。高校学生不能全面正确认识科技创新，对科创的参与对象、参与过程、目标导向认识片面。表现为，认为科技创新是成绩优秀同学的专属，认为只有部分理工科专业才涉及科技创新，认为科创比赛过程繁复或依赖包装技巧，认为参与科技创新的目标是推免、荣誉表彰或奖金，忽视了通过参加竞赛而获得意志与能力的锻炼，具有极强的功利性，等等。这些误区的产生，一定程度上与各类科技创新竞赛重视比赛结果、轻视创新育人平台建设、忽视项目过程管理与后续跟踪孵化有关系，但根本原因是大学生群体对自身发展定位不清晰、成长成才之路难以寻觅。

第二，青年学生群体参与科技创新活动的时间与精力不足。理工科高校理论与实验课程较多，难以系统地投入大量、完整、连续的时间，导致持之以恒的比例较低。另外，由于初始被激发的热情与兴趣难以持续，加之科技创新活动本身历时相对较长、路途相对坎坷，而创新性、应用性较大的成果则要克服更多困难，如资金、技术、时间精力等，需要将共青团的政治能力、组织能力，转化为解决这一问题的“导”力，激励青年学生在科创中力争上游、拼搏进取，发挥敢为天下先的勇创精神，切实引导学生将提升自我的初心坚守下去。

第三，支持青年学生群体参与科技创新活动的具体资源较少。作为进行科技创新活动主体的大学生，由于专业知识储备以及研究领域的局限性，缺乏与创业相关的专业知识，或无法自行打通从第一课堂获取的专业知识和应用在科创上之间的桥梁。如何在参与全过程中给予参与者足够的专业支持和保障，让青年学生参与科创活动形成科学有效的路径依赖，需要进一步探索。

第四，支持青年学生群体参与科技创新活动的各类制度不完善。准入制度的缺失，导致参与主体基数大而虚浮，客观上助长了资源稀缺、功利性。宣传制度的缺失，使广大青年学生失去了解赛事进展动态的途径。培养制度的缺失使“重比赛、轻成长”的风气得不到遏制，不利于青年通过科创走向成才的道路。孵化制度的缺失，使大量初创想法和产品流失，项目互赞化率低，无法服务社会、创造经济效益。

然而，针对这些问题的解决方案，其理想程度和实施难度往往成反比，核心仍在于如何在现有的平台、资源、各方重视程度上，探索科创活动载体与引导青年学生投身科创的各类机制。创新的载体与机制需要符合时代潮流、契合立德树人导向，尤其要符合高校自身特色与育人理念，适配院校两级人才培养体系，并在实践中照顾到青年实际需要。

三、北航电子信息工程学院学生参与科技创新的实际特点

当下，高校学生所处环境日益复杂，信息来源和利益诉求更加广泛多样。从需求层次视角来看，社会参与属于青年高层次的需求，关系到自我价值的实现与满足，也是高校青年学生所追求的最大公约数。具体而言，在激烈的竞争中脱颖而出、拔得头筹，成为“青年创新人才”，是广大青年学生的愿望。从这个意义上来说，共青团必须站在更高的位置，积极拓展青年科创参与的领域和途径，为青年实现更高层次的发展提供平台和帮助。因而，科技创新既是青年实现自我价值的重要途径，也是高校落实立德树人根本任务的重要抓手。

在加快建设世界一流大学的大背景之下，时任北京航空航天大学党委书记曹淑敏、校长徐惠彬在《以服务国家为最高追求，加快建设世界一流大学》的署名文章中提到，以服务国家为最高追求建设世界一流大学，必须建设一流学科体系，必须培养一流人才，打造“强情怀、强基础、强实践、强融通”新时代人才培养“四强”模式，构建高质量人才培养体系。文章强调的“突出实践能力培养，锤炼学生知行合一的作风”，为青年学生科创活动提供了目标导向。

事实上，北京航空航天大学“冯如杯”学生学术科技作品竞赛（以下简称“冯如杯”）正是这样一项集科创教育功能、实践功能与社会功能于一体的学生科创活动。它契合北航“厚植情怀、强化基础、

突出实践、科教融通”的人才培养方针，鼓励学生参与具有学科前瞻性、多学科交叉性、结构多元化的科研训练。已经成为校内学生最大的创新创业实践平台。第三十一届“冯如杯”参与项目数超过4000个，参与人次超过6000，为学校创新人才培养做出了突出贡献。

除“冯如杯”之外，许多科创活动由北航校团委组织。在形成校院联动全覆盖竞赛体系的过程中，作为共青团基层组织的电子信息工程学院团委发挥着独特的作用。

除校团委给予的强力制度保障外，电子信息工程学院团委借由学院科研实力雄厚等特点，助力学生积极参与科技创新。学院拥有国家级和省部级教学团队3个，国家级自然基金创新研究群体1个，工信部研究型教学创新团队1个，教育部创新团队1个，科技部人才推进计划创新团队1个，国防科技创新团队1个。在空天地一体化网络、空天信息感知与处理、卫星导航与空管应用、电磁兼容与电磁环境效应、电磁散射与电磁辐射测量等方面实力雄厚，持续取得了多项重大科研成果。近3年获得国家科技奖励5项，6位校友成为两院院士。

经过学院的长期努力，在本科培养领域，以2017版培养方案为契机，打造了符合学院特色与定位的本科教学顶层设计，提出面向信息产业和国防科技工业、面向未来发展，培养具有工程技术专业素养、人文修养、创新精神、实践能力和国际视野的两领潜质人才。强调理论与实践结合，培养工程实践与创新能力；突出航空航天特色，形成了空天信融合的培养体系。注重个性化培养，推行本科生导师制、课内外结合的研究型教学。

学院团委主抓学生科创工作，以学生科创项目培育、学科竞赛、科创社团为牵引，充分整合了学院各类资源，调动了团基层专兼职干部和学生积极性主动性。学院团委凝练科创特色和科创成果，并充分结合学校育人体系要求和学院科技实力强、注重实践与创新的特点实现了科创实践训练由精英模式向大众模式转变，提高了学生科创活动参与度。其中，结合院校实际特点，不断优化学生创新实践活动载体，探索青年学生成长成才需求与参与科创活动的具体路径，并建立起较为完善的机制，从根本上保障了学院共青团组织发挥引导青年学生投身科创的作用。

四、创新载体，探索路径，构建北航电子信息工程学院高质量科创培养模式

电子信息工程学院团委围绕着“立德树人”这一中心，把贯彻学校“厚植情怀、强化基础、突出实践、科教融通”的人才培养方针，作为引导学生投身科创的出发点和落脚点，以科创助力人才培养，探索具体路径，着力构建北航电院高质量科创培养模式。

（一）科创类学生组织与社团活动

围绕科创比赛的人才输入端，北航电子信息工程学院团委统筹管理，学生自发创立了电子科技协会，协同服务于科创比赛，扩大了科技创新平台容量和渠道。电子科技协会作为科创类社团，组织定期纳新与宣传，聚集了一批有志于科创活动的青年学生，打造广覆盖、常态化、制度化的科技社团，让学生中的科创人才之苗进入科创社团这一人才蓄水池中。学院团委注重科创团队的质量监控，在鼓励学生科技创新团队为竞赛努力的同时，设置门槛淘汰部分明显无法完成的队伍，保证优质资源向优秀队伍倾斜。学院团委尊重学生社团的自主发展，对学生社团的管理以引导、教育为主，避免对学生社团的管理过于僵化、生硬。

提倡学生组织差异化发展，学院团委做好学生科创活动组织设置的顶层设计，并吸引科技社团中的骨干和已有丰富参赛经历与成果的优秀学生，加入学院团委下属科技实践部成为团委在科创方面的管理力量。避免学生科创组织在机构设置、工作目标、特色活动等方面出现重叠的部分。鼓励各学生组织之间资源共享，提倡联合举办活动，提高资源的使用效率。并严格限制学生干部人数，提高学生干部的质量，避免出现学生干部数量过多、鱼龙混杂的局面，增强学生干部的

荣誉感和使命感，维护学生组织良好形象与先进性。

（二）全覆盖科创竞赛体系

围绕科创活动的输出端，针对电子信息工程学院的学科特色和学生兴趣，作为“冯如杯”“挑战杯”等大型科技创新竞赛的有力补充，学院团委下设科技实践部，设置了两项主要科技竞赛，全面覆盖低年级学生。

“电子创新大赛”已成功举办18届，每年为学院稳定输送具有创新创业价值的优质队伍参与“冯如杯”“挑战杯”等大赛的评比竞争。18年来，科技实践部致力于对“电子创新大赛”选题的创新，力求做到与时俱进、与学院本科生培养方案相贴切。让同学们可以将课堂上的知识投入科技实践，从科技实践中验证理论知识，用理论知识支撑科技创新。该竞赛分设命题类、开放类以及创业类三种不同类别。命题类为大二学生开放，旨在帮助他们在实践中了解并爱上电子信息专业；开放类为高年级同学开设，旨在培养学生创新能力，鼓励学生勇于尝试科技创新；创业类对标“冯如杯”创业大赛，旨在帮助同学们提前了解创业知识，掌握创业技能。

为适应新时代人才培养对科技创新能力的要求，值共青团成立100周年之前夕，学院团委在学院各部门及校团委的支持和帮助下，将学生参与科技实践关口前移，成功举办了首届“电子信息智能硬件创新大赛”。“电子信息智能硬件创新大赛”面向全校全体大一新生开展，是学校首个只面向新生的科技创新实物类大赛，补全了学院在引导和鼓励全体学生进行科技创新的最后一环。至此，学院开设的科技竞赛覆盖了全校各年级段所有本科生，并在各比赛之间形成了缜密细致的关联。为新生设立的“电子信息智能硬件创新大赛”，带领新生走入科技竞赛、科技创新的大门，大赛不设命题，鼓励新生开拓思维，在潜移默化中培养他们敢想敢做的意识。新生参与“电子信息智能硬件大赛”的作品，可以在反复创新，不断迭代后相继参加后续的“电子创新大赛”“冯如杯”“挑战杯”等越来越高规格的比赛，完成科技作品以及科技精神的持续传承。

为合理统筹校内校外各类科技创新活动，保证学生有质量地参与其中，学院团委推出“焊接课堂”等科创基础能力培训类特色活动，该类活动面向低年级，尤其是大一学生，通过零基础教学与动手实操，培养学生的基础理论知识和基本焊接能力。

（三）多维度科创育人补充

为全面助力学生成长成才，培养学生科技创新能力，学校设立科研课堂、专属导师等机制体系，将高水平教师团队的科研项目与专业方向，向下辐射到本科生。学院团委积极配合学校工作，做好学生与老师沟通的桥梁，引导学生走进实验室，在本科阶段支持学生早选课题、早进实验室、早加入团队，促使学生进实验室关口前移，有利于推动科研优势尽快转化为创新人才培养优势。

为充分发挥电子信息工程学院科研人才及科研成果的独特优势，推动科研优势服务学生培养，学院团委联合学院学生工作办公室，设立“雏凤计划”科研成果助力人才培养计划。邀请国家级/省部级科技奖励获得者、“青年千人”“卓越百人”计划、发表高水平论文作者等名师大家，形成强大的师资力量，支持项目的开展，着力培养学生的科研实践能力，助力学生开展创意、创新、创业等竞赛实践活动。项目共分为“雏凤思行”“雏凤蹁跹”“雏凤轻鸣”“雏凤寻巢”“雏凤乘风”“雏凤凌云”共计6个板块。通过讲座、沙龙、参观、实践等形式，着力推进本科生切实参与科研项目，提升学生对专业的认可度，从而进一步提升学生专业自信和发展自信。

五、北航电子信息工程学院科创育人效果

电子信息工程学院在自主设计的科创体系指导下，孕育出无数科创成果。近5年来，孕育出“挑战杯”全国大学生课外学术科技作品竞赛特等奖1项；培养学生参与“冯如杯”竞赛共荣获奖项100余项，其中学术科技作品竞赛一等奖7项，创业大赛金奖3项；支持学生参与全国专业人才技能大赛（蓝桥杯）共获奖项249项，其中国赛一等奖3

项；培训学生参与“全国大学生电子设计竞赛”共获奖项111项，其中国赛一等奖7项。

六、结论

本文从共青团引导青年学生投身科技创新的重要性着手，概述了目前青年学生参与科技创新活动的现状，分析了保障学生参与科创需要解决的现实问题，并结合北京航空航天大学电子信息工程学院特点，介绍了学院关于学生科技创新能力培养的体系及科技育人成果。

（电子信息工程学院分团委供稿）

成长进阶、校企强“耦合”协同育人

——北航机械工程专业“双创”人才培养的实践与创新

创新激发活力，创业推动发展。当今，“大众创业、万众创新”已成为时代鲜明的主题。中央《关于深化高等学校创新创业教育改革的实施意见》中提出，深化高等学校创新创业教育改革，是国家实施创新驱动发展战略、促进经济体制增效升级的迫切需要。创新创业教育作为推进大学生就业和高等教育改革的重要手段，将贯穿高校人才培养的整个过程。

北航机械工程专业于2006年国内首批通过国际“工程教育专业认证”，先后获得首批“国家级特色专业”（2008年）、“卓越工程师教育培养计划”（2011年）、“国家级一流专业建设点”（2019年）等认定，同时获得“国家级工程实践教育中心”“北京市机械工程实验教学示范中心”等建设项目，为国家航空航天事业培养了大批领军人才。

近年来，本专业围绕立德树人根本任务，服务一流人才培养，对标北航“强情怀、强基础、强实践、强融通”的人才培养“四强”模式，通过历时近八年对机械工程专业创新、创业人才培养模式研究与探索，探索完善“科学主导工程”和“工程选择科学”相结合的教育理念。在该理念指导下，机械工程专业坚持创新引领创业、创业带动就业，以完善人才培养体系为基础，以构建创新创业人才培养机制为重点，以完善条件和政策保障为支撑，遵循创新创业人才培育的内在逻辑和规律，紧密围绕双创人才培养，为本科生构建教学—科研一体化综合培养体系，助力本科生多学科交叉融合基础知识学习与创新创业能力培养，进一步提升了北航机械工程专业本科人才培养质量。积

累和形成的人才培养特色与成果。（如图1所示）

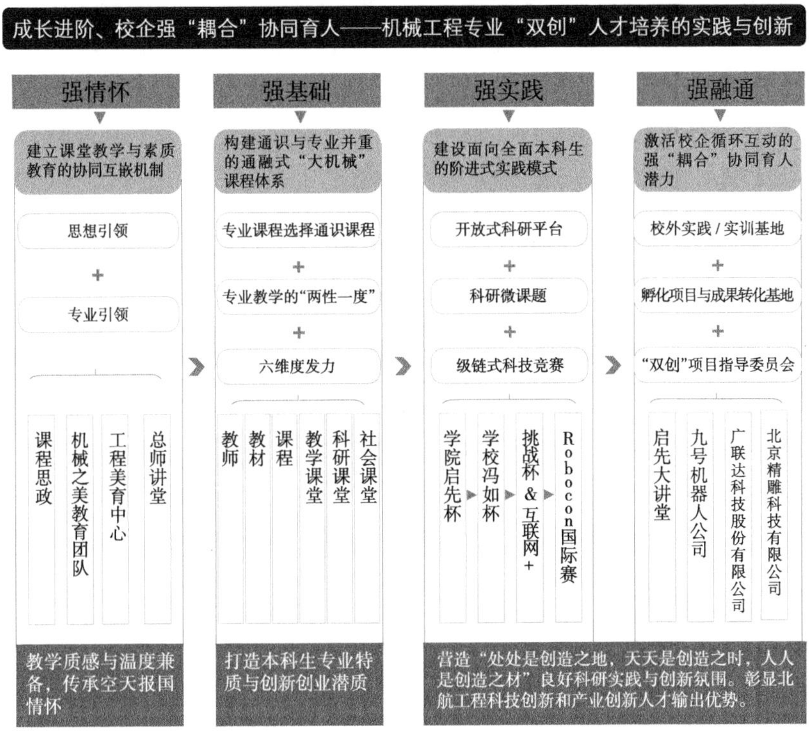

图 1 成果构成图

一、“三结合、一并重”：成长进阶、校企强“耦合”协同育人模式出实效

（一）思想引领与专业引领紧密结合：建立课堂教学与素质教育的协同互嵌机制

坚持显性教育和隐性教育相统一，充分挖掘本专业课程和教学方式中蕴含的思想政治教育资源，实现全员全程全方位育人。由北京市教学名师、知名教授等领衔，将爱国情怀、科学精神有机融入课程，集机械之美教育团队、工程美育中心、航空美术创作室等特色教研优势，使得专业课程教学的“质感”与“温度”兼备。邀请航空航天、

制造、机械等领域专家讲学术、讲思想，传承“空天报国”情怀。

进而依托北航的科研优势和航空航天特色，发挥科教融通在双创人才培养中的积极作用，通过构建培育本科生创新、创业潜质的“云梯”——通识与专业并重的融通式“大机械”课程体系和多元化实践平台，打造出以授课课堂、科研课堂、社会课堂为载体，授课教师、创新导师、创业导师全员参与的育人环境。

（二）通识与专业并重：融通式“大机械”课程体系提供完善的知识架构

本着“强化基础，突出实践，重在素质，面向创新”的本科教学培养方针，树立“增加感性认识、锻炼实践能力、培养工程素质、激发创新思维”的实验教学思想，创建具有航空航天制造特色、有利于培养学生较宽的基础理论、较强的实践能力和创新意识的教学体系。

坚持以专业课程选择通识课程为出发点，建立二者的紧密衔接，强化专业核心课程的整合性与集成度。提高专业核心课程挑战性，注重跨学科、系统级知识体系的建立；从教师、教材、课程、教学课堂、科研课堂、社会课堂6维度发力，塑造具有北航机械工程专业特质和创新、创业潜质的优秀本科生。

突出大机械框架下的机器人、智能制造、机械电子、飞行器制造特色方向的课程体系建设，建设成设计、材热、制造、测控、软件、系统5大专业知识模块。构建了实验、实训、实践多元化实践教学架构，建设验证性、设计性和创新性分层次实验平台。设置科研方法、创新思维与科技前沿类选修课程，采用个性化选课和导师制培养相结合的创新培养模式，为培养出具备扎实的理论基础和系统的专业知识，以及创新、创业潜质的优秀本科生搭建“云梯”。（如图2 所示）

（三）科研微课题与级链式竞赛相结合：建设成面向全员本科生的阶进式实践模式

坚持将创新、创业教育贯穿专业教育全过程，强化课程、平台、项目、竞赛、微课题等方面联动，构建“国家级—省部级—校级实验

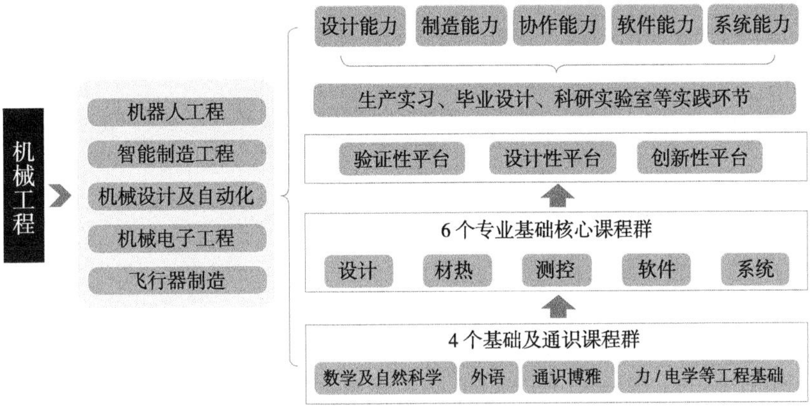

图 2 机械工程专业课程体系

教学中心—院级基地”四级管理的实验实践平台，完善“微课题项目+大学生创新创业训练计划项目”实践体系，确保学生创新实验及创业实践的覆盖面和成效，实现科研实验室对本科生开放共享。依托科研团队和学科平台，凝练难度各异、软硬兼顾的科研微课题，面向不同专业、不同发展规划的本科生开放，并建立了完善的科研微课题动态更新及管理机制，培养学生的科研兴趣、创新思维和创新能力。

在“第二课堂成绩单”设置“创新创业”板块作为必修项目，鼓励学生参与课外科技活动、学科竞赛、创业实践等。着力打造了以北航机器人队和机器人协会为代表的学生科技创新团队。摸索出行之有效的以创新创业竞赛为主的“学院启先杯挑战赛—学校冯如杯竞赛—挑战杯竞赛&“互联网+”—Robocon国际赛&Robocup世界杯”的“学院 — 学校 — 省部 — 国家/国际 ”级链式培养体系，以赛促学、以赛促训、以赛促练，形成“竞赛牵引、团队培育、项目孵化”的运行机制。彰显了我校的工科优势，以及工程科技创新和产业创新的人才输出优势。充分把握“互联网+”“挑战杯”等创新创业赛事契机，组织学生参加竞赛选拔、演练及路演，不断强化学生专业知识，提升实践动手能力和创新创业能力。着力搭平台、建机制，优化创新创业实践生态，提供多种创新创业实践资源，为学生自我提升、个性发展提供

多样化选择。营造出了“处处是创造之地，天天是创造之时，人人是创造之材”良好科研实践与创新氛围。（如图3所示）

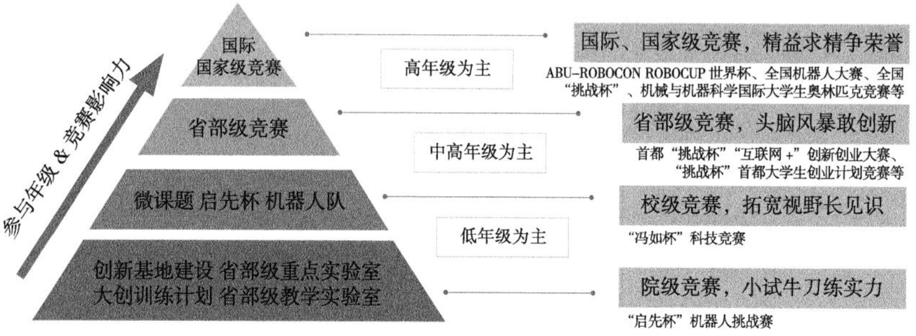

图3 成长阶进式实践体系

（四）科研实践与社会实践相结合：激活校企循环互动的强“耦合”协同育人潜力

建立联合培养机制，定期举办启先大讲堂、启先论坛、创新创业指导会等活动。与企业共建项目研发及转化基地、学生创新创业实践基地，如北航—歌尔双创基地、北航—九号机器人双创基地等。

建立企业导师参与学生创新与创业指导的长效机制。打造校企合作的循环式育人平台，以王田苗、高禄峰、王野、叶致敏等知名创业导师、优秀校友企业家为主体，组建以行业专家和企业家为主、创业典型为辅的“双导师”团队，提供从技术到市场再到融资的全方位指导和服务。对学生创新创业项目进行评估与指导，承担部分课程、讲座、项目指导等工作，吸引学生孵化更多优秀成果，构建校企合作的创新创业协同育人链条。

结合学科专业特色，设立科创基金和奖学金，如赛格威纳恩博奖助学金、SMEA伊—伟奖学金等。统筹校内创新创业项目的立项遴选、孵化及项目后期的开发应用；将企业需求融入人才培养环节，推行面向企业真实生产环境的任务式培养模式。在潜移默化中促进毕业生对于创业企业的文化认同、行业认同，选择到校友企业就业工作。企业和毕业学子继续反哺母校，实现循环式创业培养。

二、应用和推广效果凸显：“双创”人才培养的实践与创新得到实践检验和普遍认同

（一）校内外实训基地、开放式科研平台与科研微课题相结合，很好地践行了北航“科研反哺教学”优良传统。建立了机械工程专业“国家级工程实践教育中心”“北京市机械工程实验教学示范中心”“北航—歌尔校外实训基地”“北航—九号机器人校外实训基地”等一批校内外双创基地，建成“智能制造教学实践平台”“SMC（日本）气动自动化教学实践平台”“工业内视成像教学实践平台”等一系列教学实践重器；同时将航空高端装备智能制造技术工信部重点实验室、飞行器装配机器人装备北京市重点实验室等相继向本科生开放，近年来年均设立微课题40项，接收本科生134人，很好地践行了北航“科研反哺教学”优良传统。

（二）普惠性科技竞赛教育覆盖面广，创新创业理念获学生广泛认同。在院级比赛中，学院面向全校低年级工科生举办“启先杯”机器人挑战赛，目前已连续举办八年，每届比赛来自校内所有工科学院

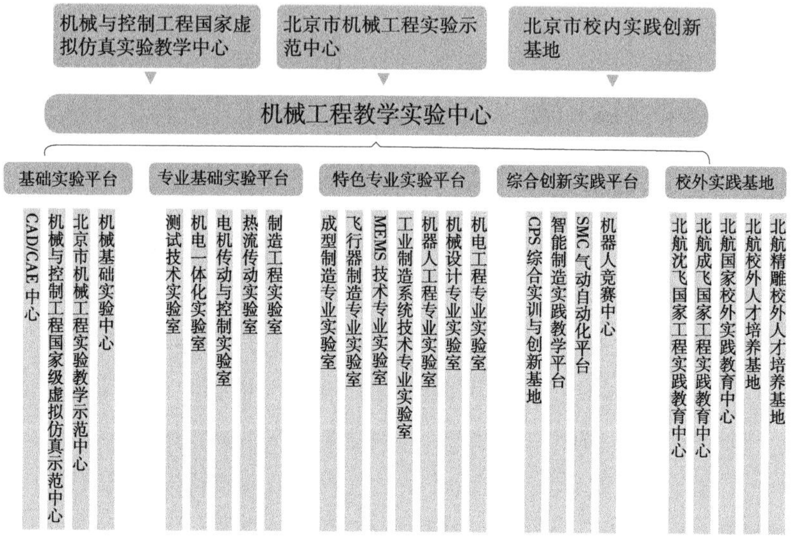

图 4 校内外实践 / 实训基地构成

近三分之一的学生参加，参与率与作品质量逐年提升。近八年来本专业超过1100名本科生参与到“冯如杯”及“启先杯”比赛中，超过本专业本科生毕业总数的70%。校级“冯如杯”学生学术科技作品竞赛中，本专业学生平均每年有10余项比赛获奖，其中获二等奖及以上的项目数年均达5项。

表 1 2017—2021 年“冯如杯”学生科技作品竞赛获奖统计

年份	届次	覆盖率	项目数	获奖项目数	一等奖数	二等奖数	三等奖数
2021	31	85%	41	13	2	6	5
2020	30	82%	27	12	1	3	8
2019	29	78%	30	11	2	3	6
2018	28	75%	31	10	1	5	4
2017	27	72%	31	9	0	7	2

（三）创新创业竞赛获得多项荣誉，学生能力提升显著。学院每届学生科技创新团队人数超过50人，其中大四年级学生保研比例在

70%以上，继续深造比例在80%以上。在省部级以上科技竞赛中，近6年来本专业学生共获得6项全国科技竞赛一等奖、9项省部级科技竞赛特等奖或一等奖。在省部级以上创业竞赛中，共获得中国“互联网+”大学生创新创业大赛金奖、“挑战杯”中国大学生创业计划竞赛金奖各1项，3项省部级创业竞赛金奖或一等奖。

表2　主要创新创业竞赛获奖情况

年度	级别	比赛名称	获奖等级
2021 年	国家级	第七届中国国际“互联网 +”大学生创新大赛全国总决赛	主赛道金奖
2021 年	国家级	第二十届全国大学生机器人大赛 ROBOCON 比赛	季军（一等奖）
2021 年	国家级	中国研究生机器人创新设计大赛	一等奖
2021 年	省部级	第七届中国国际“互联网 +”大学生创新创业大赛北京赛区	一等奖 2 项 二等奖 6 项 三等奖 5 项
2021 年	国家级	RoboCup 机器人世界杯中国赛	全国四强
2021 年	国家级	第十一届“挑战杯”首都大学生课外学术作品竞赛	特等奖 4 项
2021 年	省部级	华北五省（市、自治区）大学生机器人比赛	一等奖 2 项
2021 年	省部级	北京市大学生机器人大赛	二等奖 2 项
2021 年	省部级	北京地区高校大学生优秀创业团队	二等奖
2020 年	国家级	第十九届全国大学生机器人大赛 ROBOCON 比赛“绿茵争锋”	一等奖
2020 年	国家级	第十九届全国大学生机器人大赛 ROBOCON 比赛“机器马术仿真赛”	一等奖
2019 年	国家级	全国大学生机器人大赛 ROBOCON 主题设计赛	一等奖
2019 年	国家级	第十八届全国大学生机器人大赛 ROBOCON 比赛“快马加鞭”	二等奖
2019 年	国家级	第十八届全国大学生机器人大赛 ROBOCON 比赛“机器木马”	二等奖
2019 年	国家级	第二届中国高校智能机器人创意大赛“创意格斗”	一等奖
2019 年	省部级	第十届“挑战杯”首都大学生课外学术科技作品竞赛	一等奖
2018 年	国家级	第十七届全国大学生机器人大赛 ROBOCON 比赛	二等奖
2016 年	省部级	工信部创新奖学金	特等奖
2016 年	省部级	工信部创新奖学金	一等奖
2015 年	国家级	第十四届“挑战杯”全国大学生课外学术科技作品竞赛	一等奖

表 3　创新、创业优秀毕业生代表

创新类		创业类	
张鹏飞	国内高校机械工程学科首篇 Nature 论文共同一作 工信部创新创业特等奖	陈南江	联合创办北京华航唯实机器人科技有限公司
张涛	国家技术发明二等奖学生第一获奖人	高少龙	北京软体机器人（SRT）的创始人兼 CEO
谢哲新	全国“挑战杯”一等奖，新加坡国立大学博士后 第一作者发表 Science Advances	石冬静	上市公司数码视讯科技集团副总裁
龚哲元	全国“挑战杯”一等奖，北航机器人队队员 加拿大多伦多大学博士	苏浩鸿	全国“挑战杯”创业计划大赛金奖 旋鹰科技有限公司联合创始人
侯涛刚	2020 年博士毕业，北京交通大学副教授	曹宇男	苏州艾利特机器人有限公司董事长（协作机器人）
夏宇辰	全国“挑战杯”特等奖，直博北航机器人所	魏洪兴	遨博（江苏）机器人有限公司董事长（协作机器人）
杨兴帮	机器人队骨干，美国麻省理工学院（MIT）博士后	陶伟	北京博创联动科技有限公司（车联网大数据及工程机械）
郝雨飞	机器人队骨干，瑞士联邦理工学院（EPFL）博士后	刘达	北京柏惠维康科技有限公司（手书机器人）
任子宇	机器人队骨干，德国马克斯普朗克研究所博士	彭赛金	联合创办北京华航唯实机器人科技有限公司

表 4　近 5 年深度参与学校双创人才培养的知名校友企业和校友

类别	名称
校友企业	九号公司（Segway-Ninebot）
校友企业	深圳市伊天行技术有限公司
校友企业	广联达科技股份有限公司
校友企业	欧派家具集团股份有限公司
校友企业	华恒焊接股份有限公司
校友企业	北京精雕科技有限公司
校友企业	未来航宇（北京）技术有限公司
校友企业	北京软体机器人科技有限公司
校友企业	北京柏慧维康医疗机器人科技有限公司
合作企业	山特维克可乐满
校友代表	叶致敏、高禄峰、王野、李伟等

（四）学院与企业建立深入的合作关系，企业竞争力增强。邀请王田苗、高禄峰、叶致敏等知名创业导师、优秀校友企业家提供创业指导，孵化了多家具有广阔发展前景的校友企业。为学院提供育人资源、建设学生科技创新基地的同时，校友企业扩大影响力，到学校延揽人才，毕业生成为校友企业的骨干和生力军。

（五）与兄弟高校、社会媒体深入交流，引领示范效应凸显。近几年，上海交通大学机械与动力工程学院、燕山大学机械工程学院莅校围绕学生科技实践和创新创业等参观学习交流；北京大学医学部基础医学院、药学院与北航机械学院针对学生科技实践及创新创业主题交流共建。在校内，机械工程学科所在的北航机械学院在校内成为创新创业工作的典型之一，并多次在学校年度共青团工作会等主题会上交流发言。学生团队建设成效突出，北航机器人队参加国内科技竞赛的成绩逐年提升，已经连续两年获得全国大学生机器人大赛一等奖，并于今年获得季军，代表中国高校参加亚太大学生机器人大赛，获得同领域学生团队的交口称赞。多次在全国机器人大赛夺冠的北科大机器人队、东北大学机器人队与北航机器人队参观交流、互动学习。

学校官网、官方公众号等校内媒体以及中央电视台、山东电视台等多家媒体对北航机器人队进行报道，山东电视台专程莅校为北航机器人队拍摄专题片，报道北航机器人队建设和备赛情况，北航机器人队以空天报国为初心，砥砺奋进、敢为人先的事迹在校内外起到了很好的示范引领效应。

（机械学院分团委供稿）

基于结构方程模型的低年级本科生科技创新能力影响因素研究

引言

本科教育是我国高等教育的重要基础，也是拔尖创新性人才培养的重要阶段。近年来，大类培养已成为我国高校本科培养的主流模式，充分拓宽了学生的学习领域、优化了素质结构、提升了综合素质。但与此同时，由于打破了原有的传统专业教育模式，大量基于专业课程的创新实践实习环节被缩减甚至取消，一定程度上影响了本科生创新能力的培养质量。因此，如何在借鉴原有专业教育成功经验的基础上，充分发挥通识教育的培养优势，持续提升本科生的科技创新能力，是值得深入思考和研究的问题。

本研究以尚未选择专业的大一、大二低年级本科生为研究对象，旨在揭示低年级本科生科技创新能力的影响因素及其作用机理，进而提出相应的建议。

一、文献综述与理论假设

（一）文献综述

1. 低年级本科生科技创新能力评价研究。科技创新能力主要表现为良好的专业知识学习能力，并能够利用所学知识进行相关领域的理论探索、科技攻关与技术研发，是富有创新精神与创新热情的一项综合实力。目前，我国学者对于本科生多方面的创新能力评价进行了大量研究。杭祖圣等从创新知识积累、创新思维、创新技能、创新个性与团队、创新环境、创新成果等角度，构建了产学研合作背景下大学生创新能力评价指标体系。曾琼琼认为学术论文成果、课题项目研究、专利与发明是科技创新能力的直接体现。邹浩等从知识积累、创新思维、创新技能、创新个性和创新成果等五个维度构建理工科硕士研究生创新能力评价指标体系。王莉认为研究型大学本科生科研能力评价应包括研究性学习能力评价、科研实践能力评价和科研创新能力评价，分别考察本科生知识自主学习与建构重组能力、发现与解决问题能力以及论文发表、科研项目等完成情况。

2. 低年级本科生科技创新能力影响因素研究。对于低年级本科生来说，科研实践是其接触科技创新的主要途径，因此现有学者多针对本科生的科研创新能力影响因素进行探讨。现有研究大多从学生自身、教师指导以及学校支持等角度分析学生科技创新能力的影响因素。关于学生自身特质，David Kember研究发现，大学生作为科技创新的主体，是否具有自主学习、主动学习的习惯，是否具有建构知识的能力、发现解决问题的能力以及创新实践的能力，是否具有良好的自我管理习惯均会影响其科研创新能力。在教师指导方面，陶金国等认为导师运用自己丰富的知识储备、专业技能及对学科前沿理论的掌握对学生加以引导和启发，与学生进行经常性的学术交流和思想沟通，可以充分调动学生的学术研究积极性。在学校支持方面，蒋永荣等研究发现，学校科技资源、科技创新氛围、科研实践机会以及相关激励机制等在很大程度上会影响本科生参与科技创新活动的积极性。刘艺通过研究发现，开放科研实验室能够激发学生对于科研的热情与兴趣，从而进一步培养其科研创新能力，提升其科研素养。孙英通过对“课题式研究”活动展开研究发现，通过指导低年级本科生开展“课题式研究”活动可以培养其科研创新能力和创新意识，了解科研的基本途径、知识并掌握基本科研方法，从而进一步激发其创造潜能。张栋文认为，科技竞赛能够有力调动学生自主学习的积极性，从而培养大学生自主创新意识、创新思维、实践动手能力和团队合作精神。

纵观已有文献资料可以发现，对于高校学生科技创新能力的评价，学者不仅关注学生客观的创新成果产出（包括学术论文、课题项目、发明专利等），还注重对学生科技创新素养的考察，例如学生的知识积累情况、科技实践能力等。在科技创新能力影响因素方面，低年级本科生科技创新能力受到内部驱动、外部环境以及宏观制度等多方面的影响。

（二）理论假设

1. 大学生自身特质对其科技创新能力的影响。

低年级本科生从高中阶段的学习过渡到大学，往往需要较长时间去适应知识结构的改变，在短时间内掌握必要的基础知识并进行应用则较为困难。同时，低年级本科生往往不了解科技创新的具体内涵甚至对其存在误解，从而在科技创新方向上无从下手。因此学生自身的自我管理能力、个体创新意识等自身特质对其科技创新能力具有重要的影响。基于此，本研究提出如下假设：

H1：大学生自身特质对其科技创新能力有显著正向影响。

2. 导师指导对大学生科技创新能力的影响。

导师是学生的引导人，导师的专业知识、学术积极性、学术能力、创新能力、责任心等对学生的科技创新能力起着重要作用，导师的鼓励与指导可以充分调动低年级本科生的科技创新积极性。此外，导师能够为学生提供科技实践的机会，学生参与导师的学术课题研究等能够在很大程度上提高自身科技创新水平。因此，本研究提出如下假设：

H2：导师指导对大学生的科技创新能力有显著正向影响。

3. 学校的组织保障对大学生科技创新能力的影响。

学生科技创新离不开学校的支持，丰富的前沿学术资源、完备的实验装置、先进的信息平台都有利于学生知识的积累和创新能力的提高。同时，高校也为本科生提供科技实践的机会，学生通过参与科技竞赛、课题项目、实验操作等实践活动锻炼自身科技创新能力。个人的行为也会受到周围环境的影响，团队的学术氛围、学校的学习风气在很大程度上影响着学生的科技创新行为。此外，公平、公正、公开的科技创新激励可以给予学生科技创新动力，激发科技创新的热情。基于此，本研究提出如下假设：

H3：学校的组织保障对大学生的科技创新能力有显著正向影响。

4. 自身特质与导师指导的关系。

学生是科技实践的参与主体，导师作为参与客体，主要作用在于引导和培养具有创新精神、创新人格、创新技能和创新实践能力的学生。导师指导本科生参与自己的课题研究，通过论文选题、背景资料收集、实验方案确定与执行、实验数据整理及分析、论文撰写与发表等多个环节的培训和锻炼，使本科生尽早了解学科前沿，体会科技创新内涵，培养他们的动手能力、科学思维能力以及团队协作能力，提升科技专业素质及创新能力。据此，本研究提出如下假设：

H4：自身特质与导师指导间具有显著相关性。

5. 导师指导与组织保障的关系。

指导老师的首要任务就是引导学生参与日常学习和科技实践活动，学校往往会通过各种支持政策鼓励指导老师与学生开展交流，例如学校提供师生交流室以方便师生的日常科研交流。指导老师应利用学校各种资源和制度为学生科技创新创造条件，提供机会，引导学生主动探索、积极实践。同时，高校可以通过完善教学成果认定、评奖评优等制度，提升导师指导学生的积极性。导师指导意愿的提升也会促使学校在低年级本科生科技创新教育方面加大政策、经费、场地等的支持力度，形成良好的科技创新氛围。

据此，本研究提出如下假设：

H5：导师指导与组织保障间具有显著相关性。

6. 自身特质与组织保障的关系。

学校层面、学院层面所提供的科技创新基础设施支持在学生科技创新能力培养中扮演着重要的角色，需要学生处、教务处、科研部门、二级学院等相关职能部门的通力合作。学校较为完善的政策支持以及激励措施有利于学生的自我发展，而积极参与各种科技创新实践活动的学生将更有可能帮助学校完善相关组织保障政策。据此，本研究提出如下假设：

H6：自身特质与组织保障间具有显著相关性。

综上，本研究着力探究自身特质、导师指导与组织保障对低年级本科生科技创新能力的影响，同时研究自身特质与导师指导、自身特质与组织保障、导师指导与组织保障的关系。基于此，本研究初步构建了低年级本科生科技创新能力影响因素理论模型。

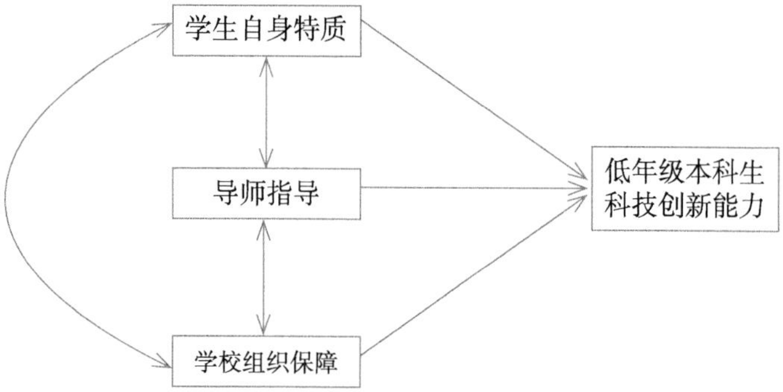

图 1 低年级本科生科技创新能力影响因素理论模型

二、研究设计

（一）问卷设计与检验

1. 问卷设计。本研究的问卷由三部分组成：第一部分是被调查者的基本信息；第二部分是科技创新能力影响因素评价量表；第三部分是科技创新能力评价量表。第一部分为分类变量，第二、三部分采用李克特七级量表。

2. 变量的选择和定义。创新成果产出情况和科技创新素养是低年级本科生科技创新能力评价的两大重点。此外，本文还加入了低年级本科生科技创新能力的自我评价变量，反映低年级本科生对自身科技创新能力的认知情况。因此，本研究选取阅读文献、参与活动、了解前沿、自我评价和创新成果五个维度对低年级本科生科技创新能力进行评价。其中阅读文献、了解前沿和参与活动反映其科技创新素养，创新成果反映其竞赛获奖、文章发表等成果产出情况，自我评价反映其对自身基本的科技创新能力（包括实验操作、软件应用、撰写论文等）的认知情况。

影响因素方面，选取学生自身特质、导师指导与学校组织保障三大变量作为低年级本科生科技创新能力的影响因素。关于自身特质，本文从专业基础、学习能力、心理素质、创新意愿和创新兴趣五个维度进行考察，设置5个题项。关于导师指导，本文从指导频率、指导方式、指导途径、指导热情和科创意愿五个维度进行考察，设置5个题项。关于学校组织保障，本文从创新氛围、硬件保障、激励政策、教学环节和固定机制五个维度进行考察，设置5个题项。

3．预调研及问卷检验。目前我国部分双一流高校已经实行了大类培养模式，本文的研究对象主要为这类高校中的低年级本科生。为初步了解低年级本科生科技创新能力现状及其影响因素，并检验问卷的有效性，本研究进行了预调研。预调研共发放调查问卷120份，回收有效问卷117份。其中，男生占82.05%，女生占17.95%。利用IBM SPSS Statistics 25.0软件对数据进行主成分分析，初次可靠性统计分析KMO值为0.815，变量的Bartlett球形度检验的P值小于0.01，表明数据之间具有较强的相关性且存在因子结构，适合做因子分析。运用主成分提取法，提取到4个主成分，得到4个变量20个题项总体累计方差解释率70.24%，说明各个题项间有较强的解释力，问卷效度良好。

表1　KMO和Bartlett检验

KMO取样适切性量数		.815
Bartlett球形度检验	近似卡方	1667.550
	自由度	190
	显著性	.000

表 2　总方差解释

成分	初始特征值			提取载荷平方和		
	总计	方差百分比	累积 %	总计	方差百分比	累积 %
1	6.916	34.578	34.578	6.916	34.578	34.578
2	3.119	15.593	50.171	3.119	15.593	50.171
3	2.337	11.684	61.855	2.337	11.684	61.855
4	1.677	8.383	70.239	1.677	8.383	70.239

（二）正式调查与描述性统计

样本选取与正式调查。本研究采取随机抽样法，正式调查中选取北京航空航天大学、复旦大学、上海交通大学、哈尔滨工业大学、哈尔滨工程大学、浙江大学等27所双一流高校低年级本科生作为主要调查对象，通过线上发放问卷的方式进行数据收集，最终收集问卷1030份，剔除数据缺失和自相矛盾的问卷后得到有效问卷835份。其中，男生问卷占比64.76%，女生问卷占比35.24%。

描述性统计。本研究采用七级量表法对变量进行测度，自身特质、导师指导、组织保障以及创新能力四个变量最大值为7，最小值为1。在自身特质五个维度的均值中，最高的是创新意愿，达到5.971，最低的是专业基础，其均值为4.426，五个维度的标准差为1.094 ~ 1.278。在导师指导五个维度的均值中，最高的是科创意愿，其均值达到5.156，最低的是指导频率，其均值为4.206，五个维度的标准差为1.459 ~ 1.529。在组织保障五个维度的均值中，最高的是创新氛围，其均值达到5.692，最低的是教学环节，其均值为4.998，五个维度的标准差为1.164 ~ 1.617。以上三个因子所有维度的偏度、峰度均在正负1之间，数据总体呈对称分布。低年级本科生科技创新能力五个题项的平均值为3.776，偏度为-0.230 ~ 0.587，峰度为-0.662 ~ 0.286。综合来看，变量均值远大于标准差，偏度接近于0，数值总体呈正态分布，适合做进一步的分析。

表 3　描述性统计（N=1030）

变量	检测变量	均值	标准差	偏度	峰度
自身特质	专业基础	4.426	1.218	−0.448	0.499
	学习能力	4.789	1.094	−0.241	0.046
	心理素质	4.946	1.183	−0.478	0.193
	创新意愿	5.971	1.115	−1.311	2.185
	创新兴趣	5.292	1.278	−0.524	−0.056
导师指导	指导频率	4.206	1.524	−0.182	−0.342
	指导方式	4.599	1.525	−0.392	−0.292
	指导途径	4.413	1.510	−0.326	−0.280
	指导热情	4.749	1.529	−0.588	−0.138
	科创意愿	5.156	1.459	−0.828	0.426
组织保障	创新氛围	5.692	1.164	−0.837	0.472
	硬件保障	5.232	1.383	−0.781	0.550
	激励政策	5.231	1.343	−0.715	0.379
	教学环节	4.998	1.417	−0.646	0.152
	固定机制	5.131	1.617	−0.694	−0.180
创新能力	阅读文献	4.214	1.615	−0.094	−0.662
	参与活动	3.866	1.545	−0.007	−0.546
	了解前沿	3.741	1.353	−0.107	−0.315
	自我评价	4.187	1.425	−0.230	−0.276
	创新成果	2.871	1.660	0.587	−0.484

信度分析。选取内部一致性系数与组合信度（Composite Reliability, CR）两个指标进行信度分析，结果如下表4，各变量的 Cronbach’s Alpha 系数均大于 0.7，CR值远高于0.6，题项具有较好的内部一致性。

表 4　内部一致性系数与组合信度

变量	Cronbach’s Alpha	CR
自身特质	0.776	0.812
导师指导	0.931	0.915
组织保障	0.842	0.836
创新能力	0.866	0.862

效度分析。本研究进一步对问卷的效度进行分析，利用IBM SPSS Statistics 25.0软件进行主成分分析后发现，KMO为0.910，较试测阶段有显著优化，且通过Bartlett 球形度检验（$P < 0.05$），研究数据适合进行因子分析。本研究一共提取出4个因子，因子累积方差解释率为66.06%，且各题项因子载荷均在0.5以上，这说明各个题项均有较强的解释力，调查问卷的效度良好。

三、理论模型检验

为验证上述假设，本研究根据构建的低年级本科生科技创新能力影响因素理论模型，运用AMOS 25.0软件绘制初始的结构方程模型路径图，构建观测变量与潜变量之间的关系，以及各潜变量之间的相互关系。

本研究将数据导入AMOS25.0软件，针对初始假设结构模型进行拟合，估计模型参数。数据结果显示，大部分拟合指数符合评价标准，但模型拟合程度与理想数据仍存在一些差距。因此，本研究根据修正指数对模型进行修正，增加创新意愿和创新兴趣残差项（e4，e5）、指导热情和科创意愿残差项（e9，e10）、创新氛围和硬件保障残差项（e11，e12）、阅读文献和参与活动（e16，e17）、参与活动和创新成果（e17，e20）之间的共变关系，修正后的结构方程模型如图所示。模型拟合结果及对模型配适度检验结果如下：CMIN/DF=3.987，GFI、AGFI、NFI、CFI、IFI 均大于 0.9，RMSEA为0.0589，均符合参考标准，模型拟合情况良好，可以进行下一步的路径分析和假设检验。

从检验结果表可知，所有变量的路径系数均为正数。在自身特质对其科技创新能力的影响路径上，路径系数为0.610，且在0.001的水平上通过了显著性检验（P=0.000），说明自身特质能够直接影响低年级本科生科技创新能力，假设1成立。导师指导对低年级本科生科技创新能力影响的路径系数为0.178，且在0.001的水平上通过了显著性检验（P=0.000），说明导师指导能够直接影响低年级本科生科技创新能力，假设2成立。组织保障对低年级本科生科技创新能力影响的路径系数为0.354，且在0.001的水平上通过了显著性检验（P=0.000），说明组织保障能够直接影响低年级本科生科技创新能力，假设3成立。在自身特质与导师指导之间的关系上，路径系数达到0.448，且在0.001的水平上通过了显著性检验（P=0.000），说明自身特质与导师指导之间存在显著的双向正关系，故假设4成立。在导师指导与组织保障之间的关系上，路径系数达到0.604，且在0.001的水平上通过了显著性检验（P=0.000），说明导师指导与组织保障之间存在显著的双向正关系，故假设5成立。在自身特质与组织保障之间的关系上，路径系数达到0.275，且在0.001的水平上通过了显著性检验（P=0.000），说明自身特质与组织保障之间存在显著的双向正关系，故假设6成立。以上实证结果显示，学生自身特质、导师指导和组织保障是影响低年级本科生科技创新能力的主要因素，且自身特质、导师指导和组织保障两两之间都有正向相关关系。

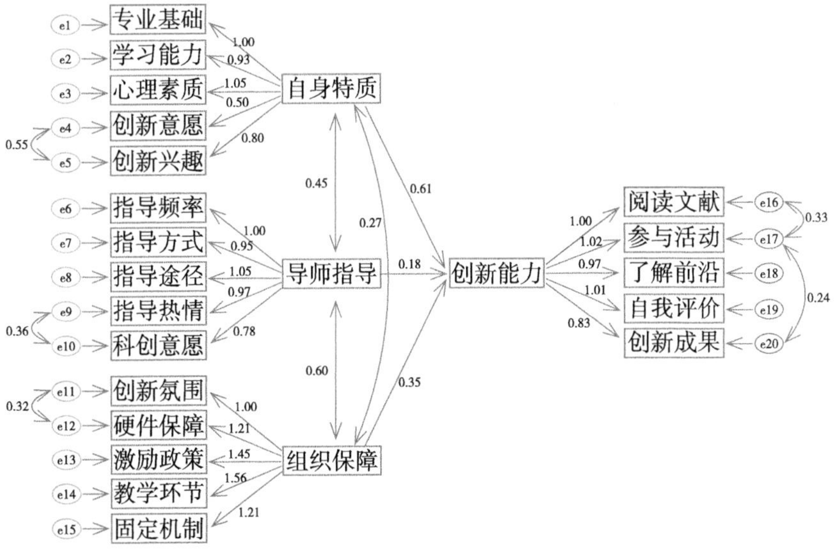

图 2 大学生科技创新能力影响因素实证模型

表5 假设检验结果

	假设		Estimate	S. E.	C. R.	P	检验结果
创新能力	< ---	自身特质	.610	.061	10.064	***	通过
创新能力	< ---	导师指导	.178	.035	5.142	***	通过
创新能力	< ---	组织保障	.354	.066	5.393	***	通过
自身特质	< --- >	导师指导	.448	.052	8.635	***	通过
导师指导	< --- >	组织保障	.604	.052	11.572	***	通过
自身特质	< --- >	组织保障	.275	.033	8.409	***	通过

注：***表示在0.001的水平上显著。

四、结论与建议

（一）研究结论

第一，低年级本科生自身特质对其科技创新能力提升有显著正向影响，且路径系数明显大于导师指导和组织保障。这表明学生自身的知识储备和科创素养是提升科技创新能力的基础和必备条件，低年级本科生应发挥自主性学习优势提升科技创新效率。

第二，导师指导对低年级本科生科技创新能力提升具有显著正向影响，但其路径系数相比与自身特质以及组织保障较低。导师通过组建多元化创新团队、开展多种学术交流活动等形式，调动学生参与学术研究的积极性，对培养学生独立思考、自主学习、团队合作与学习的能力具有重要意义。此外，还应鼓励学生自行组建团队参与科技创新竞赛，以提升自身的科技创新能力。

第三，组织保障对低年级本科生科技创新能力提升具有显著正向影响。学生开展科技创新活动离不开学校提供的管理、人员、经费、硬件等多方面的保障，学校完善的组织保障为学生提供了初步尝试科技创新的机会，达到学生科技创新启蒙的效果。

第四，学生自身特质、导师指导和组织保障两两之间存在正向的双向影响。具体来看，导师指导和学校的组织保障是学生开展科技创新活动的有力支持，学生良好的科创素养也给予了导师和学校正向激励，促使导师指导效率的提升，推动学校科技创新活动保障体系愈加完善。同时，导师指导和学校组织保障之间也存在着双向激励关系，学校和教育部门应提升高校导师科研支持力度，为学生提供更加多元化的学习平台；导师也应利用好学校的科技资源，培养学生科技创新能力。

（二）政策建议

根据上述实证研究结论，为稳步提升低年级本科生科技创新能力，本研究提出以下建议。

1. 丰富组织形式，培养学生的创新兴趣。

科技创新的前提是具有科创兴趣，高校可以在低年级本科生入学教育中，纳入实验室参观、专业讲座、科技报告会、朋辈交流等多种形式，引导学生了解科技创新的基本情况，培养其创新兴趣，在引导学生建立对专业的兴趣和认同感的同时，也要引导学生了解校情国情，树立正确的创新动力；可以组织面向低年级学生的科技创新或创意类竞赛，通过竞赛形式引导学生选择创意点，了解和熟悉科技创新的基本流程，形成最初的科技认知；学校可以鼓励不同学院、学科的学生组队，建立基于共同科研兴趣的学生社团、科技小组等，以团队形式激发自身的科技创新热情。通过不同领域的经验交流和思维碰撞，拓展学生的专业领域，逐步明确其科技创新的方向，这种方式也能有效契合通识教育的理念和培养模式。

2. 加强师生互动，提升学生的创新能力。

大类培养模式下，高校大多推行本科生导师制，选拔具有责任感、有激情、有意愿指导低年级本科生导师，通过开放式的科技形式引导学生早参与课题、早进入实验室、早加入团队，以实际创新项目丰富学生的创新实践内容。学校应鼓励导师带领低年级本科生开展实际课题和项目研究，增加师生的科技互动，提升学生的科技参与感和创新水平，形成师生共创的良好氛围；在激励政策方面，可以明确将指导内容和学生取得的科技成果纳入教师教学工作量和教学成果，充分调动导师指导的积极性；可以考虑将低年级本科生长时间的科技成果认定为毕业设计，在提升本科毕业设计水平的同时，进一步实现科技创新实践与教学环节的深度融合。

3. 加大支持力度，形成全校的创新氛围。

低年级本科生进入大学校园不久，学校科技创新氛围对其影响将远大于其他年级的学生，因此校园科技创新氛围的营造尤其重要。高校可以面向低年级本科生开放不涉密的实验场所，鼓励导师开放入门级的科技创新课题，学生在参观实验室的同时，也能够力所能及的开展科技实践；组织全校范围的创新竞赛，通过设置评选奖项、给予学分、支持经费等多种激励政策，鼓励和引导本科生参赛，形成良好的科技创新氛围；将低年级本科生的科技创新成效，纳入大类招生专业选择的考核范围，从机制上引导学生参与科技创新活动；学校可以定期组织召开由导师、低年级本科生和教学管理部门共同参加的创新人才培养研讨会，建立交流反馈机制，不断提升育人效果。

五、结语

本研究关注低年级本科生的科技创新能力培养，通过实证分析发现，学生自身特质、导师指导以及学校组织保障对低年级本科生科技创新能力的提升有显著的正向影响；同时，学生自身特质与导师指导、导师指导与组织保障、学生自身特质与组织保障间均存在显著的双向正影响；针对分析结果，提出了提升低年级本科生科技创新能力的工作建议。总体来看，本研究对高校学生科技创新能力的培养具有一定的启发意义。高校应顺应新时代拔尖创新型人才的培养需求，注重低年级本科生科技创新精神和实践能力的培养；同时，低年级本科生科创素养的提升离不开导师指导与学校的政策支持，要着力调动导师指导的积极性，加大学校科技创新支持力度，使得学生自主学习、导师指导、学校支持三者之间形成良性互动，不断优化低年级本科生科技创新能力培养路径。

（校团委供稿）

“三全育人”视域下大类培养文科学生创新能力提升探究

引言

党的十九届五中全会明确提出，坚持把创新摆在我国现代化建设全局中的核心地位。大学生作为新时代人才培养的重要力量与重要环节，更是衡量人才创新能力培养效果的重要指标。中央人才工作会议中提出，人才是衡量一个国家综合国力的重要指标，人才培养是高校现阶段发展过程的重中之重。因此，加强人才创新能力提升，对于培育创新型人才具有重大的现实意义。

北京航空航天大学知行书院成立于2012年，是北航最早一批实施书院制试点的书院，实行文科大类招生、完全学分制，推行文科类通识教育，一年级不分专业，二年级自主选择专业。知行书院秉承“才德君子、中西古今”的办学理念和“中西汇通、修身立人”的院训。作为北航唯一文科人才培养书院，知行书院不断探索大类培养模式下文科学生创新能力、创新意识培养提升，对于培育创新型人才，引导学生运用所学知识在社会实践中发现问题、解决问题具有重要的意义。

一、人才创新能力培养的重要意义

创新是一个国家发展不竭的动力，创新能力与水平决定发展动力，成功转换发展动力才能提升社会建设发展水平，因此创新能力提升对于社会发展建设需要、人才发展要求、人才成长需求都具有重要意义。

国家的建设和发展需要创新型人才。党和国家一直以来都将科技创新作为国家发展的重要战略，科技创新也是国家竞争的软实力，对于民族和国家的发展至关重要。创新能力是学生成长成才发展需求中的重要能力，对于高校学生来说，将所学知识应用到社会建设发展实践中，是一种自我价值与社会价值的双重达成，对于个人发展和社会进步都非常重要。随着社会的发展，现阶段高校学生在思维能力、创新意识、创新能力，社会关注与参与都有明显提升。结合《国务院办公厅关于进一步支持大学生创新创业的指导意见》，坚持完善机制，持续提升人才创新能力，对于人才发展具有更重要的意义。因此提升高校学子综合素质，培养德智体美劳全面发展的社会主义建设者和接班人，对于创新能力提出了更高的要求。大学生的科技创新能力是大学生技术水平和思维能力的重要体现，创新能力能够有助于学生将基础知识与专业技能结合，提升知识的运用能力，增强学生的综合素质与能力，为培养复合型、应用型人才打牢基础，科技创新能力的高低决定了人才的素质，决定了未来国家发展的前景和方向。

因此，坚持以习近平新时代中国特色社会主义思想为指导，围绕立德树人要求，提升大学生创新精神、创新意识和创新能力对于民族的进步、社会的发展和实践具有重要意义。

二、大类培养模式下文科学生创新能力培养提升存在的问题

结合北京航空航天大学知行书院一年级学生培养实际，现阶段文科低年级学生有如下特点：一是低年级学生课堂学业学习内容主要为基础课程与专业知识，对于创新能力培养缺少体系化的设计，缺乏将课堂学习知识与实际解决问题相结合的操作能力和途径；二是现阶段学生均为“00后”（以知行书院2021级学生为例，“00后”占比为100%），学生获取信息的途径和方法增加，对于社会现实问题的关切程度提升，亟须提升用所学知识解决实际问题的能力和通道；三是结

合北航新文科建设目标和通识教育模式，书院制文科教育对于学生综合型素养和国家需求、未来素质有了进一步提升。但是和北航理工科专业利用实验平台或操作达成创新目标路径相比，文科创新能力提升需要更多与社会发展结合的渠道，通过调研、分析，结合社会发展关切问题，不断提升学生创新能力。因此加强资源整合、加强跨学科、跨专业、跨年级的交流，促进学生全方位发展对于书院文科低年级学生创新能力提升具有重要的作用。

现阶段在书院制育人模式下文科人才创新能力培养与提升存在问题。一是书院制育人模式下文科人才创新能力培养人员横向融通不强。低年级学生发展受到多方面育人力量的影响，高校的育人资源分布在教学、管理、服务、心理、自主等部门和领域，不同育人力量对于学生的个人发展具有不同的发展目标和要求。学生的发展能力提升要求不同，开展相关活动和采取措施的角度与方式不同。由于缺乏统筹协调，凝聚发展合力功能弱化。二是书院制育人模式下人才创新能力提升纵向贯通不足。首先，书院主要承担学生大一阶段大类培养任务，学生尚未进行专业选择与专业分流，没有明确的专业方向，在文科书院与专业学院学生创新能力培养方面存在着纵向贯通不足的情况。其次，日常思想政治教育遵循的是“规范性逻辑”，而教学教育遵循的是“知识性逻辑”，两者在价值逻辑上存在差异。三是书院制育人模式下人才创新能力提升内外联系不紧密。低年级文科学生培养更重视课堂教学与课程学习，重点在于帮助学生建立对专业的初步认知和探究，更多地停留在知识教育层面，未能与社会资源、校外资源有机结合，缺乏学生利用校内学习知识参与解决实践问题、提升创新能力的途径；学校、家庭社会等育人场域的联动不够，与课外学生创新能力培养贯通不够。社会发展对于学生综合能力提出更高要求，学生在完成学业后需要快速与社会对接，更好地将所学知识应用到解决社会问题上。现阶段学生的学习活动主要在学校内开展，集中于校内教师资源，与社会、家庭各领域的协同育人效应发挥不足，协同联动提升育人效应方面实践不够。

结合现阶段高校学生特点与知行书院大类培养模式下学生创新能力提升实践，本文提出“三全育人”视域下大类培养文科人才创新能力提升路径探究，汇聚育人合力，提升人才培养的水平，培养德智体美劳全面发展的社会主义建设者和接班人。

三、“三全育人”视域下文科书院人才创新能力提升路径探究

中共中央国务院印发的《关于加强和改进新形势下高校思想政治工作的意见》指出，要坚持全员、全过程、全方位育人，对于高校育人资源协同提出更高的要求。知行书院坚持深化“三全育人”综合改革，结合大类培养大学新生人才培养特点，凝聚育人合力，对标全员、全过程、全方位的育人要求，以目标导向、多维协同、一体化育人模式，从人才创新能力提升规律出发，推进基于书院制育人模式下文科低年级学生创新能力提升的路径探究，构建“三全育人”视域下创新能力提升整体架构模型。“三全育人”包括人员、过程和方位要素，在三个场域上协同发展，能够达到育人效果的最大化。结合知行书院育人实践，全员要素要求书院全体教职工及学生发展相关力量具有育人意识，承担育人责任；过程要素要求将创新能力培养贯穿大一学生大类培养整个阶段，覆盖教育教学与学生成长成才全过程；方位要素突出学生创新能力培养场域的全覆盖，包括校内与校外、课内与课外，以及创新意识、创新能力、创新平台、创新成果转化的全覆盖。

“三全育人”是推进高校人才培养质量有效提升的重要措施，但是书院人才培养模式下人才创新能力提升中目前存在横向融通不强、纵向贯通不足、内外联系不紧密的问题。知行书院结合“三全育人”视域下创新能力在人员、时域、场域方面的要求，构建了全员育人的资源整合机制、全过程的阶段发展机制、全方位的结构建设机制（具体见图1），发挥书院“三全育人”合力，有效提升书院大类人才培养背景下文科低年级学生创新能力提升实效。

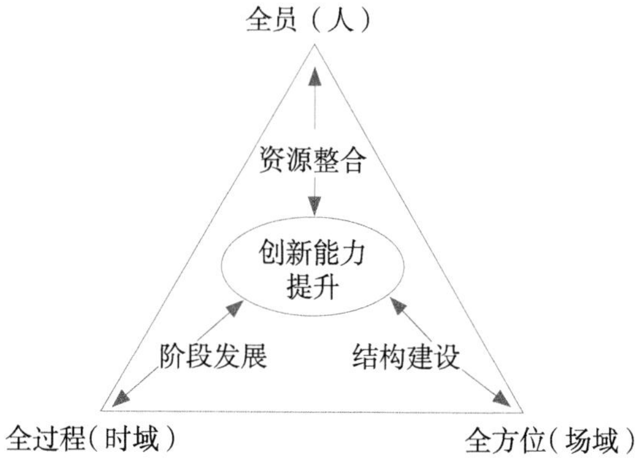

图 1 “三全育人”视域下创新能力提升整体架构

一是加强顶层设计，保证书院育人力量协同推进，打造人才创新能力培养的外在环境。结合“三全育人”综合改革项目实施细则要求，知行书院结合学生工作小组与书院育人力量形式，将人才创新能力提升与书院各项工作结合，形成良好的创新能力提升培育环境。二是结合人才创新能力提升目标，转变培养模式。传统专业学院培养过程中，注重学生基础能力的提升，缺乏对于学生创新能力培养的路径和方式。知行书院坚持精准施策，有效利用书院各方育人力量，在学生的学业发展、创新平台建设、学生个性化发展等方面提供保障和支持，综合提升学生的创新能力。三是加强内外联动，整合利用资源，突出创新能力提升实践效果。书院低年级学生培养时间较短，引导学生将所学知识及创新能力提升反馈在实践、学习过程中，实现创新能力提升反馈闭环。

四、“三全育人”视域下知行书院文科低年级学生创新能力提升实践

结合知行书院构建“三全育人”视域下创新能力提升整体架构，书院主要进行如下创新能力提升实践。

（一）从资源整合构建实现创新能力提升全员投入

全员育人主要关注书院不同的育人力量围绕创新能力提升发挥协同育人的职能。知行书院积极发挥书院育人资源协同优势，进行资源整合，实现资源利用最大化。大类培养模式下，书院主要有以下育人力量：授课教师、学业导师、班主任、学工队伍、朋辈梦拓，整合优势资源，构建五位一体的人才创新能力提升体系；整合育人资源，能够最大化汇聚育人合力，各人守好一段渠、种好责任田，做好创新能力提升工作队伍保障。

授课教师夯实学生基本知识能力与思维发展。知行书院结合北航人才培养四强模式，教师在授课过程中除基础知识讲述之外，关注学生思辨能力提升与学科交叉实践。将创新理念融入日常授课当中，启发学生思考，帮助学生思辨能力提升。书院大类培养模式下，学生大一阶段需要修学经济学、法学、行政管理学通识课程，能够帮助学生形成学科交叉初步体验，帮助学生更好地构建交叉思维体系。设置文科高等数学、Python基础等课程，帮助学生建立良好的逻辑思维能力，增强学生科学研究综合素质，为学生创新性探究夯实基础。学业导师拓展学生创新实践范围。知行书院每学年从北航四所文科学院聘请学业导师，加强书院与学院双院协同，有效汇聚学院专业育人资源。学业导师结合专业背景，每学期定期开展一对一、一对多导学活动，内容涵盖论文写作、文献综述研究、定性研究方法、学术科技竞赛指导活动等，邀请学生参与课题研究等工作，初步培养学生运用所学的知识发现、解决实际问题的能力。知行书院结合文科人才培养实际，开展“知行研讨课”。通过体系化的自主选择课程设置，利用导师资源，一方面注重学生创新能力探究基本方法，提升研究能力；另一方面邀请导师结合专业热点进行报告，拓展思维，引发学生思考。班主任加强班级学风建设。书院从专业学院选聘优秀一线教师作为班主任，主责学风建设工作，涵盖学业辅导、专业认知与引导，指导学生参与课外科技实践活动，营造良好的班级学习氛围。班主任着力打造师生互动班级建设模式，通过班级会议、学习研讨等活动，面对面、点对点实现与学生的直接交流，了解学生的学业困难，开展学业帮扶，为学生创新能力提升打好学业基础。学生工作队伍汇聚思政育人与创新育人合力。书院学生工作队伍由专职辅导员、兼职辅导员、书院助理组成，围绕立德树人根本目标，学生工作队伍加强学生的思想理论教育和价值引领，引导学生在创新能力提升的过程中关注国家发展战略需求，努力将个人发展与国家的科技创新进步紧密结合，提升创新意识与动力，才能在实践中不断提升创新能力。同时关注学生的生涯发展迷茫、心理健康发展等，引导学生开展积极健康向上的大学生活。朋辈梦拓打造创新榜样力量。知行书院发挥“梦拓”高年级优秀学生对于大一学生的榜样力量，利用现有学生在科技创新方面取得的成绩，鼓励大一学生向榜样看齐，减少低年级学生对于科创工作的畏难情绪，提升学生科创兴趣，激发创新意识。

（二）从阶段发展构建实现创新能力提升全过程关注

知行书院结合大类培养学生发展需求，践行“以学生为中心”的基本理念，落实立德树人根本任务，把创新能力培养提升融入大一阶段思想政治教育全过程。大一学生面临人生发展重要转折期、个体社会化的关键期，也是创新能力播种的关键时期。在大一阶段把握好学生发展规律，持续开展创新文化育人工作，提升文科学生创新能力，做好全过程创新能力提升工作。

入学教育阶段把握创新能力培育萌芽期。利用新生入学教育线上资源，在开学前全覆盖观看线上慕课，使得新生初步了解“北京一号”“冯如三号”等学生科技创新实践。随后开展专业认知教育，引导学生对于专业有初步认识，了解大学学习与高中学习在内容与方式方法上的区别，帮助学生尽快适应大学学习生活。秋季学期进入创新能力培育探索期。一方面开展学业适应帮扶，夯实学业基础；另一方面结合书院通识教育培养模式开展科创课堂，引导学生初步产生创新意识，进行创新能力提升探索。寒假开展创新能力培育实践。在教师的指导下，结合社会热点问题与民生发展关键问题，组织学生开展短期寒假社会实践，在实践中提升创新能力，培养学生运用所学知在实践中发现问题、解决问题。春季学期进入创新能力培育发展期。鼓励学生积极参与科技竞赛、创新训练计划、科技创新节等，依托知行书院“社科杯”、北航“冯如杯”、全国“挑战杯”科技竞赛，通过学科论文、调研成果等进行知识转化，使得创新能力发展进步有具象化体现。暑假进入创新能力培育提升期。在大类培养专业分流结束后，结合专业背景以及大一阶段学业情况，巩固创新能力提升效果，通过暑期社会实践、专业深入学习等，融入更多创新因素。

（三）从结构建设构建实现创新能力提升全方位覆盖

知行书院坚持需求导向和问题导向，加强顶层设计，梳理好课内与课外、线上和线下、学校与企业等多方面关系，解决人才创新能力提升内外联系不紧密的问题。以创新平台建设为抓手，实施科创“润苗”计划，引导大一学生瞄准民生视角，积极参与社会调查，通过关注社会问题和国家治理挖掘科技创新课题，开启低年级科研探索之旅。

一是统筹课内与课外的关系。加强课内资源利用率，挖掘校外科创资源，引入校外科技创新资源，发挥创新能力提升优势。结合书院第二课堂建设，通过科技讲座、科技活动，促进学科交叉融合，促进理、工、文协同发展，提升学生创新能力。加强书院创新文化建设，形成创新育人氛围。开展书院级科技竞赛“社科杯”，鼓励学生们积极参与科技创新。将创新性知识应用转化为比赛成果和实践环节，通过论文、调研成果等进行知识转化，做好创新能力提升。知行书院已连续开展4届“社科杯”科创竞赛，参与学生达100余组次，形成300余份学术科研论文及调研报告，为学生提供迈出科研第一步的机会，并勇于在实践中不断提高和成长。二是加强线上与线下的联系。建立正向互动的工作格局，通过加强线上线下的连接，做好品牌文化建设，营造科技创新氛围，营造文化育人的感染力，形成具有创新型色彩的校园文化，带动学生自觉参与到创新活动中，主动探索新知识，不断学习提高科研水平。三是加强学校与社会育人场域的联动。有效利用社会资源，提升创新实践应用能力。构建产学研合作平台，助力成果转化，与行业知名领军企业签订校企合作协议，开展实训基地、科研平台沟通，形成协同育人融合机制。拓展社会资源，参观法院、律师事务所、智慧工厂等，加强与社会的联系，了解国家发展“卡脖子”技术，提升创新能力提升意识，有效补充创新能力提升动能。

五、结语

大学生创新能力培养是学生综合素质的重要构成，也是国家科技事业发展的动力，更是国家社会发展的不竭动力。结合“三全育人”视域下知行书院大类培养模式下文科学生创新能力提升探究，通过加强资源整合、关注阶段发展和结构建设，实现各类育人资源横向融通、纵向贯通、内外紧密联系的模式，对于高校学子创新能力培养提升具有重要意义。

（知行书院分团委供稿）

计算机专业新工科创新人才培养体系研究

——以北京航空航天大学计算机学院为例

“新工科建设”是应对国际竞争新形势、国家发展新需求提出的工程教育改革发展战略。本文通过分析北京航空航天大学计算机学院创新创业与科技实践育人的尝试和探索，总结了计算机专业新工科人才培养体系，为高校计算机专业在新工科背景下的科创实践育人体系的构建提供了参考。

引言

国以才立，政以才治，业以才兴。习近平总书记在中央人才工作会议上强调：“我国进入了全面建设社会主义现代化国家、向第二个百年奋斗目标进军的新征程，我们比历史上任何时期都更加接近实现中华民族伟大复兴的宏伟目标，也比历史上任何时期都更加渴求人才。”创新的人才培养模式是党和国家推动创新驱动发展、“互联网+”、科技自立自强等国家战略目标的重要基石。面对新一轮科技革命和产业变革的挑战，以新技术、新业态、新模式、新产业为代表的新经济发展方兴未艾。

为培养适应新形势的工程科技人才，2017年以来，教育部积极推动新工科建设，全力引导高校探索形成领跑全球工程教育的中国模式、中国经验，助力高等教育强国建设。

北京航空航天大学积极立足新时代发展要求，强化北航人才培养特色，以培养服务国家需求和引领时代发展的未来领军领导人才为目标。为了响应“强情怀、强基础、强实践、强融通”的新时代北航人才培养“四强”模式，北京航空航天大学计算机学院在“强情怀、强基础”的工作基础上，建立了“强实践、强融通”的特色创新创业与科技实践育人体系。

本文介绍了基础知识与创新创业、科技实践相结合的计算机专业新工科人才培养体系，并通过在学生多年实际培养中跟踪评价表明其有效性，最终形成了具有可操作性和推广意义的经验。

一、体系构建

北京航空航天大学计算机学院团委在科技实践育人方面勇于探索，坚定“知识与实践相结合”的育人理念，建设了“课程教学，竞赛驱动”的培养模式，搭建了以计算机学院团委为主体的科技实践对接平台，制订了科学合理的科技实践评价方法，构建了具有可操作性和推广意义的特色体系。

该体系分为四个部分：①课程科创深入融合，培养科技实践能力；以现有教辅体系为基础，构建教师—助教—辅导员的动态双循环体系，打造课程内容与科技创新的循环反馈体系，实现课上课下联动。②双创竞赛驱动发展，注入科技实践动力；计算机学院团委以学院实验室为载体，对接科技创新资源，搭建师生间的供需桥梁，提供竞赛指导，并在实践中将经验不断总结发展，实现双创竞赛的累累硕果。③实验室主体资源支持，建立多维引导机制；计算机学院团委针对本科生制订循序渐进指引方案，以多种不同形式和规模的活动为抓手，建立了点—线—面结合的多维度学生引导机制。④构建科学评价体系，促进学生创有所获；计算机学院团委将创新创业能力培养纳入学生毕业要求，同时在保研过程中参考学生科创实践成果，建立了客观、公正、科学的长效评价体系。

（一）课程科创深入融合，培养科技实践能力

学生最关注的莫过于“学业”。随着当代科学技术突飞猛进，如果没有扎实的基础知识和突出的实践能力，必将被时代的洪流所淘

汰。因此，计算机学院团委致力于搭建一个将知识与实践、课上与课下相结合的育人平台。在计算机学院核心专业课课程现有的教辅团队教学模式基础上，积极打造教师—助教—辅导员的动态双循环体系：①课程内容循环中，教师课上讲授理论内容；助教依托课上内容。在学生完成实践设计作业过程中针对性地进行知识串讲、课程答疑；辅导员组织精准掌握学生课上学习动态，精细化组织学生参与。最后将学生课下助教帮扶的掌握情况反馈给教师，做到动态反馈调节。例如，计算机学院团委与专业核心课程教师以及S.T.A.R.助教团队联动，助力学生在理论内容和课设实践之间实现“软连接”。②科技创新循环中，教师引导学生参加课程相关竞赛，助教提供竞赛专项培训、具体指导，辅导员鼓励动员、组织学有余力的学生参与竞赛，对接竞赛组织，再将感知到的情况反馈给教师和助教。例如全国大学生计算机系统能力大赛，该赛事共有CPU设计、操作系统、编译系统三个赛道，恰好与学院核心专业课“计算机组成原理”“操作系统”“编译原理”课程设计接轨。计算机学院团委与相关教师、助教团队密切配合，精心动员组织，近年来参与学生取得了较好的成绩。

（二）双创竞赛驱动发展，注入科技实践动力

各类创新创业竞赛是衡量计算机专业学生科技创新水平和检验学院科技创新工作成果的重要标准，近年来更是成为社会选拔创新创业人才的主要平台。计算机学院领导、老师和学生均高度重视以“冯如杯”为代表的各项双创竞赛工作，投入了大量资源。

项目起步阶段，计算机学院团委以实验室为载体，对接创新创业资源。计算机学院团委鼓励教师向本科生开放实验室，提供科研选题，供学生研究，形成创新创业项目。计算机学院团委搭建了对接师生的桥梁，让参赛学生能够得到教师指导，促进灵感落地科技创新实践，形成创新创业项目，让创新创业项目拥有实验室资源依托，从根本上解决学生缺乏实验场地和实验环境的问题。

项目形成后，计算机学院团委为项目培育提供支持保障。以“冯如杯”为例，除鼓励项目指导教师为项目提供技术支持、资源保障

外，自项目立项起到“冯如杯”竞赛结束，计算机学院邀请教师与参赛学生进行多轮交流，为项目提供技术指导。经过教师指导，学生可以明确项目目前存在的问题，获得技术建议，确定项目下一步的发展方向。

同时，计算机学院团委重视竞赛经验传承，关注竞赛技能培养。计算机学院注重挖掘学生朋辈资源。在历年双创竞赛中，学院产生了一批双创竞赛高级奖项的获奖者，对完成高质量创新创业项目有丰富的经验。学院邀请这批同学为低年级同学介绍竞赛经验，在很大程度上让学生真实地了解到科技竞赛的比赛流程，加深学生对科技竞赛的认识和比赛热情，提高学生的综合素质。同时，计算机学院团委紧密联系院友与社会力量。在创新创业竞赛中，学生对如何创业、如何写好商业计划书缺乏经验，专业课教学也同样缺乏这一领域知识的讲解。计算机学院邀请已创业的院友或初创公司负责人分享创业心得，分析好的创新项目如何落地创业，鼓励学生将创新成果转化为创业项目，顺应国家对大学生创新创业能力的要求。

在一系列努力下，计算机学院2016~2018级本科生参与“冯如杯”的比例均达到了99%以上。近三年来，计算机学院参加“冯如杯”课外学术科技作品竞赛与创业大赛的数量均位列全校第一。学院的举措有效促进了学生进行科技创新实践，锻炼科研本领，提高创新能力，萌发创业意识。

计算机学院在“冯如杯”竞赛项目的基础上，广泛动员已经有参与创新创业竞赛经验的学生参与“互联网+”大赛，推动优秀项目参加“挑战杯”竞赛。学院“冯如杯”优秀项目转化为“互联网+”“挑战杯”项目转化率高。学院邀请教师对项目进行进一步指导，开放实验室资源，为项目迭代与深入的研究创造条件，为学生在更大的平台展示创新创业能力提供有力支持。

（三）实验室主体资源支持，建立多维引导机制

计算机学院倡导本科生科技实践活动向研究生培养模式靠拢，以

实验室为主体组织和管理学生参与科技实践活动。在学院2个国家重点实验室、7个省部级重点实验室的硬件设施强支撑下，计算机学院团委积极谋划，为学生对接实验室资源。针对本科生制订循序渐进指引方案，从基础开始引导学生了解专业领域动态，进而培养学生科技实践能力。实验室切实做到给本科生分配实质性工作，让学生感受科技实践、科研创新的环境氛围。在长期实践中，计算机学院团委以全覆盖实验室参观、特定专业方向讲座、知名教授座谈三种具体形式为抓手，建立了点—线—面结合的学生引导机制：①计算机学院团委每年组织低年级全体本科生进行实验室参观，绝大多数的低年级本科生正是在参观中形成了计算机科学技术体系的萌芽，了解计算机科技的前沿研究成果和发展动态。部分低年级本科生也在此宽领域的参观中得以发现自身研究兴趣点，并加入相应实验室开始参与科学研究；②计算机学院团委定期举办"三人行"高端学术专题讲座，讲座每次由3名特定专业方向的知名教授做报告，向学生讲解特定专业方向的研究进展与行业动态，助力学生培养，开阔学生视野，提升学生能力；③计算机学院团委定期开展"教授有约"活动，活动每次由8~10名本科生与知名教授面对面平等对话，对话主题和内容均不设限，旨在帮助同学们解决学习生活、发展规划等方面的困惑，形成了"人到文化到"的良好氛围。

在此影响下，学生参与实验室实践活动比例显著提高，学生科技实践水平长足提升。以本科2019级为例，81.82%的学生依托实验室项目参加各项科技竞赛，绝大多数实验室本科实习生能够参与实验室课题研究，其中有39.4%的本科实习生有论文、专利等科研成果产出；同时还有学生在实验室指导下参加特定领域的高水平科技竞赛，例如JSI实验室受邀参加世界大学生超级计算机竞赛屡获佳绩。

（四）构建科学评价体系，促进学生创有所获

创新创业工作不断发展的必然结果是项目成果数量的跃升，如何公平、公正地评价学生创新创业实践成果，需要深入探讨和研究。计算机学院在培养学生创新思维、强化学生实践能力的同时，注重以

科学客观的方法评价学生创新实践能力及创新创业成果，对优秀的团队、个人给予奖励。在奖学金评定、研究生推免、就业等过程中采用包含创新实践加分的综合排名，极大地激发了学生参与科技实践的内生动力。

计算机学院自2015级开始设立“实践与展示”课程，将创新创业能力培养纳入本科生毕业要求，成为全校第一个将科技实践纳入必修课的学院。“实践与展示”课程构建“课内引导—技术沙龙—课外实践”的教学方法，必选科技实践和可选竞赛列表结合的方式，引导学生开展创新创业实践活动。课程加强了学生创新意识，激发学生学习热情和专业归属感，唤醒学生参与创新的积极性和主动性；培养了学生实践能力，通过参与创新实践及竞赛活动，深化学生对计算机基础理论及专业知识的理解；提升了学生的成就感，通过课程注重学生科技实践过程与成果的显示化评价，增强学生核心竞争力。

计算机学院制定科学合理的“推荐优秀应届本科毕业生免试攻读研究生综合加分方法”，将学生科技实践表现纳入推免研究生评价体系。依据模糊数学模型建立创新创业成果评价机制，通过逻辑回归、优势比等多种统计学模型衡量加分方法。经过多年实践证明，该机制评价结果可靠、合理，能够极大地激励学生勤奋学习、努力创新，培养出有较强的创新意识、创新能力和专业能力的学生。

二、成果产出

在完善体系的支撑下，学院本科生科技实践工作取得了瞩目的成绩，培养出了一批“学术有潜力，实践有作为，创新有成果”的优秀学生。

（一）综合素质全面加强

计算机学院注重学生综合能力培养，高度重视本科生教学。不仅建设了一支高质量的本科生教学队伍，更是培养出一批批优秀的本科生。2021年升学率达到67.46%。其余就业学生中，13%的毕业生进入中共中央对外联络部、中科院软件研究所、中国民航信息网络股份有限公司等国家党政机关、科研院所和企事业单位；47.8%的毕业生进入华为、字节跳动、阿里巴巴、腾讯等行业头部企业。

（二）双创赛事争创新功

2011年至2020年，在学校“冯如杯”竞赛中，计算机学院实现了史无前例的九连冠。同时，学院鼓励同学们以“冯如杯”平台项目为基础，将其转化为全国性双创竞赛的项目。在“挑战杯”全国大学生课外学术科技作品竞赛、“创青春”全国大学生创业计划竞赛等竞赛中均斩获颇丰。

2011级本科生陈震作为“ULBrain机器人视觉解决方法”项目的第一作者，获得了第二十四届“冯如杯”一等奖、“互联网+”大学生创新创业大赛金奖、全国亚军。他的项目算法关键指标大幅领先国际顶级开源算法及Google商用化算法。基于该项目创建的速感科技（北京）有限公司也已先后完成三轮融资，荣获北京市高新技术企业、优秀创新创业企业称号。陈震也获评2017年度福布斯中国30岁以下青年精英、2017年度中关村高端领军人才等荣誉称号。

2017级本科生石浤澔的项目“融合大数据的疫情预测分析模型与平台”，获得2020年第三十届“冯如杯”学生学术科技作品竞赛一等奖、第十一届“挑战杯”首都大学生课外学术科技作品竞赛特等奖以及第七届“互联网+”大学生创新创业大赛北京赛区一等奖。项目成果服务于国务院联防联控机制、外交部、北京CDC等决策部门，为新发地等疫情的防控和中央部门的防疫决策提供服务。

（三）专业竞赛屡获佳绩

计算机学院学子在数学、物理、英语等学科竞赛和“蓝桥杯”等编程竞赛中也不遑多让，均取得了优异的成绩。2021年各类学科竞赛报名总数超过300人次，第十二届“蓝桥杯”软件类省赛获奖人数120人，较第十一届省赛获奖人数提升50%；国赛获奖人数58人，较第十一届国赛获奖人数提升93%。其中2019级本科生宋航洋获得第十二届“蓝桥杯”软件类国赛Python程序设计一等奖第一名。2021年全国大学生系统能力大赛编译系统、操作系统、CPU设计三大赛中，计算机学院学子在全国总决赛中共有13支代表队，共计40人获奖。

计算机学院学生团队多次闯入ACM国际大学生程序设计竞赛（ACM—ICPC）全球总决赛，并在多届ACM—ICPC亚洲区域赛分赛区比赛中获得奖项；在世界大学生超级计算机竞赛（ASC）中，我院自2015年起连续6次获一等奖，2019年更是打破世界大学生超算竞赛纪录，荣获ASC19世界大学生超算竞赛最高计算性能奖。

三、经验启示

经过多年在实际人才培养中的实践探索，计算机学院在新工科创新型人才培养方面总结出了一些创新经验，并在实际学生培养环节中收到较好的效果。

（一）契合个人发展

学生的专业能力不是一朝一夕就能够形成，而是需要从数理基础、专业基础到专业核心的培养过程逐步形成，因此在不同的时期需要有针对性地引导学生。低年级学生主要培养的是数理基础、专业基础能力，应当引导学生更多关注基础学科、计算机基础能力相关竞赛；高年级学生主要培养的是专业基础和专业核心能力，应当引导学生更多关注需要多关注综合性的竞赛，或是进入实验室深入研究某一专业领域等。

（二）根植专业教育

大学期间专业教育主要以教师授课为主，而课堂教学涉及的知识内容广泛而基础，课堂讲授与课程作业往往起到的是“师傅领进门”的作用，应当将创新创业能力培养纳入本科生毕业要求，开设科技实践必修课，唤醒学生参与实践创新的积极性和主动性，由此进一步培养学生的科学素养和创新意识，感受和领悟计算思维的独特魅力，激励其将课堂理论知识联系实际，正确使用学习的理论与技术。

（三）鼓励自发组织

为了调节学生课外生活与提升动手实践能力，应当鼓励有某一方面兴趣的学生自发组建社团或兴趣小组，以团体合作的形式夯实基础，突出实践能力，培养创新思维，并聘请相应领域的教师有针对性地指导与训练。

（四）搭建校企桥梁

科创实践活动的成果是多元化的，近年来学生参与理论研究、技术研发、工程开发的水平不断提高，学院应当积极与用人单位建立联系，开展形式丰富的校企活动，帮助学生了解行业现状和业务流程，以及工业界实际的前沿技术需求，提升学生视野与工程实践能力。

（五）完善评价体系

激励学生积极投身创新创业活动，不仅需要自我意识的主动参与，还需要建立完善的制度和科学的评价体系作为驱动。应当建立健全学生评价激励长效机制，科学客观地评价创新创业成果，并对优秀的团队、个人提供奖励。

四、总结

人才是发展壮大新经济的首要资源。工程教育与产业发展紧密联系、相互支撑。经过北京航空航天大学计算机学院的多年实践，证明本文提出的计算机专业创新创业与科技实践育人体系方法和经验具有较强的可操作性，符合计算机专业新工科人才培养工作的规律，并可以进一步推广到其他工作之中。

（计算机学院分团委供稿）

第四章
近年来共青团
重要会议交流汇报发言

在北京高校团学改革座谈会上的发言

2020年10月29日

大家上午好！非常荣幸参加这次座谈会。当前，高校团学改革进入攻坚期，新一轮改革规格高、标准严、导向明、任务清。作为基层团委，我们深刻感受到党中央对团学工作寄予的厚望、团中央刀刃向内的决心特别是团市委精准细致的关怀指导。北航的团学改革启动于2017年，由学校党委发布了学校共青团改革实施方案，2019年通过三十一次学代会落实学生会改革具体任务，并在党委领导下集中开展了社团整治。改革只有进行时，北航的团学改革始终在路上。下面向各位领导简要汇报三点思考和做法。

一是领航定向、体系赋能，彰显团学改革的价值逻辑。习近平总书记强调要加强对青年政治引领，党旗所指就是团旗所向。青年学生既是服务对象，更是工作力量。要实现思想政治引领凝聚，必须依靠组织体系、强化关键节点、畅通层级衔接。北航党委书记曹淑敏带班研讨，梳理构建"三纵三横"工作体系，即"党、班、团"三纵联动、"校、院、支部"三横贯通，各线各层均形成翔实的目标使命、责任要求、议事规程与任务清单。明确了共青团系统思政引领先锋队、人才培养突击队、学生组织建功队的职能定位，使团学改革和工作开展始终得到党委的有力领导和体系化有效保障。特别是在去年的国庆群众游行、广场合唱、志愿者服务及第十六届"挑战杯"组织承办等重大活动中，北航以党带团、校院共振、支部动员的工作模式取得显著效果。

二是创航定制、集群共担，强化团学改革的资源协同。军会书记在高校调研时强调，要在学业进步、社会实践、就业创业等方面更好地服务青年学生成长成才。为实现这一目标，要充分发挥共青团枢纽型、平台型组织优势，以团学改革为契机，围绕中心任务、协调汇聚资源。校团委牵头协调教务处、资产公司、招生就业处、创管学院等单位，组织动员各学院、书院，组建创新创业学院多维协同机制；指导支持校院学生会、大学生科协、科技类社团重塑定位、重构团队，打造以“冯如杯”为载体的“创意创新创业”科创实践育人模式，本科生参与率超过90%，并力争两年内实现全覆盖；积极争取科技产业园、航空航天信息等领域领军企业、教师及校友资源，拓展与产业需求和技术前沿紧密结合的挑战赛道、孵化通道与加速跑道。

三是学航定力、创新争先，激发团学改革的内生动能。改革任务硬指标多、必须落实，但指标到位绝不等于改革到位。更重要的是实现团学组织的减量提质、减负增效、减阻增能，在守牢意识形态阵地基础上最大程度发挥育人功能，学生会和学生社团要成为学校基层治理的重要力量。由校学生会组织的“我爱我师”和机械学院学生会组织的“感动北航”是坚持十余年的金牌活动，于去年主动改革并和人事部门联动，“我爱我师”获奖教师、“感动北航”获奖人物在职称岗级晋升中可与国家级人才同待遇；同时与人事及教学等部门共同筹建社团指导教师、实践指导教师人才库，并推进实现与班主任同待遇。通过改革争先融入学校建设发展，既有益于完善师生共治的现代大学治理体系，更有益于凝聚学生、服务学生和引领学生，助其激发活力、创造贡献和实现成长。

以上不成熟的思考与做法，请各位领导同仁批评指正。正处于“两个大局”新时代下的青年工作有新规律、新形势和新挑战。北航前不久上演的《罗阳》音乐剧新生入学教育专场，因疫情防控等原因首次采取全网直播，在线观看人数达到9.8万人次，取得热烈反响。这种覆盖面和感染力前所未有，对我们未来谋划推进团学改革启发了新思路、带来了新机遇也强化了新使命。不忘初心、航启新程，我们将在团市委的坚强领导与悉心指导下，刀刃向内打好攻坚战，面向未来改革再出发，知行合一、使命必达，为北京的创新发展贡献北航青年的奋斗力量。谢谢！

（校团委供稿）

北京航空航天大学学生思想动态调研及团学改革汇报

2020年11月23日

大家下午好！北京航空航天大学始终坚守立德树人根本任务，聚焦“两个一百年”历史转折点与“两个大局”历史交汇点的内在要求，按照团中央统一部署和团市委具体指导，引领掌握学生思想动态，有序推进学生会及社团改革，现简要汇报如下。

一、精准切入、突出主线，抓准学生思想关键点

校团委开展座谈调研和问卷调查，面向本科生采集问卷6316份（占本科生比例54.4%，其中男生75.3%、女生24.7%），探索学生认知发展规律，研判意识形态工作重点难点。

（一）调研选题

一是以中央重大战略举措为重点，了解学生对核心意识形态的认知。当前高校学生成长于我国综合国力和国际地位快速提升的转折期，他们对国家重大战略举措如何获知、如何理解、如何响应，如何发挥北航学科特色优势，讲好强国时期的爱国故事，在多元信息背景下建立起学生对核心意识形态的认同，成为学校思想政治工作的重点难点。

二是以国内外重大热点问题为切口了解学生的价值观倾向。当前国际局势逐渐由经济和军事领域的竞争演变为意识形态和文化价值之争，在此背景下不断出现国际国内热点问题意识形态化、政治化的倾向。学校应及时了解学生普遍关注的国内外热点问题，掌握敏感信息

传播渠道，利用热点问题积极引导，塑造学生的价值体系。

三是以个人生活及思想状态为抓手了解学生的差异化需求。随着我国居民生活水平提升及网络媒体普及，学生在满足物质需求的前提下有了更丰富的精神需求，自我认知和价值追求呈现差异化。因学业和就业面临激烈竞争而焦虑，高校缺乏对相关问题的深入了解和及时疏导等，高校学生心理健康问题亟待关注。

（二）调研结果

1. 关于国家重大战略举措的学习与认知

一是学习覆盖率良好但主动性不足。超过80%的学生能够及时获知国家的重大战略举措、重要会议内容等信息。但其中仅38%选择主动了解，42%的学生通过北航师生“学习日”、主题团日等了解。部分学生表示主题团日活动形式单调，反映出基层团组织工作和班团活动仍有思路陈旧等问题。

二是认知组织性有效但系统性欠缺。学校开展国庆活动师生宣讲团、十九大精神宣讲团、抗疫事迹宣讲团等榜样引领和交流互动，但有63%的同学认为缺乏对国家重大战略举措、重要讲话及文件的深入系统理解。这既因政策文件较为抽象专业，也因宏观政策缺乏与学生日常生活有效连接。

三是价值核心化显著但仍不可松懈。超过95%的学生明确表示认同并会践行社会主义核心价值观；82%的学生支持我国的各项施政措施和外交表现。学校以《罗阳》音乐剧为代表的“北航脊梁”系列艺术作品实现新生全覆盖，“空天报国”精神教育取得成效。今年在线观看人数达到9.8万人次并产生热烈反响；以“青年红色筑梦之旅”为主题的社会实践每年有超过4000人次参与，涵盖行业调研、乡村走访、科技扶贫等板块。但仍有极少数同学对国家根本价值观不理解甚至不认同，极易引发思想动态的偏差和错误行为。

2. 对国内外重大热点问题的认识与思考

一是关于国家制度与意识形态。新冠肺炎疫情的全球蔓延暴露出西方国家在选举制度、政府效率、福利保障等方面积累的问题。相比于国内经济生活有序恢复，学生更倾向于关注国外疫情防控问题，并由此引发对意识形态问题的思考。最受关注的美国大选，85%的同学表示是在最近一个月才了解美国政治制度，重点媒体对美国大选的持续报道也增进了学生对这一问题的认识。学生普遍存在关注国外问题多于国内问题、关注政治军事问题多于经济民生问题、关注社会公平问题多于文化思潮问题，且看法呈现整体一致性。高校应该抓住契机，开展生动的意识形态教育。

二是关于综合国力与祖国统一。随着我国综合国力和国际地位的不断提升，国内主流媒体及各种自媒体平台对台湾问题的报道和分析日益增加，学生对台湾问题也更为关注。几乎所有参与调查的学生都对台湾问题的有效解决抱有极大的信心，有37%的学生认为台湾可以参照香港回归模式实现祖国统一。这反映出青年一代对中国共产党执政能力的充分认可，对以经济实力、军事实力为代表的综合国力不断提升的充分自信。

三是关于个人成长与社会公平。师风师德、学风建设、成长保障等话题在学生群体中具有持续热度，展现了极高的参与诉求，表明青年学生参与政策制订的意愿愈发强烈。如学校设立教师“立德树人奖”评选师德楷模，师生平均参与率达到94%；校学生会开展“我爱我师”评选最受学生喜爱的任课教师，本科生全员参与；学校开设Ihome网络平台，学生对各项工作都可提出诉求，相关部门必须在7日内解决反馈，师生共治成效明显。

3. 对生活状态及科技人文的认识与评价

一是网络虚拟化社交趋势不断加强。由于多样化网络社交媒体平台对于用户需求的不断挖掘和满足，学生对于虚拟世界的依赖呈现日益严重的趋势。76%的受访学生表示自己有一定程度的手机依赖，超过40%的学生认为自己相比于入学时，更难长时间地集中注意力。同时有13%的同学表示自己倾向于独自上课或吃饭，而非与室友同行。上述问题反映出当前高校学生社交生活虚拟化、同学关系疏离化的倾向。这既有科技公司产品效果的作用，也说明高校存在对学生日常生活的关注弱化、学生工作不深入不全面等情况。

二是科技创新类问题认识持续深化。学校连续30年开展“冯如杯”学生创新创业竞赛，超过90%的本科生参与，形成良好的科创氛围，调研中也重点关注了科技相关问题。数据显示，92%的受访学生认同当前国际竞争本质上是关键领域的核心技术竞争；53%的学生认为此背景下贸易战及政府其他形式的经济活动干预行为不可避免；少部分学生能够主动说出高铁、5G通信等我国相对领先的领域；27%的学生认为我国在众多核心技术领域仍与西方国家有较大差距；超过50%的学生认为未来发展最快的领域将会是人工智能技术；有18%的学生认为科技进步不一定会提升人类的生活质量。学生能够主动思考科技相关问题但欠缺深度，应加大科创投入，强化教学实践，引导学生深入科学思考。

二、领会要义、融会贯通，抓实团学改革着力点

新一轮高校团学改革导向明、标准严、任务清。作为基层团委深感党中央对团学工作寄予的厚望、团中央刀刃向内的决心特别是团市委精准细致的关怀指导。2017年8月北航党委发布了学校共青团改革实施方案，9月印发《北京航空航天大学社团管理办法》并实施减量提质，2019年通过三十一次学代会落实学生会改革指标等具体任务。改革只有进行时，北航结合思想动态调研情况及问题持续发力。

一是领航定向、体系赋能，彰显团学改革的价值逻辑。以青年学生思政引领凝聚为出发点与落脚点，依靠组织体系、强化关键节点、畅通层级衔接。北航构建“党委、学工、团学”联动、“校级、院级、基层支部”贯通的“三纵三横”工作体系，明确共青团系统思政引领先锋队、人才培养突击队、学生组织建功队的职能定位。各线各层形成翔实的目标使命、责任要求、议事规程与任务清单。学生会组织即校会主议、院会主行、班级支撑，使团学改革始终得到党委的有力领导和体系保障。在国庆群众游行、第十六届“挑战杯”承办等重大活动中，以党带团、校院共振、支部动员的工作模式取得显著

效果。

二是续航聚力、集群共担，强化团学改革的资源协同。以团学改革为契机，围绕中心任务汇聚资源。协同研究生工作部统筹实施学生会、研究生会改革，打造本研一体团学骨干培训体系，推动本科生、研究生团支部共建；协同教务处、资产公司指导支持校院学生会、大学生科协、科技类社团优化以“冯如杯”为载体的科创实践育人模式，改革方案今年发布；协同校友会、科学技术研究院争取航空航天信息等领域领军企业、教师及校友资源，拓展紧扣产业技术前沿的企业挑战赛道；协同学生工作部、实验学校以冬奥会为契机，在冬奥保障、乡村振兴、生态保护、科技服务、团少联动等领域开展特色志愿活动与社会实践。

三是启航支撑、创新融合，激发团学改革的内生动能。改革指标到位的同时实现团学组织的减量提质、减负增效。在守牢意识形态阵地基础上最大程度发挥育人功能，学生会和社团成为学校基层治理的重要力量。学生会组织的“我爱我师”“感动北航”等金牌活动，获奖教师在岗级晋升中可与国家级人才同待遇；学生社团实现从被动管理到主动牵引、从学工专管到全校共管、从信息孤岛到权益共治，通过完善Ihome社区，社团信息系统升级，社团课程化试点建设，社团优质资源共享。通过改革进一步融入学校建设发展，既有益于完善师生共治的现代大学治理体系，更有益于凝聚学生、服务学生和引领学生。

新时代青年工作有新规律、新形势和新挑战。我们将在团中央的坚强领导、团市委的悉心指导下，主动把握学生群体思想动态，扎实构建价值引领、育人先行、全局涵盖的新格局，团结带领北航青年学生知行合一、使命必达，在社会主义现代化建设征程中贡献青春奋斗力量。谢谢！

（校团委供稿）

传承红色基因　厚植空天情怀
高质量谱写美育改革实践北航篇章

2021年5月6日

十八大以来，党中央高度重视美育工作。习近平总书记多次对加强和改进学校美育作出重要指示，近期在考察清华大学时强调，“美术、艺术、科学、技术相辅相成、相互促进、相得益彰”。北京航空航天大学以习近平新时代中国特色社会主义思想为指导，认真落实新时代美育工作要求，全面加强和改进学校美育工作，使科学与艺术比翼齐飞，科技与人文美美与共，培养德智体美劳全面发展的社会主义建设者和接班人。

一、坚持美育正确方向，加强美育工作领导

以习近平总书记关于教育重要论述尤其是美育方面的重要讲话精神为根本遵循，加强顶层谋划，以系统思维创新工作机制，强化美育作为立德树人重要载体的突出作用。

一是学深悟透美育工作新思想。通过党委理论中心组带头学，分党委书记、院长联席会跟进学，师生代表座谈会交流学，深入学习习近平总书记在全国教育大会的重要讲话、给中央美院8位老教授的回信、在教育文化卫生体育领域专家代表座谈会重要讲话精神，深刻领会美育工作新思想新要求。特别是利用2019年建立的“学习日”制度，第一时间组织全体师生学习热议总书记在清华大学考察时重要讲话精神，进一步凝聚起美育发展共识。

二是系统谋划美育发展新蓝图。学校把美育工作纳入党委常委会、校长办公会重要议事日程。2018年以来多次专题研究部署，从规划、机制、资源等方面搭建美育工作的四梁八柱。学校成立党委书记、校长任组长的人才培养工作领导小组，落实《关于全面加强和改进新时代学校美育工作的意见》，结合北航“厚植情怀、强化基础、突出实践、科教融通”人才培养方针，研究制定《美育工作实施方案》，进一步明确“路线图”“任务单”“时间表”，突出美育在人才培养中培根铸魂的关键地位。

三是创新构建美育工作新机制。适应新时代美育工作要求，整合新媒体艺术与设计学院、艺术教育中心等，实体化建设北航美育中心，配备专职干部和工作团队，负责美育学科建设、课程规划、教学研究，统筹学校美育工作。选优建强美育教师队伍，启动首批美育专项引进计划15人，在发展通道、职称晋升、评选表彰等方面重点支持。高规格组建美育咨询委员会，整合资源，建好智库，构建富有时代特点、北航特色的美育工作机制。

二、落实立德树人根本，构建一流美育体系

校党委立足学校空天信融合、理工文医交叉的学科特色，统筹科学与艺术两类资源，提出“人文北航”理念，明确每名学生学习一门美育课程、体验一次美育实践、参与一项美育活动、感受一段美育熏陶的“四个一”目标。

一是塑造学生喜爱的课程体系。构建空天信特色、艺术理论与实践、创意设计思维、日常生活美学等四大类美育课程80余门次。课程涵盖音乐、影视、美术、设计、书法、舞蹈、戏剧、戏曲、艺术理论等，覆盖全校学生。开设“航空绘画与艺术赏析”“艺术与科学实验室”等特色课程。针对不同学科群，以“课程1.5学分+实践0.5学分”模式落实美育学分要求。立德树人奖获奖教师李佳的“中国美术史”成为学生非听不可的艺术金课。

二是搭建开放融合的美育平台。坚持请进来、走出去，充分利用

首都文化中心美育资源，共建“大美育”格局。依托大一本科生“门特计划”，大二大三“专属导师计划”，师生每年有组织地参与校外艺术实践2万人次。与中国美术馆等共建“美育基地”，大力推动艺术大师、高雅艺术进校园。校内美育场馆集群每年组织各类展演400余场。北航艺术馆成立15年来连续引进高水平艺术展览200余期。1985年成立的航空航天博物馆，成为师生和社会公众感悟科学与艺术交融之美的殿堂。

三是营造文化浸润的美育氛围。依托学校军工文化特色，设置“冯如”“世纪之声”“憧憬”“北航星”等40余件主题雕塑，打造“四季花海”“最美绿园”等标志性景观，以艺术之美将科学精神、人文精神传承融合，推动校园审美与教育功能的和谐统一。强化艺术涵养，贯通本研学生打造新生汇演季、艺术展演季、“筑梦”演出季等文艺盛宴。2020年疫情期间，千名师生线上排演北航毕业晚会，吸引14万名师生校友在线观看。

三、弘扬“空天报国”精神，打造美育特色品牌

传承听党话、跟党走的红色基因，坚守为党育人、为国育才的使命担当，践行爱国奉献、敢为人先的价值追求，打造具有北航精神标识的美育品牌。

一是培育高质量校园文化作品。深入挖掘航空航天史、北航校史中的丰富美育元素。学生自编自演的《罗阳》音乐剧入选“共和国的脊梁”工程，是北航学子入学教育必修课，全国演出45场，现场覆盖超过8万余人。持续推出《为民》《北京五号》《百年守锷》等“北航脊梁”校园大师剧、师生原创大型交响合唱《星空组歌》。出版《口述北航》丛书、《航空航天人物故事》绘本。

二是建设高水平学生艺术团体。作为首批组建高水平学生艺术团的高校，现有30余个艺术类团体，覆盖近3000人，3个艺术表演类项目入选今年大学生艺术现场展演。行进管乐团作为首支中国代表队夺得

第59届拉斯泰德国际音乐节欧洲公开赛表演组冠军，先后赴法国、德国、日本、美国、英国等国家演出，以美为媒，彰显文化自信。

三是传承建党百年红色基因。将美育工作与党史学习教育和建党百年纪念活动紧密融合，举办以“奋斗百年路 启航新征程”为主题的北航艺术节，广泛开展高端讲座、经典传唱、高雅演出、红色展映、艺术课程、艺术嘉年华、主题展览等“七个一”活动，使生动鲜活的党史故事和建党百年的光辉历程入脑入心、落地生根，激励北航师生传承空天情、永远跟党走、建功新时代。

（校团委供稿）

着力深化科教融通产教融合 强化创新创业育人实效与赋能价值

2021年5月12日

创新是社会进步的灵魂，创业是推动经济社会发展的重要途径。青年学生富有想象力和创造力，是创新创业的有生力量。2021年是我国实施“十四五”规划的第一年，客观把握创新型创业规律，对推动创新创业高质量发展具有重要意义。新华网《读懂创新的密码》栏目邀请高校创新创业负责人就各学校创新创业实践展开了探讨。日前，共青团北京航空航天大学委员会书记庄岩介绍了北京航空航天大学“双创”教育实践，解析了高校创新的奥义。

一、要将“双创”作为创新人才培养实效的着力点

庄岩认为，当今世界经济发展均面临诸多新挑战和新机遇，所呈现出的经济建设与科技创新深度融合、科技革命和产业变革深度互动等趋势与实践，某种程度上已成为高等教育发展、社会治理进步和综合国力提升的动力源泉。

二、双创教育升级面临多方面挑战

在信息化时代，高校创新创业实践还有较大提升空间。创新链、产业链、人才链、政策链和资金链的贯通尚未完全形成。作为创新创业教育的主阵地，产业发展和科技创新本身的快速迭代，背后的逻辑原理与应用场景的快速演变，映射到学校创新创业教育环节的周期越

来越紧凑，对其规律的掌握与培养环节的衔接难度较高。

三、着力深化科教融通与产教融合

如何深化专业教育与创新研究融合？庄岩认为，当前专业教育面临校外科技发展和校内人才培养模式两方面挑战。校外挑战主要来源于产业发展高度市场化竞争带来的技术边界融合、快速演进和交叉迭代，校内挑战主要来源于大类招生和通识教育带来的专业定位再造、课堂体系变革和组织模式创新。以北航为例，多年来持续推进以校内多个职能部门和教学单位作为协同基座，开展三项具体工作更好地促进专业教育与创新创业融合。

首先，汇聚优势科技资源。通过开设“科研课堂”，依托专业实验室开展科研“微课题”设计，设置多学科交叉科研平台任务、学时要求及考核制度，帮助学生以更高效率了解不同专业，同时深度参与科研全过程。其次，改进学生创新竞赛机制。北航校内创新创业竞赛“冯如杯”至今已举办31届。近年来学校鼓励学生结合自身科创项目，进行跨学院联合交流，在团队内进行学科交互初步实践。再次，竞赛已在探索融入“挑战赛道”，由校内专业实验室、校外科研院所、社会高科技企业共同出题，让学生能够有针对性地实现多学科接触。最后，成立基于专业交叉特色的校级科技实践队。组建过程中结合任务目标吸纳多个专业学生，在双创实践和竞争挑战过程中实现多学科交叉。学校支持引导取得优异成绩的学生继续留校攻读研究生，在提升自身科研能力同时，带领学生队伍持续发展，以此形成教学相长的良性循环。

四、加强关注创业背后所根植的多方面能力素质

创业实践是创新研究的延伸。庄岩表示，大学生创业应该是一个广义完整的概念，不单是指大学生个人或团队创办公司这一种形式。

创业背后所根植的使命责任、道德良知、竞争意识、服务意识等基础素养和需求聚焦、科学规划、技术研发、组织协同、应用推广、扛压敢闯等能力素质，更值得高校等人才培养单位关注。

五、强化创新创业育人实效与赋能价值

庄岩表示，北航一直高度重视创新创业工作并持续耕耘，在前期工作基础上，围绕国家双创示范基地建设目标，拟进一步协同推进“五创计划”：

①创新英才培养计划，聚焦学校通识教育背景下学生创新创业能力提升，持续推进科教融通打造科研课堂，落实科研导师、实验室开放及本科生微课题“三个项目”，建设好课堂教学、创新训练、校内竞赛、校外竞赛、科普教育“五个平台”；

②创新资源汇聚计划，集成学校创新资源共享平台，有机联合校企联合实验室共建合作模式，建立企业实习实训基地，与学校课程教学形成优势互补；

③创新成果转化计划，依托学校人才队伍与国家战略需求牵引，支持师生通过科技成果转化深度参与创新创业教育及实践环节；

④创业企业孵化计划，发挥北航科技园软硬件优势和校友企业家力量，形成人才、技术、空间、资本、服务联动生态，推进师生共创优质项目入驻科技园区，加速企业孵化成长；

⑤创业协同发展计划，依托北航学科优势、校地合作资源和国际化办学载体，在航空航天、新一代信息技术、集成电路、智能装备产业、人工智能、生物医学工程等领域形成产业集群互动，加强与区域经济发展交流共建，拓展国际化创新创业教育发展视野与实质合作。

六、以竞赛推动创新创业教育体系改革发展

最后，庄岩介绍，北航长期以来坚持将创新创业大赛与学校创新

创业教育有机衔接，创新创业大赛的根本目的，是希望持续推动国家创新创业教育体系的改革发展，促进学校创新创业人才培养体系的优化完善，实现青年学子创新创业素养能力的积累跃升。助推各高校创新创业教育以更高的精度、更高的效率和更高的质量向着科教融通、产教融合方向发展，持续强化创新创业育人实效与经济社会发展赋能。

（校团委供稿）

在北京2022年冬奥会和冬残奥会北京高校志愿者工作推进会上的发言

2021年9月17日

大家上午好！非常荣幸有机会在此汇报，首先请允许我代表北航志愿者工作团队，对上级部门和有关单位各位领导同仁的关心和支持表示由衷感谢。下面我就北航相关工作简要汇报三点。

一、高起点再担奥运服务重任

习近平总书记强调，办好北京冬奥会、冬残奥会是党和国家的一件大事。学校党委高度重视、校院紧密协同、团队选优建强。学校成立了由党委书记、校长任组长的冬奥会志愿者工作领导小组；组建工作专班和项目运行团队，选拔11名能力突出的青年干部于去年起陆续加入延庆场馆群运行团队，全力投入筹备组织工作。

今天也就是9月17日，有奥运之缘，是“鸟巢”国家体育场的庆生日，也是2008年北京残奥会闭幕的日子。北航与奥运也有着不解之缘，2008年北航5000多名志愿者服务在举重场馆、首都机场、地铁站口和街道校园。2022年，我们将承担延庆场馆群高山滑雪项目及阪泉服务区志愿服务工作。高山滑雪被誉为“冬奥会皇冠上的明珠”，在延庆巍峨的“雪飞燕”赛场中，运动员们将彰显冬奥会的高度与速度，而志愿者们将面对2198米的高海拔、零下30摄氏度的低气温、超过10级的疾风速，对于如此挑战，北航准备好了。

二、高质量推进志愿者遴选工作

北航有着优良的志愿服务传统，曾圆满保障中华人民共和国成立70周年庆祝活动、中国共产党成立100周年庆祝大会及文艺演出等多项重大任务。今年2月出色完成“相约北京”冬季延庆赛区系列测试活动。自冬奥会志愿者报名工作启动以来，时任校党委书记曹淑敏在新生第一课中亲自动员，学校通过北京冬奥宣讲团进校园、校网冬奥专版、学院主题团日等方式充分宣传，共有4553名师生踊跃报名。

北航作为延庆场馆群运行团队牵头高校和国家高山滑雪中心主责高校，与延庆赛区和场馆精诚协作，通过校院两级资格审查、笔试测验、现场面试、心理测评，顺利完成218名通用志愿者、28名后备通用志愿者和65名专业志愿者遴选。通用志愿者100%具有学生工作或重大活动组织参与经验，包含优秀学生工作骨干教师11人、学生辅导员36人、校院学生会主席团成员21人，是一支政治过硬、素质优异、身心健康、敢打必胜的志愿者团队。

三、高精度落实近期重点任务

蔡奇书记8月28日检查调研延庆赛区时强调，冬奥筹办进入全面冲刺的关键时期，各方面都要压上去全力抓好冬奥筹办和疫情防控工作。今天是北京冬奥会倒计时140天。昨天上午，团市委组织延庆赛区志愿者工作相关高校再赴小海坨山探勘对接，实地研究志愿者住宿安排及保障措施。北航校团委将全力推进五项工作：

一是按照场馆要求协同做好志愿者疫情防控相关安排；二是配合场馆扎实完成志愿者通用、场馆、专业、岗位四类培训，并针对高山滑雪中心工作特点，组织体能训练和心理健康讲座；三是结合党史学习教育及学生思政教育，广泛开展冬奥系列活动，推动冰雪文化宣传；四是进一步明确激励政策，细化志愿者课业调整方案及支持举措；五是与属地及场馆积极对接，细致做好志愿者综合保障方案及压力测试等重要任务，确保志愿者们以饱满的精神风貌、过硬的身心素质、专业的知识能力，服务好2022年北京冬奥会及冬残奥会，让高山滑雪这颗“冬奥明珠”更加闪耀!

最后，再次感谢各位领导同仁长期以来的关心支持！我们有信心、有决心、有恒心为冬奥会贡献北航青春力量，北京冬奥、高山有我！谢谢大家!

（校团委供稿）